云南省普通高等学校（高职高专）十二五规划教材

民事诉讼代理实务

主　编 ◎ 杨荣智　姜家雄

副主编 ◎ 盛高璐

撰稿人 ◎（以所写单元先后为序）

　　　　姜家雄　杨国标　甘　莉

　　　　杨荣智　盛高璐

 中国政法大学出版社

2013·北京

编写说明

为什么学完了法律专业的所有课程还是不能熟练地从事法律业务？如何把所学的理论知识转化为实践？这是所有法律专业学生们迫切想知道的，也是所有法律院校老师所关心的问题。法律学历教育与法律业务实践的脱节，是造成科班出身的法律专业毕业生缺乏实践技能的重要原因。

《民事诉讼代理实务》教材的编写是培养和提高学生实践技能的一次重要尝试，是法律类专业课程体系改革的重要成果。实用主义法学创始人霍姆斯认为："法律的生命不是逻辑，而是经验。"说明了经验在法学教育、法律实践中的重要性。本教材由有丰富法律实践经验的教师编写，教材不重复法学理论、基本概念和基础知识，而是立足于法律实务行业的基本规范、基本素养和基本技能，理论联系实际，突出操作技能，有较强的实用性。

《民事诉讼代理实务》教材从案件的受理、代理提起诉讼、代理应诉答辩、民事证据的收集和运用、一审代理中的主要工作、二审代理中的主要工作、终审判决后的代理工作和常见民事诉讼案件的代理等方面介绍了诉讼代理人代理民事诉讼案件需要掌握的基本技能和应注意的事项。本书紧扣实务，案例丰富，对法律实务中实践摸索、感受与总结进行分析、归纳和凝练，对实践中有争议的问题也提出了独到的见解。本书不仅对法律专业学生尽快掌握民商事诉讼代理具有指导作用，而且对初入律师行业的新律师同样具有重要的参考价值。

本教材由杨荣智、姜家雄任主编，盛高璐任副主编。全书由杨荣智、姜家雄统稿、修改和定稿。本教材的作者分工如下：

姜家雄　第一、二章；

杨国标　第三章；

甘　莉　第四章；

杨荣智　第五、六、九章；

盛高璐　第七、八章。

编写过程中，参阅借鉴了同仁的观点及图书资料内容，在此表示感谢。由于编撰计划的原因，本教材所引用的法律规范截止到 2013 年 6 月 1 日，在此提请读者注意。由于作者水平有限，书中疏漏乃至谬误在所难免，敬请读者批评指正。

本书编写组
2013 年 6 月

目录CONTENTS

第一单元 民事诉讼代理制度概论

学习目标：
- 掌握诉讼代理和诉讼代理制度的含义、内容、作用；
- 了解诉讼代理人的种类及特点；
- 了解诉讼代理制度的历史沿革和发展过程；
- 掌握民事诉讼代理的范围。

 导入案例

某甲因合同纠纷将某乙起诉至法院，并委托丙律师代其参加诉讼，丙律师接受了委托，并在授权范围内从事诉讼活动，依法维护了甲的合法利益。本案中丙律师即为甲的诉讼代理人。

学习任务一 民事诉讼代理制度概说

一、诉讼代理制度的本质、内容和作用

（一）诉讼代理制度的本质和内容

社会生活中，经常听到诉讼代理这个词或碰到有需要聘请诉讼代理人的情况，那么，什么是诉讼代理和诉讼代理人呢？这有必要从法律的层面阐述清楚。以当事人的名义，在法律规定或者当事人授权的范围内，代理当事人一方进行诉讼活动，称为诉讼代理。民事诉讼代理制度是指关于诉讼代理人代理当事人进行民事诉讼活动的一系列法律规范的总和。诉讼代理制度就其本质而言，是当事人为了维护自己的民事权益，而借助他人帮助获得司法保护的一种诉讼制度。诉讼代理制度作为一项完整的法律制度，由诉讼代理的种类，诉讼代理的效力，诉讼代理人的资格和法律地位，诉讼代理权的范围，诉讼代理的方法，诉讼代理关系的发生、变更和消灭等诸多内容构成。

（二）诉讼代理制度的作用

诉讼代理制度在民事诉讼中具有重要作用：

1. 它可以帮助公民、法人和其他组织获得司法保护，有利于维护当事人的合法权益。市场经济本质上是竞争经济，社会冲突不可避免，作为最终的纠纷解决方式，民事诉讼直接关系到当事人合法权益的实现。现实生活中法律法规越来越多，但并不是每个人都懂法律，事实上也不可能每个人都懂法律，因此，就产生了法律服务这个行业。当我们碰到法律问题时，我们可以聘请懂法律的专家代理法律事务，帮我们解决法律问题。诉讼代理制度延伸了我们能力的范围。

2. 它可以帮助法院全面查清案情和正确适用法律，有利于保障案件的公正处理。案件的当事人如果没有相应的法律知识，在诉讼中该说的没说，该出示的证据没有出示，很可能使其处于不利的地位。有作为法律专家的诉讼代理人代理参与诉讼，他能够运用所掌握的法律知识，正确地分析案情，搞清楚案件的法律关系，尽可能收集到有利的证据，从而促进法律的公正实施，帮助法院全面查清案情，正确适用法律。

3. 诉讼代理制度的设立，在保障公民的民主权利，宣传社会主义法制等方面也具有重要作用。

二、诉讼代理人的概念、特征和种类

（一）诉讼代理人的概念

诉讼代理人是指依照代理权，以当事人名义代为实施或接受诉讼行为，从而维护该当事人利益的诉讼参与人。被代理的一方当事人称为被代理人。诉讼代理人代理当事人进行诉讼活动的权限，称为诉讼代理权。诉讼代理的内容包括代为诉讼行为和代受诉讼行为。前者如代为起诉，代为提供证据、陈述事实，代为变更或者放弃诉讼请求等；后者如代为应诉，代为答辩，代为接受对方当事人的给付等。

（二）诉讼代理人的特征

1. 诉讼代理人须具有诉讼行为能力。诉讼代理人的职责就在于通过自身的诉讼行为维护被代理人的合法权益，因而须具有诉讼行为能力，这是诉讼代理人履行其代理职责的前提。否则，诉讼代理人便履行不了自己的职责。可见，具有诉讼行为能力，是诉讼代理人的一个重要特征。

2. 以被代理人的名义，并且为了维护被代理人的利益进行诉讼活动。诉讼代理人不是案件的一方当事人，与案件没有直接或间接的利害关系，他参加诉讼的目的是为了帮助被代理的当事人行使诉讼行为，维护被代理人的合法权益。因此，诉讼代理人必须以被代理人的名义，并且为了维护被代理人的利益进行诉讼活动，而不能以自己的名义，为了维护自己的利益进行诉讼活动。诉讼代理人在诉讼中无自己的利益可言。

3. 在代理权限范围内实施诉讼行为。诉讼代理人代为诉讼行为和代受诉讼行为的依据是诉讼代理权。为了防止诉讼代理权的滥用，维护被代理人的利益，诉讼代理权有一定范围的限制。诉讼代理人享有诉讼权利的多寡，全由"诉讼代理权限"决定。"诉讼代理权限"或由法律规定或由当事人授予。诉讼代理人在代理权限范围内实施的诉讼行为才是诉讼代理行为，才产生诉讼代理的法律后果。诉讼代理人超越代理权实施的诉讼行为不是诉讼代理行为，不产生诉讼代理的法律后果。

4. 诉讼代理的法律后果由被代理人承担。诉讼代理的法律后果，包括程序性的后果和实体性的后果。前者如因代理当事人申请撤诉被法院批准而结束诉讼程序，后者如因代理当事人承认对方的诉讼请求而被法院判决承担某种民事义务。诉讼代理行为只要未超越诉讼代理权限，其法律后果均应由被代理人承担，而不由诉讼代理人承担。诉讼代理人超越诉讼代理权实施的诉讼行为则不是诉讼代理行为，其法律后果只能由诉讼代理人自己承担，除非被代理人对越权的诉讼代理行为予以追认。诉讼代理人的违法行为，如妨害民事诉讼顺利进行的行为所产生的法律后果，则直接由诉讼代理人承担，不得转嫁给被代理人。

5. 在同一案件中只能代理一方当事人进行诉讼。民事案件中双方当事人利益相冲突的特点和设立诉讼代理制度的目的，决定了诉讼代理人在同一案件中只能代理一方当事人，而不能同时代理双方当事人，也不能在担任一方当事人诉讼代理人的同时又是该诉讼的对方当事人。

（三）诉讼代理人的种类

根据我国民事诉讼法的规定，诉讼代理人分为法定诉讼代理人和委托诉讼代理人两种。这是以诉讼代理权发生的原因（即发生根据）为标准划分的。法定诉讼代理权基于法律规定的亲权和监护权而发生，委托诉讼代理权基于委托人的授权而发生。

三、法定诉讼代理人

（一）法定诉讼代理人的概念、特征

法定诉讼代理人是指根据法律的直接规定，代理无诉讼行为能力的当事人进行民事诉讼的人。

法定诉讼代理人具有以下特征：

1. 代理权基于法律的直接规定而产生。我国《民事诉讼法》第 57 条规定："无诉讼行为能力人由他的监护人作为法定代理人代为诉讼。"法定诉讼代理人的代理权既不依当事人意愿产生，也不依法定诉讼代理人本人意愿产生，而是依民事实体法上的监护权而产生。因为，无民事诉讼行为能力的人，其民事行为能力欠缺，不能独立进行法律行为，不具有对代理关系的发生表达个人意志的能力；而监护人的职责就是对无诉讼行为能力人的人身、财产和其他合法权益实行监护和保护。因此，法律赋予监护人代理权，既是他们的权利，也是他们的义务。

2. 法定诉讼代理人代理的对象仅限于无诉讼行为能力的公民当事人。这类当事人由于生理或精神上的原因，不能正确表达自己的意思，不能亲自进行诉讼行为，为了维护他们的合法权益，必须给予法律上的帮助。

3. 法定诉讼代理人的范围由法律加以特别规定，即只有由无诉讼行为能力人的监护人担任，其他人不能担任法定诉讼代理人。

（二）法定诉讼代理人的范围

根据《最高人民法院关于适用〈中华人民共和国民事诉讼法〉若干问题的意见》（以下简称《民诉意见》）第67条的规定，无民事行为能力人、限制民事行为能力人的监护人是他的法定代理人。可见，法定代理人的范围即为监护人的范围。根据《民法通则》第16～17条的规定，未成年人的父母是未成年人的监护人。父母双亡或者父母没有监护能力的，其祖父母、外祖父母、兄、姐以及愿意承担监护责任并经有关组织和单位同意的关系密切的其他亲属、朋友也可以成为监护人。对担任监护人有争议的，由未成年人的父母所在单位或者未成年人住所地的居民委员会、村民委员会在近亲属中指定；对指定不服提起诉讼的，由人民法院裁判。没有上述监护人的，由未成年人的父母所在单位或者未成年人住所地的居民委员会、村民委员会或者民政部门担任监护人。无民事行为能力或者限制民事行为能力的精神病人，由其配偶、父母、成年子女、其他近亲属担任监护人；若关系密切的其他亲属、朋友愿意承担监护责任，经精神病人的所在单位或者住所地的居民委员会、村民委员会同意的，也可以担任监护人。对担任监护人有争议的，由精神病人的所在单位或者住所地的居民委员会、村民委员会在近亲属中指定；对指定不服提起诉讼的，由人民法院裁判。没有上述监护人的，由精神病人的所在单位或者住所地的居民委员会、村民委员会或者民政部门担任监护人。由上述规定可以看出，无民事行为能力人和限制民事行为能力人的监护人范围是广泛的，以法定诉讼代理人身份代理参加民事诉讼活动，也是监护人的重要职责。

在诉讼实践中，有些无诉讼行为能力的当事人虽然有两个或两个以上的监护人，但需要他们为当事人代理诉讼时，他们却因害怕增加自己的负担而相互推诿代理责任。对此，《民事诉讼法》第57条规定，由法院在监护人中指定一人代为诉讼。

案例

樊某（5 岁）星期天和祖母去公园玩，在游戏过程中樊某将李某（6 岁）的眼睛划伤，致使李某的右眼失明，左眼视力下降。李某的父亲李某某要求樊家赔偿李某的医疗费、伤残费共计 6 万元，樊某的父亲樊某某以樊某是未成年人为由拒绝赔偿，无奈李家只好诉至法院，法院依法受理后作出了判决。在本案中原告是李某，其父李某某是李某的法定诉讼代理人；被告是樊某，其父樊某某是樊某的法定诉讼代理人。

（三）法定诉讼代理人的代理权限和诉讼地位

法定诉讼代理人不同于委托诉讼代理人，其代理权限源于亲权或监护权，其代理权限与监护权的内容基本一致，此种代理属于全权代理，其地位类似于当事人。在诉讼中，法定诉讼代理人享有被代理当事人的全部诉讼权利，包括起诉、反诉、撤诉、变更诉讼请求等，并承担全部的诉讼义务，包括收集、提供证据，交纳诉讼费用等。法定诉讼代理人在诉讼中的意思表示，视为被代理人的意思表示，法定诉讼代理人的诉讼行为与被代理人的诉讼行为具有同等的法律效力。

法定诉讼代理权的取得源于亲权或监护权，其取得是依照法律的规定当然取得，无需被代理人授权，不具备亲权人或监护人身份的人不能成为法定诉讼代理人。在具体的诉讼活动中，法定诉讼代理人在代理诉讼时，须向法院提交有关身份及监护关系证明。

但是，法定诉讼代理人毕竟不是当事人，因此，不能将二者混为一谈。二者的区别是：①确定管辖时，应以无诉讼行为能力的当事人的住所地为标准，而不能以法定诉讼代理人的住所地为标准；②法定诉讼代理人在代理时不能损害被代理人的实体权益，在行使处分权时，若损害了被代理人的实体权益，人民法院有权进行监督和干预；③当事人死亡可能引起诉讼程序的终结，而法定诉讼代理人死亡，只能引起诉讼程序的中止；④人民法院的判决内容，只能针对被代理的当事人，而不能针对法定诉讼代理人。

（四）法定诉讼代理权的消灭

在司法实践中，随着诉讼的进行，会出现一些特殊情况而引起法定诉讼代理权的消灭，这些特殊情况主要包括：①法定诉讼代理人死亡或丧失诉讼行为能力；②被代理的当事人死亡；③被代理的当事人取得或恢复了诉讼行为能力，如被代理的未成年当事人成年或精神病人痊愈；④法定诉讼代理人丧失了对当事人的亲权或监护权，如基于收养或婚姻关系而发生的亲权或监护权，随着婚姻或收养关系的解除而归于消灭。

为保证诉讼的顺利进行，人民法院对因法定诉讼代理人死亡或者丧失诉讼行为能力、婚姻关系解除、收养关系解除而引起法定诉讼代理权消灭的，应当按《民法通则》规定的监护资格顺序，另行确定法定诉讼代理人。

四、委托诉讼代理人

（一）委托诉讼代理人的概念和特征

委托诉讼代理人是指受当事人、法定代理人、法定代表人或诉讼代表人的委托，代为进行诉讼活动的人。当事人、法定代理人、法定代表人和诉讼代表人都有权委托代理人，他们委托谁为代理人，只要符合法律规定，可以按照他们的意志自由决定，所以委托代理又称为意定代理。

委托诉讼代理人具有以下特征：

1. 代理权产生于委托人与受委托人之间的约定。委托人授权委托的意思表示与受委托人接受委托的意思表示完全一致，是委托诉讼代理权产生的根据，其成立的法定形式是授权委托书。

2. 代理权限和事项由委托人自行决定。委托诉讼代理人的代理权限不是由法律直接规定的，而是取决于委托人单方面的意思表示，其委托的事项和授权范围就是受委托人的代理事项和代理权限。

3. 授权委托书是代理人进入诉讼程序的法律依据。委托诉讼代理人必须向人民法院提交被代理人签名或盖章的委托书才能进行有效的诉讼代理行为，没有授权委托书，不能行使代理职责。

（二）委托诉讼代理人的范围

为了保证当事人行使委托诉讼代理人的权利，民事诉讼法不仅规定了当事人、法定代理人和诉讼代表人可以委托 1～2 人作为诉讼代理人；同时，根据我国的实际情况，对委托诉讼代理人的资格几乎未作限制性规定，可以担任委托诉讼代理人的范围非常广泛。

根据《民事诉讼法》第 58 条第 2 款的规定，下列人员可以接受授权而成为委托诉讼代理人：

1. 律师、基层法律服务工作者。根据我国《律师法》的规定，律师是指取得律师执业证书，为社会提供法律服务的执业人员。与其他诉讼代理人相比，律师具有较为丰富的法律知识、诉讼经验，能够较好地维护当事人的合法权益，目前律师已成为诉讼代理人的主体部分。

2. 当事人的近亲属。当事人的近亲属主要包括其配偶、父母、子女、兄弟姐妹等。他们与当事人关系密切，相互间比较信任，对案情也往往比较了解，由他们担任诉讼代理人能更好地维护当事人的合法权益。

3. 有关的社会团体或当事人所在单位推荐的人。"有关的社会团体"通常是指其职责或业务与案件有一定联系的社会团体，如妇联可以推荐其工作人员在涉及妇女权益纠纷的案件中代理诉讼，以维护妇女的合法权益。"当事人所在单位"是指当事人涉讼时所就职的单位。允许有关的社会团体和当事人所在单位推荐的人担任诉讼代理人，是我国委托诉讼代理制度的一个特色。它有利于当事人在有关组织的支持和帮助下充分维护自己的合法权益，对于公正、及时地解决某些特殊类型的案件具有独特的作用。

4. 经法院许可的其他公民。除前述人员以外，当事人还可以委托其他公民担任诉讼代理人。但为了避免当事人的利益受到损害并保障诉讼的顺利进行，其他公民担任诉讼代理人时必须获得法院的许可。在审判实践中，法院应根据案件的具体情况，对这类诉讼代理人的知识、能力、品质等进行审查，以确定其是否适宜担任诉讼代理人。根据《民诉意见》第 68 条的规定，无民事行为能力人、限制民事行为能力人或者可能损害被代理人利益的人以及法院认为不宜作为诉讼代理人的人，不能作为诉讼代理人。

（三）委托诉讼代理人的代理权限和诉讼地位

1. 委托诉讼代理人的代理权限。委托诉讼代理人的代理权限由委托人的授权而决定。委托人的授权有一般授权和特别授权两种：

（1）一般授权。一般授权是指委托诉讼代理人完成一般的诉讼行为，这些行为一般不直接涉及委托人的实体利益，如调查收集、提供证据，申请回避，提出管辖权异议等。通常情况下，授权委托书中的"代理权限"仅表明诉讼代理人有权代理一般的诉讼行为即可。

（2）特别授权。特别授权是指委托诉讼代理人完成某些重要的、涉及委托人实体利益的诉讼行为。如代理当事人承认、放弃、变更诉讼请求，进行和解，提起反诉或者上诉等。委托人作特别授权时，必须在授权委托书的"代理权限"中写明具体授权的事项。若委托人在授权书上仅写明"全权代理"而无具体授权的，应视为一般授权。

在一般情况下，当事人委托诉讼代理人后，可以不亲自参加诉讼。但离婚案件由于涉及当事人的感情问题，尤其是在离婚与不离婚的问题上，任何人都不能代替当事人作出决定。因此，《民事诉讼法》第 62 条规定，离婚案件的当事人即便委托了诉讼代理人，也应出庭，本人不能表达意志，确因特殊情况无法出庭的，必须向人民法院提交书面意见。

2. 委托诉讼代理人的诉讼地位。委托诉讼代理人只有在被代理人授权范围内进行代理活动，才能与被代理人实施的诉讼行为具有同等的法律效力，其行为的法律后果也才能直接归属于被代理人。在诉讼活动中，当委托人与诉讼代理人就案件事实向法庭所作陈述不一致时，只能以当事人的陈述为准。被代理人还可以向法庭要求变更或撤销诉讼代理人在法庭上所作的某些陈述。而且委托人还可以变更诉讼代理人的权限，也可以随时解除委托合同。这就决定了委托诉讼代理人在诉讼过程中没有绝对独立的诉讼地位。

但是委托诉讼代理人在诉讼中又具有相对独立性，主要表现在：①委托诉讼代理人有权拒绝委托人的无理要求，在必要时可终止诉讼代理关系，尤其是在律师作为诉讼代理人时，还要遵守律师职业道德，以事实为根据，以法律为准绳，维护自己的执业形象和法律尊严；②委托诉讼代理人在委托权限内可以独立做出行为，有权决定是否和如何行为，是否和如何接受他人的行为，从而以自己的思维和行为完成代理事务；③委托诉讼代理人除享有委托人授予的权利之外，还享有法律赋予诉讼代理人的固有权利，如《民事诉讼法》第61条规定，代理诉讼的律师和其他诉讼代理人有权调查收集证据，可以查阅本案有关材料；④法院在诉讼过程中，应对委托诉讼代理人实施的诉讼行为，不能通过向被代理人实施予以取代，如法院向被代理人送达开庭传票时，还应向委托诉讼代理人送达开庭通知书。由上述可见，委托诉讼代理人在诉讼过程中又具有相对独立的一面，是具有独立诉讼地位的诉讼参加人。

（四）委托诉讼代理权的取得、变更和消灭

委托诉讼代理权基于委托人的授权和受委托人接受委托而取得，其表现形式为授权委托书。为了保证授权委托书的真实性，《民事诉讼法》第59条规定，授权委托书必须由委托人签名或盖章，并说明委托事项和权限。对于侨居在国外的中国公民从国外寄交或者托交的授权委托书，还必须经中华人民共和国驻该国的使领馆证明；没有使领馆的，由与中华人民共和国有外交关系的第三国驻该国的使领馆证明，再转由中华人民共和国驻该第三国使领馆证明，或者由当地的爱国华侨团体证明。

委托诉讼代理权既然是被委托人的意志决定的，因此随着诉讼的进行，其代理权也可以发生变更。一般有两种情况，一是因转委托而发生代理权变更；二是因代理权限发生增减而变更。对转委托，我国民事诉讼立法没有作出规定。因而，现行立法所规范的委托诉讼代理权的变更，是指诉讼代理权限的变更，即委托人对原来授权的范围进行的调整。委托人可以根据案情的变化增加、扩大诉讼代理人的代理权限，也可以减少、缩小诉讼代理人的代理权限。人民法院无权干涉。但因代理权限的大小关系到对方当事人的利益和整个诉讼活动的推进，因此，《民事诉讼法》第60条规定，委托人在变更代理权限后应及时告知人民法院，以便人民法院通知对方当事人。

委托诉讼代理权也可能基于一定的原因而消灭。这些原因是：诉讼结束，代理职责履行完毕；委托诉讼代理人死亡或丧失诉讼行为能力；委托人解除委托或代理人辞去代理。

五、民事诉讼代理人与民事代理人、刑事辩护人的区别

（一）民事诉讼代理人与民事代理人的区别

尽管民事诉讼代理人与民事代理人存在着某些共同点，如代理人都必须以被代理人的名义并且为了维护被代理人的利益进行代理活动，代理人都必须在代理权限范围内进行代理，代理人都必须有行为能力，代理的法律后果都是由被代理人承担，等等。但是民事诉讼代理人毕竟与民事代理人存在很多区别：

1. 代理的内容和后果不同。在民事诉讼代理中，代理人所代理的是民事诉讼行为，其后果是导致代理人和被代理人同法院之间民事诉讼法律关系的发生、变更和消灭；在民事代理中，代理人所代理的是民事法律行为，其后果是导致被代理人与第三人之间民事法律关系的发生、变更和消灭。

2. 代理的对象不同。民事诉讼代理人代理的对象是案件中的原告、被告和第三人；民事代理人代理的对象是参加民事活动的公民、法人和其他组织。

3. 代理的法律依据不同。民事诉讼代理人的代理活动以民事诉讼法为依据；民事代理人的代理活动以民事实体法为依据。

（二）民事诉讼代理人与刑事诉讼辩护人的区别

刑事辩护人是指刑事案件中受犯罪嫌疑人、被告人的委托或司法机关的指定，帮助犯罪嫌疑人、被告人行使辩护权，依法维护犯罪嫌疑人、被告人合法权益的诉讼参与人。两者有某些共同特征，如都不是基于自己的利益参加诉讼，与案件的处理结果无直接的法律上的利害关系，但也存在着重大的区别：

1. 服务对象不同。民事诉讼代理人服务的对象包括原告、被告和第三人；刑事诉讼辩护人服务的对象则是公诉案件的犯罪嫌疑人、被告人及刑事自诉案件的被告人。

2. 产生原因不同。民事诉讼代理人基于当事人的委托或者法律的直接规定而产生；刑事诉讼辩护人基于被告人的委托或者法院的指定而产生。

3. 职责不同。民事诉讼代理人的职责较为广泛，可以在代理权限范围内实施各种诉讼行为，包括处分当事人的实体权利；刑事诉讼辩护人的职责较为单一，只能根据事实和法律，提出证明犯罪嫌疑人、被告人无罪、罪轻或者减轻、免除其刑事责任的材料和意见。

4. 介入的时间不同。在民事诉讼中，诉讼代理人一般在法院受理案件之后介入诉讼，开始诉讼代理活动；在刑事诉讼中，公诉案件自案件移送检察机关审查起诉之日起辩护人即可介入诉讼（犯罪嫌疑人需要聘请律师提供法律帮助的可在其被侦查机关第一次讯问或者采取了强制措施时提出），自诉案件的被告人有权在法院受理案件后委托辩护人介入诉讼。

5. 法律依据不同。民事诉讼代理人实施诉讼代理行为的法律依据是民事诉讼法；刑事诉讼辩护人实施刑事辩护行为的法律依据是刑事诉讼法。

6. 诉讼地位不同。民事诉讼代理人只能以被代理人的名义参加诉讼活动，并且要受到代理权限或被代理人意志的制约；刑事诉讼辩护人则以自己的名义参加诉讼，他只根据事实和法律进行辩护，而不受犯罪嫌疑人、被告人的制约。相比较而言，刑事辩护人的独立性更强。

六、诉讼代理制度的沿革和立法概况

（一）诉讼代理制度的沿革

诉讼代理作为一种法律制度经历了一个较长的发展和完善过程。据历史资料记载，公元前 5 世纪罗马共和国时期就有了诉讼代理制度的萌芽。公元前 3 世纪罗马帝政时期，皇帝以诏令承认了诉讼代理制度，由"大教侣"负责平民咨询的法律事项，允许"客民常聘他人代理诉讼行为，以付相当之费用为报酬"。后来便逐渐形成了一批专门从事法庭辩护和诉讼代理的人。这种人能说会道，长于辞令，起初被称为辩护人，由于他们精通法律，后来又被称为律师。在中世纪欧洲封建社会，与其政治制度相适应，诉讼制度也发生了变化，以刑讯为主要特征的纠问式诉讼代替了辩论式诉讼，当事人是被审问的对象，毫无诉讼权利可言，律师充当辩护人和代理人的条件不复存在。不过在法国等个别国家仍保留了律师出庭辩护和代理的做法，但出庭的只能是僧侣。后来随着国王势力的上升和教会势力的下降，受过系统教育、经过宣誓、注册登记的世俗律师逐步取代了僧侣律师在法庭上的活动。17 世纪中期，英国发生资产阶级革命以后，欧美资产阶级相继掌握了国家政权，将律师制度写入宪法性文件之中，从而建立起近代意义上的律师制度，并逐渐有了诉讼代理与刑事辩护的严格划分。随着资本主义商品经济的发展，各种法律关系日益复杂，资产阶级需要一大批精通法律的人为他们处理大量的诉讼事务和各种非诉讼法律事务，由此便促进了诉讼代理制度的发展和完善。

律师业是应需求而生的，即应为当事人进行代理和辩护的需求，所以没有此需求就不可能有律师的存在。我国古代根本就不允许当事人有此种权利，律师自然就没有生存的空间，但类似于律师身份，从事类似律师工作的人却已经涌现出来，他们的工作就是代当事人起诉、出书面意见、辅助代言等，可以看做是律师最早的雏形。真正的比较正式的代理制度源于西周时期，后经历秦元两代的演变，直至明清时发展成为较为精确的具体的一项制度。

西周时期，就有了诉讼代理制度，然而，独立的民事诉讼代理制度还不存在，因为此时的民刑是不分的，民事包含于广义的刑事之中，另外，此时作为

法律使用的还有"礼"。周朝的礼刑适用,遵循的是"明德慎罚"和"礼不下庶人,刑不上大夫"。那时的诉讼代理制度虽然也有为维护当事人权益的目的,但更多的、更主要的是为维护奴隶主、统治阶级的利益和其人格尊严。比如,《周礼·秋官·小司官》记载:"凡命夫、命妇不躬坐狱讼。"这就是说,凡是大夫以上的官吏贵族及其妻子,若违法犯罪,不亲自到法庭对质、参与诉讼,必要时派其属吏或子弟代理或代替参加诉讼。而贫民必须亲自出庭接受审理。

在中国两千多年的封建社会里虽然没有代理诉讼的律师,但一直存在私下帮助老百姓伸冤写诉状打官司的人,人们称之为"讼师"、"师爷"、"刀笔吏"、"刀笔先生"等。其中有民间的,也有身为官吏而私下干的。春秋后期郑国的"大夫"邓析便是其中最早和最著名的一个。直到清朝末年,随着帝国主义的入侵,中国闭关自守的大门被打开,西方资产阶级的法律思想传入中国后,才出现以"律师"名义进行诉讼活动的人。1906年清王朝的修律大臣沈家本、伍廷芳草拟的《大清刑事民事诉讼律(草案)》中设立了"律师"一节,这是我国立法史上对律师制度的首次规定,其中也包括律师代理诉讼的内容,但该法未施行清王朝即被推翻。孙中山领导的南京临时政府曾命令法制局复呈《律师法》草案,但未能施行。北洋政府在1912年制定公布了《律师暂行章程》和《律师登录暂行章程》,中国至此才有了正式的律师制度和诉讼代理制度。1927年南京国民政府修订、公布了《律师章程》,1941年正式公布了《律师法》,并制定了《律师法实施细则》、《律师登录规则》、《律师惩戒规则》等。新中国成立后,人民政府废除了国民党政府的《六法全书》,取消了旧的律师制度,建立了新型的人民律师制度,并开展了刑事诉讼辩护、民事诉讼代理等法律服务活动。1980年8月26日第五届全国人民代表大会常务委员会第十五次会议通过了中华人民共和国的第一部律师法律规范《中华人民共和国律师暂行条例》,对包括民事诉讼代理活动在内的律师业务作了规范。1996年5月15日第八届全国人民代表大会常务委员会第十九次会议通过了《中华人民共和国律师法》(自1997年1月1日起施行),从而使律师的诉讼代理活动进一步得到规范和完善。随着国家法制的健全,诉讼代理制度将在实践中不断得到发展和完善。

(二)诉讼代理制度的立法概况

关于诉讼代理人应当包括哪些种类,各国的立法不尽相同,主要有三种做法:第一种做法是将诉讼代理人分为法定诉讼代理人、指定诉讼代理人和委托诉讼代理人三种,并将其作为一种完整的诉讼代理制度,独立地规定为一章。匈牙利就采取这种立法体例。第二种做法是将诉讼代理人分为法定诉讼代理人

和委托诉讼代理人两种，并将其作为诉讼参加人中与当事人并列的一节加以规定。我国现行《民事诉讼法》即采取此种立法体例。第三种做法是认为诉讼代理人仅指委托诉讼代理人，以专章将其列于当事人一章之后。

关于诉讼代理人的诉讼地位，各国在立法上也有区别。前苏联的俄罗斯、乌兹别克、哈萨克等加盟共和国的民事诉讼法，都不把诉讼代理人列为案件参加人。德国、日本的民事诉讼法也不承认诉讼代理人是诉讼参加人。而乌克兰共和国则将诉讼代理人列为案件参加人。我国《民事诉讼法》也将诉讼代理人作为诉讼参加人，并设专节规定。

关于诉讼代理人应当具备何种资格，各国立法颇不一致。有的采律师诉讼主义（也称强制律师诉讼主义），规定实行合议制审判的案件，必须以律师为诉讼代理人；有的采任意诉讼主义，规定以当事人本人进行诉讼为原则，以律师代理诉讼为例外，同时还允许委任非律师之人代理诉讼。至于非律师代理人为内国人、外国人或者是无国籍人，则不加以限制。这种做法较好，因为是由当事人自行诉讼还是委托律师或其他人代理诉讼，给当事人留有选择余地，当事人可以根据案件情况和自己的经济承受能力自行决定。我国现行《民事诉讼法》即采取了此种做法。

学习任务二　民事诉讼业务的代理范围

一、民事诉讼业务的代理范围

代理人在民事诉讼代理中可以涉及的案件是相当广泛的，凡是属于人民法院受理的民事、经济案件，当事人提出委托的，都可以代理进行诉讼。代理案件的具体范围是：

1. 民法调整的财产关系案件。如涉及财产所有权的案件、与财产所有权有关的案件、债权债务案件等。

2. 民法调整的人身关系案件。如姓名权案件、健康权案件、名誉权案件、肖像权案件、宣告失踪或死亡案件、认定公民无行为能力或限制行为能力案件。

3. 民法调整的知识产权案件。如著作权案件、专利权案件和发明发现权案件、商标权案件、商号权案件等。

4. 继承法律制度调整的继承关系案件。

5. 婚姻法律关系调整的婚姻家庭关系案件。如婚姻身份关系案件、收养关系案件、监护关系案件等。

6. 破产法律制度调整的申请宣告破产案件。

7. 房地产法律调整的房地产纠纷案件。包括房地产开发、经营、销售、管理（物业管理）纠纷案件。

8. 海商法律制度调整的海事、海商纠纷案件。

9. 劳动法律制度调整的因劳动问题引起的纠纷案件。如因履行劳动合同发生争议的案件、因开除或辞退违纪职工发生争议的案件等。

10. 其他案件，主要指与财产关系和人身关系有关的其他案件。如《民事诉讼法》特别程序中规定的认定财产无主案件、选民资格案件，以及《民事诉讼法》规定的公示催告案件、督促程序案件等。

二、哪些人可以委托代理人

我国《民事诉讼法》第 58 条明确规定："当事人、法定代理人可以委托 1~2 人作为诉讼代理人。下列人员可以被委托为诉讼代理人：①律师、基层法律服务工作者；②当事人的近亲属或者工作人员；③当事人所在社区、单位以及有关社会团体推荐的公民。"根据上述法律规定，有权委托代理人代理民事诉讼的，主要有以下人员：

1. 原告。原告主要是指认为自己的民事权益或者受其管理支配的民事权益受到侵害，或者与他人发生争议，为维护其合法权益而向人民法院提出诉讼，引起诉讼程序发生的人。

2. 被告。被告主要是指被诉称侵犯原告民事权益或与原告发生民事权益争议，被人民法院传唤应诉的人。

3. 第三人。民事诉讼中的第三人包括有独立请求权的第三人和无独立请求权的第三人。有独立请求权的第三人是指对原、被告之间争议的诉讼标的，认为有独立的请求权，参加到原告、被告已经开始的诉讼中进行诉讼的人；无独立请求权的第三人是指对原告、被告双方争议的诉讼标的没有独立的请求权，但案件的处理结果可能与其有法律上的利害关系，为维护自己利益而参加到原告、被告已经开始的诉讼中进行诉讼的人。

4. 共同诉讼人。共同诉讼人是当事人的一种，其分为必要的共同诉讼人和普通共同诉讼人。必要的共同诉讼人是指当事人一方或双方为 2 人以上，诉讼标的是共同的，必须共同进行诉讼的当事人；普通共同诉讼人是指当事人一方或双方为 2 人以上，诉讼标的是同一种类，人民法院认为可以合并审理，并经当事人同意而一同向人民法院起诉或一同在人民法院应诉的当事人。

5. 诉讼代表人。诉讼代表人是指当事人众多的一方，推选出代表，由其为维护本方当事人利益而进行诉讼活动的人。

6. 法定代理人。法定代理人是指依照法律规定，代理无诉讼行为能力的

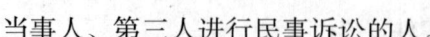

当事人、第三人进行民事诉讼的人。

7. 法定代表人。《民事诉讼法》第 48 条第 2 款规定："法人由其法定代表人进行诉讼。"因此，按照法律规定，法定代表人是行使职务上有代表权的人。

8. 其他组织的代表人。其他组织是指不具备法人条件，没有取得法人资格，而又具有一定组织和名称，并设有代表人或管理人的组织。当这些组织在民事、经济活动中与他人发生争议或纠纷时，其代表人或管理人就可以以诉讼当事人的资格参加诉讼活动。

三、诉讼代理人在民事诉讼中享有的诉讼权利和承担的诉讼义务

（一）诉讼权利

诉讼代理人代理民事诉讼的诉讼权利包括两个方面：一是依法享有的诉讼权利；二是依委托代理关系取得的诉讼权利。代理人参加民事诉讼所享有的权利，在民事诉讼代理活动中，享有以下几项法定的诉讼权利：调查收集证据的权利，向有关单位和个人进行调查、取证、咨询、阅卷，有关单位和个人有责任给予支持的权利；查阅、复制本案有关材料和法律文书的权利；出庭执行职务的诉讼权利；解除或辞去委托关系的权利；法律规定的其他诉讼权利。

依委托代理关系取得的诉讼权利是指委托诉讼代理人因被代理人的委托授权而产生诉讼权利。这部分权利本应由当事人享有，但由于委托代理而由诉讼代理人代为行使，委托授权可分为一般授权和特殊授权，如果是一般授权，诉讼代理人只能按一般代理的内容项目行使诉讼权利；如果是特殊授权，诉讼代理人除了行使一般的诉讼权利以外，还应按特别授权的内容代为行使诸如和解、提起反诉、上诉和撤诉等权利。

（二）诉讼义务

代理人的诉讼义务是指代理人在民事诉讼活动中，按照法律的规定应认真履行的职责，主要包括以下内容：忠实于法律和事实真相，保护国家、集体和公民的合法权益，认真履行职责、清正廉洁，恪守工作纪律和职业道德；应当保守在执业活动中知悉的国家秘密和当事人的商业秘密，不得泄露当事人的隐私；不得在同一案件中，为双方当事人担任代理人；不得私自接受委托，私自向委托人收取费用，收受委托的财物；不得利用提供法律服务的便利牟取当事人争议的权益，或者接受对方当事人的权益；不得提供虚假证据，隐瞒事实或者威胁、利诱他人提供虚假证据，隐瞒事实以及妨碍对方当事人合法取得证据；不得扰乱法庭秩序，干扰诉讼活动的正常进行。

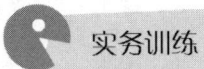

【实训项目一】

原告李某与被告孙某在一次商品展销会上，经协商一致，签订了买卖小麦的合同一份。合同约定：原告于 2008 年 3 月底前供给被告当年冬小麦 5000 千克，每 50 千克单价为 105 元，共计货款 10 500 元；被告于收货后 10 日内将全部货款及运费付给原告。2008 年 3 月 20 日，原告按合同约定将 5000 千克小麦运至被告所在地车站。被告提货后，由于当年冬小麦丰收，销售困难未能按约付款，几次催款没有信息，于是委托张律师提起诉讼。诉讼进行中，原告因家有事先回家，诉讼由其律师代理进行。原告回家期间，被告找到张律师，向其诉说了所处困境，要求和解。张律师认为，原告在委托书中已写明由自己全权代理，遂同意和被告和解。协议如下：被告分期偿还原告运费和货款，2008年 6 月还 5000 元，2008 年底前还 5500 元及利息。既已达成协议，张律师向法院申请撤诉，法院准许。原告返回后知道这种情况，认为被告所言不实，自己不愿和解，因为对方明显违约。但由于委托书上有全权代理，故而不知该怎么做。

问题：假如你是诉讼代理人，你如何向原告解释这一问题？

【实训项目二】

在一起买卖合同纠纷中，律师马军受个体户李某委托担任其代理人参加诉讼。一审判决公布后，马军认为裁判结果不公平，明显偏袒对方，不利于其委托人李某。在上诉期间，他没有征求李某的意见，向二审法院提起了上诉。

问题：律师马军的上诉有效吗？

思考与练习

1. 委托代理人与法定代理人的区别是什么？
2. 什么人可以担任委托代理人？委托代理人需要办理哪些手续？
3. 委托代理人有哪些权利和义务？

第二单元 案件的受理

学习目标：

- 了解会见当事人的基本要求；
- 掌握收案的程序及审查内容；
- 掌握代理费的收取原则及基本要求；
- 学会制作授权委托书、委托代理合同等法律文书。

导入案例

2011年4月6日下午7点左右，原告李清洁的丈夫王强给被告陈坤修完四轮车，陈坤邀请王强及吴风等6人去食堂吃饭。当晚9点左右，王强回家睡觉。稍后李清洁听见王强出气很粗，忙将王强扶起，并连忙喊来村医田香等人抢救，值班医生称王已死亡。

王强的突然死亡给其一家老少三代带来了巨大的损失和痛苦。王强的5名亲属向人民法院提起诉讼，要求6被告承担民事责任，请求判令6被告赔偿抚养费、赡养费、丧葬费、精神抚慰金等共计41 476元。假设原告找你咨询，应该如何解答；被告找你咨询，应该如何解答？原被告都想委托你所在的律师事务所代理本案，如何处理？

学习任务一 收 案

一、会见当事人，提供法律咨询

在案件代理过程中，始终存在代理人会见委托人的工作，会见的目的是解答法律咨询，建立委托关系。法律咨询的好坏直接决定了委托关系能否建立。把握好会见环节，显得尤为重要。在会见当事人阶段中，代理人应完成的任务包括以下几项内容：一是树立独立和良好的职业形象；二是了解案情并依法剖析案件；三是和当事人协商办理委托代理手续。要想完成上列任务，应注意下列一些问题：

（一）会见前的工作安排

1. 根据当事人自身和案件的不同情况，选择合适的接待场所。对当事人的

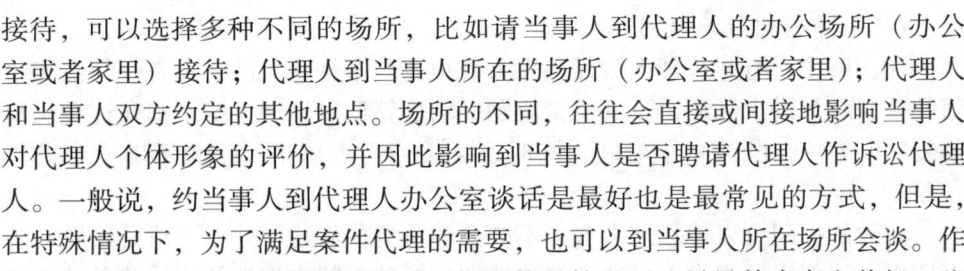

接待，可以选择多种不同的场所，比如请当事人到代理人的办公场所（办公室或者家里）接待；代理人到当事人所在的场所（办公室或者家里）；代理人和当事人双方约定的其他地点。场所的不同，往往会直接或间接地影响当事人对代理人个体形象的评价，并因此影响到当事人是否聘请代理人作诉讼代理人。一般说，约当事人到代理人办公室谈话是最好也是最常见的方式，但是，在特殊情况下，为了满足案件代理的需要，也可以到当事人所在场所会谈。作为一名代理人，应当从细微处入手，在可能的情况下，尽量替当事人着想，这就可以通过细节树立良好的职业形象，从而为日后的顺利合作奠定基础。

2. 为了提高接待效率，告知当事人准备好案件的相关材料。实践中，有些代理人往往陷入毫无效率可言的多次接待工作之中，这其中固然可能有当事人的原因，比如有些当事人并不是真心聘请代理人作为其诉讼代理人，而只是想以请代理人的名义进行咨询。但无可否认的是，在实践中之所以出现多次接待现象，也有代理人自身的原因。比如说代理人在接待当事人之前，没有在可能的情况下告知当事人事先应做好哪些准备工作，以致于在接待时出现当事人根本就没有准备好相应的案件材料或者所委派的工作人员其并不了解情况，只凭嘴说而无证据加以佐证，或者只说些可能、大概的情况。这样就不得不进行第二次甚至更多次接待。作为代理人，在建立委托关系之前固然还无义务帮助当事人整理案件材料，但为了提高接待效率，节省自己和当事人的时间，他完全有可能也应该在接待之前告知当事人做好相应准备，准备好案件材料，如鉴定书、判决书等。委派了解情况的工作人员，最好能够有一名相对负责的人员参加等。这种提醒，对代理人来说并不难，但对于接待效率的提高却是很重要的。

（二）认真听取咨询者陈述

听取咨询者陈述是解答法律咨询的前提和基础。对于咨询者的陈述，必须认真倾听，弄清案件的来龙去脉，有的放矢。

1. 认真听完问题的全过程，耐心弄清问题的来龙去脉；

2. 关键情节和细节要作必要记录；

3. 听准问题的焦点、关键和实质；

4. 注意观察询问人的精神状态、情绪反应、感情变化等表情形象。

案件当事人在跟代理人交谈案情时，或多或少会有感情的流露。观察咨询者的感情表现，目的在于弄清他的真实意图。不能看到来访者悲伤落泪便断定他"确实有理"，对感情过激者要善于稳定其情绪，弄清其真实意图，找出问题症结所在，为正确地提供咨询服务创造条件。

（三）有针对性地提问

在实践中，有些代理人放任当事人讲很多与案件无关的、没有任何法律价值的话，结果讲半天还讲不到关键问题，然后就反复地问，熟不知在这种反反复复的问答中，既浪费了时间，同时也会给当事人留下一个你不够专业的坏印象。

有效的提问可以使叙述者省去不必要和重复的叙述，并叙述清楚问题的焦点所在。注意引导当事人迅速、简洁地在最短的时间内把涉及法律关系的事实说出来。比如开始谈话时就告诉他"为了使我能够清楚全面地了解案件情况，我们之间做一个配合，你在 10~20 分钟之内，告诉我什么时间、什么地点、什么人与什么人发生了什么事情，希望代理人解决什么问题，之后，如果我还有什么不明白的，或者你觉得还有什么需要向代理人说明白的，我们还可以充分的交流。"经过代理人这样的引导，当事人可能就不是长篇大论，代理人可以在最短的时间内把案情搞清楚。

提问的方式应当根据不同的对象和不同性质的问题而有所区分，其主要区分有：

1. 对于顾虑重重、有理不敢直说的咨询者，律师应首先说明根据执业纪律和职业道德的要求，一定会为咨询者保密，绝对不会泄露、宣扬，使其放下心理压力，能对律师坦言。

2. 对于一些重大而又有疑难，或者在目前情况下出现的新问题，或者是已经发生了争议，但无明文规定的一些问题可以与当事人进行探讨，可以坦率地亮出自己的疑问。但不能为了给当事人一个明确答案，不懂装懂，执一己之见一言以蔽之，这样会对当事人产生误导，甚至使其合法权益受到损失。

在接待咨询时也会遇到弄虚作假，或仅叙述对自己有利的情况、隐瞒对自己不利的情况，或夸大事实、捏造情节的咨询者。对类似隐瞒事实真相或夸大事实真相的咨询者，要通过机智性巧问，了解事件的来龙去脉、真实情况，代理人可以采取诱导式发问，不直接询问问题的关键，而是通过问题的外围，逐步靠近，使其渐渐暴露自己的真意，反映事实的本质。在咨询中，有些特殊情况不便直问，这时需要采取迂回方式提出问题，让他自己作答。律师可以将前面已经问过的问题换个方式再问一次，当事人或因健忘或因无意间发生疏忽，可能会作出前后矛盾的回答。律师应抓住其不一致的地方，进行分析，以了解事情的本质。

（四）解答咨询时应注意的问题

实际上在听和问的时候你都在酝酿如何对当事人进行解答。因为有了前面的"倾听"和"询问"，这时候你的回答是自信的、有条理的、慎重的，当事人对你的解答也就非常信服了。搞好法律问题的咨询，目的就在于赢得当事人的信任，如何获得业务，如何做好业务等。在了解案情的基础上，应对案件的审理结果有一个初步的判断，并据此决定是否接受当事人的委托。这时往往要解决以下几个棘手的问题：

1. 无论是什么咨询，首先要明确当事人咨询的问题是否是法律问题。有些来咨询的当事人就想问如何办个准生证、怎么样落户等，这是法律问题吗？不是。如果不是法律问题怎么办，是不是一句话告诉当事人：你这个不是法律问题，不要问我。是不是这样就完了？所以又回到当事人咨询的目的是什么的问题，当事人并不是特别需要答案的，他需要的是怎么办，怎么解决自己的问题。这就要告诉当事人这不是法律问题，你应该到什么部门、跟哪个部门联系。这是第一类，非法律问题的咨询。

2. 如果是针对法律问题的咨询，应当从以下几方面予以考虑：

（1）咨询的问题是什么法律问题？比如：离婚纠纷、劳务纠纷……

（2）咨询的问题涉及什么法律关系？比如：债权债务关系、合同关系、借贷关系……

（3）本案涉及什么法律元素？包括哪些要件？比如：一起离婚案件中，具备的法律元素就有感情是否破裂、子女抚养权是否有争议、财产问题、债权债务等。

（4）将法律关系中的各个要素揭示出来，任何一个案件，婚姻案件、工伤案件、劳动争议案件等，必定有自己的法律要素。当事人讲述的过程通常是没有条理的，他无法完整地把案件要素呈现出来，这种情形下要想揭示在个案中的各个要素，就要对当事人陈述不完整的要素逐一询问，了解案件的整体框架。

（5）为当事人找到解决问题的办法或者思路。站在当事人的角度而言，当事人找到律师通常是自己处在似是而非，左右为难的情况。显而易见，当事人聘请律师需要得到的是一种解决问题的方法，需要知道自己的问题要怎么解决，只会"照本宣科"的律师一定是让当事人非常反感的。

3. 关于胜诉与败诉的回答。一般说来，当事人聘请代理人代理民事诉讼案件，都是为了争取有利于自己的诉讼结果，使自己的权益得到保护。因此，在接待阶段，当事人往往会问："我这官司能打赢吗？"面对这样的问题，回答时应把握好两点：一是代理人通过与当事人谈话了解案件情况后所做的判断只是初步的判断；二是在当前的司法环境中，个案的处理结果往往会受许多因素的制约，比如认识因素、权力因素、不正之风的因素、人性因素等。由于这些问题的存在，面对当事人的询问，代理人可以有选择地回答："如果你所陈述的情况是事实，根据现有的材料，这个官司从法律的角度讲应该是一个胜诉（或败诉）的官司。"这种回答有进有退。这不叫圆滑，而是实事求是。这样做的目的是让自己有路可退，案子结束以后，无论结果如何，当事人不会把矛头指向你。这恰好也说明一个案子的成败并不是判决本身表现出来的输赢，而是最终的结果是否为当事人认可，或者是接受。即使是判决结果输了，当事人仍然对你充满感激，这就是一个案子成功的表现。

4. 遇到不懂的问题怎么办？接待当事人的过程中，遇到自己不熟悉的领域中的问题，切忌敷衍当事人，也不要盲目拒绝，否则这个问题永远是你的盲区，你永远也不知道要怎么解决。我认为，一个律师存在知识的盲区，是业内人士都可以理解的，但是对于当事人来说，却是无法接受的。在当事人的心目中，律师必然精通所有的法律，否则的话，他何必来聘请一个一问三不知的律师？律师回答不上来当事人的咨询，一般有两种情形：一是对当事人问到的法律领域有一些粗略的了解，有些细节性的问题律师吃不准，没有把握，担心自己错误的意见会闹笑话，甚至误导当事人；另外一种情形是对于当事人问及的法律领域很久没有涉及，原有的法律知识忘得干干净净，头脑中一片空白。

在这种情况下，可以考虑以下一些回答方式：

（1）你现在带来的一些资料还不够完善，作为律师我必须给你一个负责任的解答，在没有看到你所有的材料以前，我不能随便给你出具一个意见，那是对你的不负责任。你下次能不能把全部的资料带过来给我看看，看完以后我给你答复。

（2）你带来的材料这么多，我需要一些时间认真研究，我不能匆忙下结论，这也是对你负责。等我看完这些材料，和其他律师共同研究一下，我们另外约一个时间再进一步谈这个问题，争取给你一个满意的答复。

（3）关于你所提出的这个问题，正好是当前法律界存在较大争议的问题。法律的规定比较模糊，各个法官和律师对此都有不同的理解，判决结果也存在很多的不同。我需要查阅一下相关资料或和其他律师一起研究，如果方便请您留下联系方式，我会和您主动联系。

5. 关于案件分析度的把握。在接待当事人过程中，对代理人而言往往存在一个两难的问题：如果将案情分析得很透，当事人有可能不再愿意花钱聘请代理人，代理人等于白劳动了一场；如果分析得不透，当事人则又可能认为代理人没水平，也不会聘请。面对这样一个两难问题，代理人应针对不同情况采取不同的方法，比如说一个案件仅涉及一个知识点，在没有理由相信当事人会聘请代理人的情况下，不必去告知当事人这个知识点的出处，而应有所保留；如果一个案件涉及的知识点很多，比如一个案件既涉及合同的无效，又涉及诉讼时效，还涉及保证责任的归属的情况下，可以就一个论点给当事人以详尽的论证，其他论点则可不予论证，这样既可使当事人对代理人的能力产生信任，又可防止代理人的知识被别人无偿地占用。这里应该有一种意识，如果一个代理人不能有效地保护自己，他就难以有效地保护委托人。

6. 关于是否接受委托。当事人有选择代理人的权利，代理人也有选择案件的权利。当代理人对案件的结果有了初步判断时，就应考虑是否接受委托。这种考虑就是对案件的选择。实践中，有些代理人为了争取案源，往往不考虑案件的审理结果是否会有利于自己的当事人，不考虑自己代理之后在庭审过程中是否会有话可说，而是一味地接受委托。我们认为这种做法不妥，因为这固然可以争得一个案源，争得一个创收的机会，但其负面的作用也是显而易见的。它不仅会使代理人在接受委托后感到十分为难——因为当事人本身就无有利于自己的证据，而且还会使代理人在庭审时陷入极为被动的局面——因为代理人没有事实根据和法律依据维护委托人的合法权益。更为严重的是，在代理失败后，委托人会在有意或无意的情况下向别人提到这个代理人的不负责和无能。这无疑会使该代理人的职业形象在一定的范围内受到损害，而且这个"一定的范围"是在不停地变动着，并且一定是呈扩大趋势。所以，某些情况下谢绝委托，固然可能会影响代理人的收入，但从长远看，则会最终有益于树立代理人良好的职业形象，而这一无形资产必然会创造出更多有形资产增加的机率。

◎ 导入案例分析

死者王强作为成年人，应当预见到过量饮酒的危害，特别是明知自己患有高血压病不能喝酒却仍然喝酒，对于自己酒后猝死的后果，本人应承担主要责任。6 被告与王强同桌喝酒，在明确得知王有病不能喝酒的情况下却未尽到注意义务。6 被告的倒酒、劝酒行为与王强死亡之间具有相当的因果关系。6 被告应当对自己的过失行为承担相应的民事责任。考虑到侵权人的过错程度、侵权行为造成的后果等因素，法院判令 6 被告承担各项损失的 30%。

被告陈坤作为酒宴召集人，应对参与酒宴的每个人的健康安全尽到较大的注意义务，并且陈坤作为修车的受益人，酒宴上具有劝酒行为，应承担较大责任。另二被告吴风、张峰在酒宴上也有劝酒行为，应承担次要责任，其余 3 被告对王强的死亡未尽到注意义务，也应承担一定责任。基于上述判断，法院对 6 被告的赔偿责任做了如下划分：被告陈坤承担 1/3，被告吴风、张峰平均承担 1/3，另外 3 被告共承担 1/3 赔偿责任。6 被告构成共同侵权，依法应负连带责任。

二、收案

　　与民事诉讼案件当事人确立委托代理关系，是代理人依法行使职权的依据。实践中代理虽然有"律师代理"和"公民代理"之分，但由于公民代理大多是亲朋好友的案件，有法律帮助的性质，委托手续相对简单，因此，本文不再论述，参考律师代理的相关手续就行。本文着重论述律师代理。

　　（一）律师收案

　　1. 律师事务所统一收案及案件登记。收案是指律师事务所接受公民、个人和其他组织的委托，指派律师参与民事案件的诉讼活动。《律师法》第25条规定，律师承办业务，由律师事务所统一接受委托。由此确定了律师参加民事诉讼，应当由律师执业的所在机构（律师事务所）收案，律师个人不允许私自收案，私自收费。

　　委托人指名要求委派律师的，律师事务所应当尽可能满足委托人的指名委托要求。

　　2. 收案审查。

　　（1）诉讼主体资格审查。承办律师接受当事人委托，应当审查证明当事人主体资格的有关材料，发现当事人不具备相应诉讼主体资格时，应当向委托人说明并阐明理由。如可能，可要求其进行变更。

　　（2）时效审查。《民法通则》第135条规定的普通诉讼时效为2年，但法律另有规定的除外。法律另有规定的情形包括：一为特别诉讼时效，即《民法通则》第136条规定诉讼时效期间为1年的四种情况：身体受到伤害要求赔偿的；出售质量不合格的商品未声明的；延时或拒付租金的；寄存财物被丢失或损毁的。二为最长诉讼时效，即《民法通则》第137条规定的20年的长期时效。三为法律对诉讼时效特别规定的当依其规定。

　　律师还要审查诉讼时效有无中止或中断情形。

　　律师发现委托人的诉讼请求超过诉讼时效的，当告知其情形并拒绝该委托。律师承接案件后应当注意所承办的法律事务应当遵守的时效期间，切忌因律师的原因而致使当事人向人民法院提起的诉讼超过时效，导致当事人不应有的损失。

　　（3）管辖审查。承办律师应当对当事人委托的民事案件是否属于人民法院管辖进行审查；对于已经进入法院诉讼程序的民事案件，应当就受理法院的管辖资格进行审查。

　　经审查，发现当事人委托案件不属于人民法院管辖或受理案件的法院无权对该案件进行管辖的，应当及时告知当事人进行变更或者提出管辖权异议。在进行变更或提出管辖权异议时，应当选择有利于当事人诉讼的法院。

3. 利益冲突排查。关于利益冲突，中华全国律师协会发布了一个《律师执业行为规范试行》第76条，它对利益冲突有一个定义，是这样说的：利益冲突是指同一律师事务所所代理的委托事项，与该所其他委托事项的委托人之间，有利益上的冲突，继续代理会直接影响相关委托人利益的情形。

对于利益冲突问题，如果处理不好，就会影响到委托人对律师的信任。律师可能就违反了对委托人忠诚的义务。

预防利益冲突的前提是准确判定利益冲突的存在，如果律师意识不到自身卷入利益冲突中，就不会作出相应的反应并采取适当的行为。对利益冲突进行认定，一般遵循以下过程和要求：

（1）清晰地识别委托人。律师一旦被聘为委托人的代理人，律师的行动就和委托人息息相关了，也会产生相应的职责与义务。在建立委托关系时，律师应当清楚地认识到委托的性质、内容和可能的法律后果，明确与委托人的关系、委托人的种类和律师应当承担的责任。对于不同类型的委托人律师承担的责任种类和程度是不同的，为此可能引发不同程度的利益冲突。

（2）确定利益冲突是否存在。利益冲突是否存在应根据与委托人间的具体情形和事态的发展来确定，以具体情况下律师对委托人或第三人的职责或义务是否会受到不利的实质性影响的风险判断。"如果存在律师对委托人的代理将因为律师自身的利益、律师对其他现行委托人、前委托人或者第三人的职责而受到重大的不利影响的风险，则存在利益冲突问题。"是否存在利益冲突取决于律师对委托人的代理是否存在实际的不利影响的重大风险，而对此的判断，又需要结合案件的具体情况，并考虑律师与委托人关系的性质、类型、委托人的态度、律师的职责等各种因素，综合起来进行判断。

（3）判断利益冲突的性质。如果存在利益冲突，分析利益冲突的具体情况和可能造成的影响属于何种性质和种类，可能会对律师行为产生怎样的影响和限制，律师是否仍可以经同意而代理。如果多个委托人彼此之间存在的利益冲突绝对禁止律师代理，不能因为委托人的同意而豁免，这种情况下律师应立即告知当委托人的相关事实和不能接受代理的原因。委托关系已经建立，则应退出代理，及时终结委托代理合同；委托关系尚未建立，应拒绝签署委托代理合同。

（4）获得委托人书面确认的同意的豁免函。如果利益冲突是可以经过同意而豁免的，律师应立即告知委托人基本事实，与受到影响的委托人进行磋商，告知代理可能产生的后果，尽早获得该委托人经书面确认的豁免函。经委托人书面确认同意的豁免函要求：①豁免函应当为书面形式。②豁免函应当告知委托人存在利益冲突的基本事实和代理可能产生的后果，保证委托人享有对委托事项充分的知情权、决定权和获得其他律师独立代理的机会。③豁免函应当由委托人签字，并有明确同意事务所代理的声明。

4. 办理委托代理手续。符合收案条件的，经过律师事务所主任或主任授权的负责人员同意后，办理委托手续。

委托手续包括以下内容：

（1）签署《委托代理合同》。委托代理合同是律师事务所与委托人确立委托代理关系成立的书面法律文件，是律师参加民事诉讼活动的合法有效凭证。《委托代理合同》一式两份，一份交委托人，一份交承办律师附卷存档。

（2）签署授权委托书。授权委托书是民事诉讼活动当事人单方出具的，明确代理人在代理委托人参加民事诉讼过程中代理权限范围的法律文书。委托人签署授权委托书，一式三份，一份交受理案件的法院，一份交承办律师附卷存档，一份交委托人。

律师事务所与委托人签订委托代理合同及委托人签署授权委托书时，应当记明具体的委托事项和权限，委托权限应注明是一般授权还是特别授权。变更、放弃、承认诉讼请求和进行和解，提起反诉和上诉，转委托，签收法律文书，应当有委托人的特别授权。

（3）开具律师事务所函，呈送受理案件的法院。

（二）收案后的工作

承办律师在律师事务所接受委托后，应当办理如下事项：

1. 要求委托人提供诉讼证据复印件、复制件，同时核对原件，并将原件及时交还委托人妥善保管；收取原件的，要制作证物清单，由委托人、律师签字附卷。

2. 应当向委托人解释和讨论本案如下事项：

（1）案件是否属于人民法院管辖；

（2）起诉是否符合《民事诉讼法》第108条及其相关规定；

（3）诉讼请求是否超过诉讼时效；

（4）与案件有关的法律规定；

（5）委托人已向人民法院提交起诉状的，其诉讼请求是否有相关证据或证据线索支持；

（6）诉讼当事人的各项诉讼权利和诉讼义务；

（7）被告是否反诉，如反诉或有反诉可能的，进一步讨论反诉的事实与理由；

（8）是否有申请回避的事实、理由和必要性。

学习任务二 代理费的洽商与收取

一、律师收取代理费的相关规定

目前，规范律师收取代理费的规定，主要是国家发改委、司法部于 2006 年联合发布并于 2006 年 12 月 1 日正式实施的《律师服务收费管理办法》（发改价格［2006］611 号）。除此之外，各省也有结合本地实际的实施条例，名字多为《××省律师服务收费管理实施办法》。这些规定的主要精神有：

（一）律师服务收费实行政府指导价和市场调节价

1. 律师事务所依法提供的下列法律服务实行政府指导价：

（1）代理民事诉讼案件；

（2）代理行政诉讼案件；

（3）代理国家赔偿案件；

（4）为刑事案件犯罪嫌疑人提供法律咨询，代理申诉和控告，申请取保候审，担任被告人的辩护人或自诉人、被害人的诉讼代理人；

（5）代理各类诉讼案件的申诉。

实行政府指导价管理的律师服务，实际执行的收费标准由律师事务所与委托人在规定基准价和浮动幅度的范围内协商确定。

2. 律师事务所提供的其他法律服务实行市场调节价。其他法律服务主要是非诉法律事务。实行市场调节价的法律服务，收费标准由律师事务所与委托人协商确定。律师事务所与委托人协商律师服务收费应考虑以下因素：

（1）办理法律事务需要的律师人数；

（2）办理法律事务耗费的工作时间；

（3）办理法律事务的难易程度；

（4）所在地经济发展状况和委托人的承受能力；

（5）办理法律事务可能承担的风险和责任；

（6）律师的社会信誉和工作水平等。

（二）律师费收费方式

律师服务收费可以根据不同的服务内容，采取计件收费、按标的额比例收费和计时收费等方式。计件收费一般适用于不涉及财产关系的法律事务；按标的额比例收费适用于涉及财产关系的法律事务；计时收费适用于全部法律事务。

办理涉及财产关系的民事案件时，可以实行风险代理收费，但下列情形除外：

1. 婚姻、继承案件；

2. 请求给予社会保险待遇或者最低生活保障待遇的；

3. 请求给付赡养费、抚养费、扶养费、抚恤金、救济金、工伤赔偿的；

4. 请求支付劳动报酬的等；

5. 刑事诉讼案件、行政诉讼案件、国家赔偿案件以及群体性诉讼案件。

实行风险代理收费，律师事务所应当与委托人签订风险代理收费合同，约定双方应承担的风险责任、收费方式、收费数额或比例。实行风险代理收费，最高收费金额不得高于收费合同约定标的额的30%。

（三）其他收费项目

律师事务所在提供法律服务过程中，代委托人支付的诉讼费、仲裁费、鉴定费、公证费和查档费等，不属于律师服务费，应由委托人另行支付。

律师事务所需要预收异地办案差旅费的，应当向委托人提供费用概算，经协商一致，由双方签字确认。确需变更费用概算的，律师事务所必须事先征得委托人的书面同意。

律师服务费、代委托人支付的费用和异地办案差旅费由律师事务所统一向委托人收取。律师不得私自向委托人收取任何费用。

（四）其他要求

1. 律师事务所接受委托，应当与委托人签订律师服务收费合同，或者在委托代理合同中载明收费条款。

2. 向委托人收取律师服务费，应当向委托人出具合法收费票据。

二、收费的时机与技巧

1. 接受咨询过程，也是观察了解当事人经济状况和当事人付费意识的过程，不要急于谈费用；

2. 在谈话中适时流露律师的收费标准（如，你要考虑诉讼的成本，你的事情至少要10万元的费用；你虽然有理，但要考虑成本等），同时观察对方的表情，判断对方对支付律师费的态度和经济能力；

3. 要将当事人不请律师的风险说够，律师解决问题的能力说透，但千万不要夸大自己的能力；

4. 要替当事人算账（如，此事如果请律师，将会得到有力的帮助，解决得好，你将避免和挽回多少损失或者将获得多大的利益等；若是聘请法律顾问，还要考虑到对委托人业务的帮助）；

5. 不要轻易参加当事人的宴请和娱乐活动（所谓吃人家嘴软、拿人家手短）；

6. 收费的几种方式：一次性收费；半风险收费；风险代理等；

7. 关于讨价还价。我们经常对当事人讲："我们的收费是有标准的，不能像自由市场一样还可以讲价。"其实，在律师收费过程中，由于协商收费的形式存在，讨价还价的现象是经常发生的。这就要求律师讲究技巧，一般情况下要就高不就低，否则你会后悔的。

附：云南律师服务收费标准（暂行）

一、办理刑事案件服务费

（一）在侦查阶段为犯罪嫌疑人提供法律服务，每件收费不超过3000元。

（二）代理起诉和控告阶段为犯罪嫌疑人提供法律服务，每件收费不超过4000元。

（三）在审判阶段担任被告辩护人的，每件收费不超过20 000元。

（四）代理申请取保候审，每件收费不超过1500元。

（五）担任自诉人或被害人代理人，参照上述标准执行。

（六）附带民事诉讼的，按照办理民事诉讼案件的标准执行。

二、代理民事、行政诉讼和仲裁案件服务费

（一）不涉及财产关系的，每件收费不超过5000元。

（二）不涉及财产关系的，根据争议标的，按下列标的分段比例计算后累加收费：

争议标的	收费标准
50 000 元以下的部分	每件收费不超过 5000 元
50 001 ~ 100 000 元的部分	3 ~ 5%
100 001 ~ 1 000 000 元的部分	2 ~ 4%
1 000 001 ~ 5 000 000 元的部分	1.5 ~ 3%
5 000 001 ~ 10 000 000 元的部分	1 ~ 2%
10 000 001 ~ 50 000 000 元部分	0.5 ~ 1%
50 000 001 元以上的部分	0.2 ~ 0.5%

三、代理各类案件的申诉，每件收费不超过5000元。申诉案件立案后又代理诉讼的，按相应诉讼代理费收费标准收费。

四、上述各项收费标准，是指诉讼案件一审或者仲裁案件收费标准。未办一审而办二审案件的，按照一审的标准收费；既办一审又办二审的，二审按照一审标准的50%收取律师服务费。在同一案件中，曾经代理仲裁的，诉讼一审、二审阶段的律师服务费按照仲裁收费标准的50%收取。代理再审参照二审的收费标准收费，代理案件执行参照一审的收费标准收费。

五、代理行政复议案件的，按每件收费不超过3000元。

六、以上以计件方式计费的收费标准，可按规定的收费标准下浮，下浮幅度不限；以标的比例方式计费的收费标准，国家和省扶贫开发工作重点县的律师事务所，可按规定收费标准的下限下浮50%。

七、代理重大、复杂、疑难案件时，若因工作量增大、不可预见因素增多，按规定的收费标准收费确实不能满足办案需要的，律师事务所可以与委托人协商收费，但最高不得超过本暂行收费标准上限的5倍。

注：代理涉及财产关系的民事、行政诉讼和仲裁案件，根据标的分段比例累加计算服务费收费标准的方法：

例如：代理标的额为3000万元的诉讼案件,5万元以下部分按500元计收,其余部分按标的分段比例收费标准下限计算,则此律师服务事项最终收费额为$500 + (100\,000 - 50\,000) \times 3\% + (1\,000\,000 - 100\,000) \times 2\% + (5\,000\,000 - 1\,000\,000) \times 1.5\% + (10\,000\,000 - 5\,000\,000) \times 1\% + (30\,000\,000 - 10\,000\,000) \times 0.5\% = 23$万元

学习任务三　制作代理文书

一、民事诉讼委托代理合同

（一）文书制作基本知识

1. 民事诉讼委托代理合同的概念。民事诉讼委托代理合同是案件当事人、法定代理人依法委托律师、当事人的近亲属等作为诉讼代理人参加民事诉讼活动的书面协议。民事诉讼委托代理合同是代理人代理委托人参加民事诉讼活动的书面文件，也是明确代理人在民事诉讼活动中代理权限的基础性文件。

2. 法律依据。《民事诉讼法》第58条规定："当事人、法定代理人可以委托1~2人作为诉讼代理人。下列人员可以被委托为诉讼代理人：①律师、基层法律服务工作者；②当事人的近亲属或者工作人员；③当事人所在社区、单位以及有关社会团体推荐的公民。"根据法律规定，当事人、法定代表人、法定代理人，都有权委托代理人，他们可以委托作为代理人的范围十分广泛。当事人的近亲属、律师、社会团体和当事人所在单位推荐的人都可以被委托为诉讼代理人，这为当事人行使诉讼权利提供了充分的便利条件。

当事人委托自己的近亲属、社会团体和当事人所在单位推荐的人作为诉讼代理人，必须首先由委托人和被委托人签订委托合同，委托书必须证明委托事

项和权限。委托书应该由委托人和被委托人双方签名或者盖章。然后经人民法院审查同意，委托代理即告成立。

当事人可以委托 1～2 名律师，如果委托 2 名律师，可以授予他们同样的代理权限，也可以分别授予不同的权限。当事人对委托代理人的授权范围是可以变更的，可以扩大或缩小，代理权变更后，应通知人民法院和对方当事人。在诉讼过程中，当事人还可以解除委托，但也应书面告知人民法院，并由人民法院通知对方当事人。

（二）民事诉讼委托代理合同结构内容和写作方法

其内容结构为：

1. 首部。

（1）标题。以"委托代理合同"或"民事诉讼委托代理合同"为标题。

（2）写明委托方全称及因何诉讼案件达成下列合同。

2. 正文。

（1）律师事务所指派何律师为何人、何案件担任代理人进行诉讼。

（2）代理人和委托人的义务。

（3）委托人授予代理人的权限。

（4）委托人应按规定向律师事务所交纳的代理费数额。

（5）合同起止期限。

3. 尾部。代理人和委托人签字盖章，并注明具文时间。

○ 文书格式

民事委托代理合同

[20××]　××字第××号

甲方：

法定代表人：　　　　　　职务：

住所（地址）：

邮编：　　　　　　电话：　　　　　　传真：

乙方：云南××律师事务所

法定代表人：　　　　　　职务：

地址：

邮编：　　　　　　电话：

传真：

甲方因与（案件对方当事人名称）　　　　　　　（案由）　　　案件

纠纷一案，根据中华人民共和国《合同法》、《民事诉讼法》/《仲裁法》和《律师法》等有关法律的规定，聘请乙方的律师作为委托代理人，甲乙双方按照诚实信用原则，经协商一致，订立本合同条款，共同遵守。

第一条　委托代理事项

乙方接受甲方的委托，委派律师在下列案件中担任甲方的委托代理人：

案件对方当事人：

案由及诉讼标的：

审理机关：

审　级：

第二条　委托代理权限为以下第　　项，

1. 一般代理；

2. 全权代理包括：

变更或者放弃诉讼请求；

承认诉讼请求；

提起反诉；

进行调解或者和解；

提起上诉；

申请执行；

收取或者收转执行标的；

签署、送达、接受法律文书。

第三条　乙方的义务

1. 乙方委派　　　　律师作为上述案件甲方的委托代理人，甲方同意　　律师指派其他律师配合完成辅助工作。乙方律师联系方式为：

2. 乙方律师应当勤勉、尽责地完成第一条所列委托代理事项。

3. 乙方律师应当以其依据法律作出的判断，向甲方进行法律风险提示，尽最大努力维护甲方利益。

4. 乙方律师应当根据审理机关的要求，及时提交证据，按时出庭，并应甲方要求通报案件进展情况。

5. 乙方律师不得违反《律师执业规范》，在涉及甲方的对抗性案件中，未经甲方同意，不得同时担任与甲方具有法律上利益冲突的另一方的委托代理人。

6. 乙方律师对其获知的甲方的商业机密或者甲方的个人隐私负有保密责任，非由法律规定或者甲方同意，不得向任何第三方披露。

7. 乙方对甲方业务应当单独建档，并保存完整的工作纪录，对涉及甲方的原始证据、法律文件和财物应当妥善保管。

8. 乙方更换代理律师应取得甲方认可，但乙方律师因为开庭冲突、疾病等原因，乙方可以另行指派其他律师完成甲方委托事项，乙方应配合办理授权委托书等手续，否则视为无故解除本合同。

第四条　甲方的义务

1. 甲方应当真实、详尽和及时地向乙方律师叙述案情，提供与委托代理事项有关的证据、文件及其他事实材料。

2. 甲方应当积极、主动地配合乙方律师的工作，甲方对乙方律师提出的要求应当明确、合理。

3. 甲方应当按期、足额向乙方支付律师代理费和工作费用。

4. 甲方指定　　　为乙方律师的联系人，负责转达甲方的指示和要求，提供文件和资料等，甲方更换联系人应当通知委托代理人；甲方指定人员的联系方式为：

5. 甲方有责任对委托代理事项作出独立的判断、决策，甲方根据乙方律师提供的法律意见、建议、方案所作出的决定而导致的损失，非因乙方律师错误运用法律等失职行为造成的，由甲方自行承担。

第五条　律师代理费

经双方协商同意，甲方向乙方支付律师代理费　　　元人民币。

支付方式和期限为：

乙方户名：

开户行：

账　号：

本合同终止或者提前解约的，双方应结清有关费用。

第六条　工作费用

乙方律师办理甲方委托代理事项所发生的下列工作费用，应当由甲方承担：

1. 相关行政、司法、鉴定、公证等部门收取的费用；

2. 市区外发生的差旅费、食宿费、翻译费、复印费、资料费、长途通讯费等；

3. 征得甲方同意后支出的其他费用。

（　）甲方按照乙方律师预支、事后实报实销方式报销上述费用；

（　）甲方一次性支付　　　　　元人民币由乙方包干使用上述第2项工作费用。除非甲方同意，否则无论乙方实际办案支出是否超过该费用，甲方均无另行给付的义务。

乙方律师应当本着节俭的原则合理使用工作费用。

第七条　合同的解除

一、甲乙双方经协商一致，可以变更或者解除合同；乙方有下列情形之一的，甲方有权解除本合同：

1. 未经甲方同意，无正当理由擅自更换代理律师的；

2. 因乙方律师工作延误、失职、失误导致甲方蒙受损失的；

3. 违反第三条5~7项规定的义务之一的。

二、甲方有下列情形之一的，乙方有权解除本合同：

1. 甲方的委托事项违反法律或者违反律师执业规范的；

2. 甲方有捏造事实、伪造证据或者隐瞒重要情节等情形的；

3. 甲方逾期30日仍不向乙方支付律师代理费或者工作费用的。

第八条 违约责任

1. 乙方无正当理由不提供第一条规定的法律服务或者违反第三条规定的义务，甲方有权要求退还部分或者全部已付的律师代理费。

2. 乙方律师因工作延误、失职、失误导致甲方蒙受损失，或者违反第三条第5~7项规定的义务之一的，乙方应当通过其所投保的执业保险机构向甲方承担赔偿责任。

赔偿范围以保险机构赔偿为限。不属保险机构理赔范围或超出保险机构理赔数额之外的部分，乙方以本合同约定的律师费为限承担赔偿责任。

3. 甲方无正当理由不支付律师代理费或者工作费用，或者无故解除、终止合同，乙方有权要求甲方支付未付的律师代理费、未报销的工作费用以及延期支付的利息。

4. 甲方不得以如下非正当理由要求乙方退费：

（1）甲方单方面又委托其他律师事务所的律师代理的；

（2）乙方完成委托代理事项后，甲方以乙方收费过高为由要求退费的；

（3）甲方作为被告时，乙方律师已经为出庭作好准备，而原告方撤诉的；

（4）其他非因乙方或者乙方律师的原因，甲方无故终止合同的。

第九条 争议的解决

1. 本合同适用中华人民共和国《合同法》、《律师法》、《民事诉讼法》/《仲裁法》等法律。

2. 甲乙双方如果发生争议，应当友好协商解决。如协商不成，任何一方均有权将争议向甲方所在地法院起诉。

第十条 合同的生效

本合同正本一式三份，甲方执一份，乙方执两份，由甲乙双方代表签字并加盖公章之日起生效，至乙方完成甲方所委托的代理事项为止。

第十一条 通知和送达

甲乙双方因履行本合同而相互发生或者提供的所有通知、文件、资料，均以扉页及合同内所列明的地址、传真、手机、电子邮件送达，一方如果迁址或者变更电话等联系方式的，应当书面通知对方。

通过传真方式的，在发出传真时视为送达；以邮寄方式的，挂号寄出或者投邮的次日视为送达；以手机短信方式通知，发送时视为送达；通过电子邮件送达的，发送时视为送达。

第十二条　风险提示

甲方应如实陈述案件事实，提供相关证据并保证资料的真实合法性，否则可能会因资料不实承担不利后果；此外，拟委托案件的处理结果会受到多种因素的影响，受托律师依法履行职责，竭力维护甲方的合法权益，不会对甲方作出任何的承诺，随着案件进展，受托律师还会谨慎、诚实、客观地告知甲方委托事项可能出现的各种法律风险。

甲方：　　　　　　　　　　　　乙方：××××律师事务所
签约代表：　　　　　　　　　　签约代表：
签约日期：　　年　　月　　日　　签约日期：　　年　　月　　日

二、授权委托书

授权委托书是指民事诉讼活动当事人单方出具的，明确代理人在代理委托人参加民事诉讼过程中代理权限范围的法律文书。根据《民事诉讼法》第59条规定，民事案件当事人委托诉讼代理人参加民事诉讼，必须向受理案件的人民法院提交由委托人签名或盖章的授权委托书，否则代理人在民事诉讼中的代理权不能成立。因此，授权委托书是委托人实施授权行为的凭证，也是代理权产生的直接根据，还是人民法院确认民事诉讼代理人资格的依据。

代理人接受民事案件当事人的委托，参加民事诉讼，必须具有一定的代理权限，其代理权限依代理人与委托人之间订立的委托代理协议和委托人单方签署的授权委托书确定。由于代理人的代理民事诉讼的权利来自当事人及其法定代理人的授权，因而委托人单方出具的授权委托书决定着代理权限范围。作为委托代理人，只能在当事人的授权范围内代理当事人行使诉讼权利，承担诉讼义务，代为诉讼行为。委托代理人在授权委托书的授权范围内，为诉讼行为和接受诉讼行为，被视为当事人的诉讼行为，对当事人发生法律效力。

根据《民事诉讼法》有关规定，委托人授予诉讼代理人代理权限，可以授予其一般委托代理权限和特别委托代理权限。一般委托代理是指代理人只能为被代理人代理一般的诉讼行为，如代理参加诉讼活动，调查、提供有关证据，参加法庭辩论和调解等，而不能够处分诉讼权利和实体权利；特别委托代

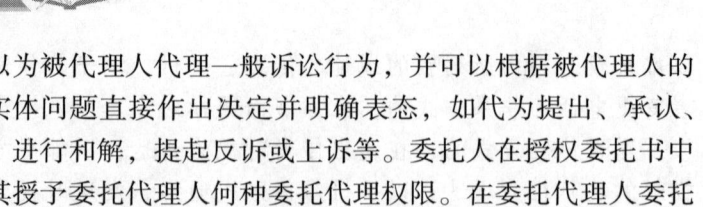

理是指代理人不仅可以为被代理人代理一般诉讼行为，并可以根据被代理人的特别授权，对案件的实体问题直接作出决定并明确表态，如代为提出、承认、变更或放弃诉讼请求，进行和解，提起反诉或上诉等。委托人在授权委托书中应明确、清楚地写明其授予委托代理人何种委托代理权限。在委托代理人委托参加民事诉讼过程中，由于情况的变化，经委托人与代理人协商，委托人有权变更代理权限，这种变更既可以表现为扩大代理权限，也可以表现为缩小代理权限。

　　当事人及其法定代理人通过出具授权委托书，明确其授予代理人进行民事诉讼活动的权限，可以约束代理人的诉讼行为，防止代理人滥用代理权，侵害委托人利益；可以规范代理人的行为，避免因无权代理、越权代理而在民事诉讼当事人与其委托代理人之间产生纠纷。

◎ 文书格式

授权委托书

委托人：　　　　　　　　性别：　　　　　　　　年龄：

住址：　　　　　　　　　　　　　　　　　　　　电话：

受委托人：　　　　　　　性别：　　　　　　　　职务：

工作单位：　　　　　　　　　　　　　电话：

　　我与＿＿＿＿＿＿＿＿＿＿＿＿＿＿因＿＿＿＿＿＿＿＿＿＿纠纷一案，现委托上列受委托人作为我的＿＿＿＿＿＿＿＿＿诉讼代理人。

　　代理人＿＿＿＿＿＿＿＿＿＿的代理权限为：

1. 收集、提供证据；

2. 参与证据交换；

3. 代为申请回避；

4. 代为陈述案情；

5. 参与庭审调查、辩论；

6. 代为核对庭审记录；

7. 代为调解；

8. 代为签收法律文书，但判决书、调解书例外。

　　此致
××市××区人民法院

委托人：（签名）
年　　月　　日

三、律师事务所函

◎ 文书格式

律师事务所函

[ ] 第 号

_____人民法院：

本所接受_____的委托，指派_____律师，担任你院受理的

_____案件的_____的代理人。

特此函告

律师事务所（章）

年 月 日

 实务训练

【实训项目一】

精神病患者某甲，一日忽然用木棒将邻居乙的小孩击伤，小孩经抢救治疗后脱险。双方就损害赔偿未能达成协议。乙起诉到法院，要求被告甲赔偿损失。甲的父母均不愿代甲应诉，互相推诿责任。

问题：确定本案原告、被告的依据是什么？对甲的父母推诿代理责任，法院应如何处理？甲的父亲是否可以委托一名律师和一名医师与他一道出庭参加诉讼？甲的父亲委托他人代理诉讼应当向法院递交什么法律手续？

【实训项目二】

罗某，1993 年 6 月，与前夫吴某协议离婚，离婚协议明确约定，成都市区一套公房归女方所有。之后，其与儿子一直居住该房内。1997 年 12 月，国家政策规定可将该公房购为私房，罗某便向吴某提出将该公房的使用人名称更换为罗某以便购买，但吴某却提出更名太麻烦，称罗某可直接将该房屋以吴某名义购买，将来其可以随时将房屋过户给原告。罗某考虑到吴某当时并未再婚，便听从了其安排，于次年 1 月出资缴纳了全部购房款，但产权登记却是吴某名字。

2008 年，罗某得知吴某再婚，便要求将该房屋过户到其名下以免发生纠纷。吴某也为其出具了一份情况说明，但吴某以生意太忙为由，一再拖延拒绝办理更名。

问题：1. 现罗某找你咨询，应当如何解答？

2. 如罗某委托你向法院起诉，应当办理哪些手续？

思考与练习

1. 代理人如何会见当事人？
2. 律师收案的注意事项有哪些？
3. 收案时，如何进行利益冲突排查？
4. 如何制作授权委托书？

第三单元 代理提起诉讼

学习目标：

●掌握起诉的条件、诉状的格式和内容、证据清单制作要求、立案需要的材料和手续；

●掌握诉讼时效、诉讼费用、诉前财产保全和诉讼保全的主要规定；

●培养顺利提起诉讼、正确运用诉讼保全和诉前财产保全措施以及解决提起诉讼中常见问题的能力。

导入案例

2009 年 9 月，张某为了自己的新婚喜庆活动找到了某婚庆公司。在工作人员的推荐下，张某选择了价格 2000 元的金牌主持、高清摄像等婚礼服务，并签订了婚庆婚礼服务单。婚后第二天，张亮和妻子观看婚礼录像光盘时傻眼了：结婚录像图像虽然清晰，但是没有声音。一对新人十分懊恼：结婚庆典一辈子只一次，又不能补录像。如今的结婚录像变"哑巴"，以后可咋看呢？张某夫妇多次找到婚庆公司协商，要求恢复婚礼录像光盘声音。婚庆公司表示，由于录像机的原因，他们也没办法恢复光盘声音。婚庆公司认为，婚礼现场气氛隆重而热烈，婚庆公司已完成了婚礼当天的任务，录像只是没有声音，不能代表他们没有完成服务，所以拒绝赔偿。在与婚庆公司多次协商不成后，张某于 2009 年 10 月向法院起诉。

问：如果你是本案的代理人，如何代理提起诉讼？

学习任务一 起诉的基本要求

代理原告起诉，需要注意起诉的条件。我国《民事诉讼法》第 119 条规定了起诉的条件。根据规定，起诉必须符合下列条件：①原告是与本案有直接利害关系的公民、法人和其他组织；②有明确的被告；③有具体的诉讼请求和事实、理由；④属于人民法院受理民事诉讼的范围和受诉人民法院管辖。

一、原告

（一）原告的含义

原告是指为维护自己或自己所管理的他人的民事权益，而以自己名义向法院起诉，从而引起民事诉讼程序发生的人。起诉由原告提起，是诉讼的第一步。起诉必须符合法律的要求，才能启动后续的诉讼程序。基于司法资源有限的原因，我国法院对原被告资格的要求是十分严格的，从学理上讲，我国法院要求原被告必须是正当的当事人，也被称为适格当事人。

（二）原告的条件

提起诉讼的原告必须符合法律规定的条件。司法需要成本，考虑到我国司法资源有限的实际情况，并不是任何人想提起诉讼都能成为原告，原告必须符合法定的条件。根据《中华人民共和国民事诉讼法》第119条的规定，提起诉讼的原告必须是与本案有直接利害关系的公民、法人和其他组织。如果与本案没有直接利害关系，立案时法院将不予立案；立案后审理过程中发现原告不适格法院会裁定驳回起诉。

判断原告与本案是否有直接利害关系需要注意：

1. 这里的利害关系是指原告与"本案"有直接利害关系而不是与"被告"有直接利害关系。

2. 与本案有直接的利害关系是指与本案的诉讼标的有直接利害关系。起诉人必须是其请求人民法院予以保护的民事权益的直接享有者，或是对该民事权益负有法定或约定的保护职责者。同时，本案的诉讼标的必须是我国民事法律、法规所调整的财产关系和人身法律关系。

◎ 案例

A的女儿B在C学校上小学，A认为女孩子能认字就行，于是在B四年级后就不让上学，C学校以侵害公民受教育权为由起诉A。

在这个案件中，原告就不适格了，因为本案的争议实体法律关系是公民的受教育权纠纷，在这个实体法律关系中，双方主体应当是A和B，故此，原告只能是B而不能是C。这个案件在立案庭审查时，一般不予受理。

二、明确的被告

1. 被告的含义。被告是指被诉称侵犯了原告民事权益，由人民法院通知应诉的人。这里的人是广义的，其可以是公民，也可以是企业事业单位、机关团体。

2. 明确被告的要求。根据我国《民事诉讼法》第119条的规定，民事诉讼对原、被告的要求不同，对原告要求必须适格，即"与本案有直接利害关系"，对被告则要求明确即可，而无其他具体要求。被告是否适格，需要通过法院对案件进行审理后才能确定，因此起诉时只要求明确即可。被告的基本情况、名称与工商行政管理局注册的名称要一致。不要使用简称，如对于股份有限责任公司、有限责任公司不要简称为"有限公司"。

3. 原告选择被告的技巧。尽可能多地选择被告。起诉只要求有明确的被告，因此，原告可尽可能多地列举出被告。被告多，可执行的财产也就多，原告权益越有可能得到保障。同时，法院判决时驳回原告对不适格被告的起诉，原告也不会损失什么，反而避免了原告重新起诉而带来的损失。如果只能选择部分被告，应该选择有执行能力的被告。

4. 注意一些特殊情况下的共同被告的确定。在诉讼实务中，一些特殊情况下的被告的确定是由最高法院的司法解释规定的。这些案件是现有国情下常见的，也会成为法院关注的重点，我们必须予以高度重视：

（1）挂靠问题。个体工商户、个人合伙或者私营企业挂靠集体企业并以集体企业的名义从事生产经营活动的，在诉讼中，该个体工商户个人合伙或者私营企业与其挂靠的集体企业为共同诉讼人。注意举证问题。

（2）登记者与实际经营者问题。登记的个体工商户业主和实际经营者不一致的，以业主和实际经营者为共同诉讼人。注意举证问题。

（3）个人合伙问题。个人合伙的全体合伙人在诉讼中为共同诉讼人。

（4）企业法人分立问题。企业法人分立的，因分立前的民事活动发生的纠纷，以分立后的企业为共同诉讼人。

（5）借用问题。借用业务介绍信、合同专用章、盖章的空白合同书或者银行账户的，出借单位和借用人为共同诉讼人。注意举证问题（鉴定）。

（6）担保问题。因保证合同纠纷提起的诉讼，债权人向保证人和被保证人一起主张权利的，应当将保证人和被保证人列入共同被告；债权人仅起诉保证人的，除保证合同明确约定保证人承担一般保证责任的以外，应当通知被保证人作为共同被告参加诉讼；债权人仅起诉被保证人的可只列被保证人为被告。

（7）继承问题。在继承遗产诉讼中，部分继承人起诉的，应当通知其他继承人作为共同原告参加诉讼；被通知的继承人不愿参加诉讼又未明确放弃实体权利的，仍应把其列为共同原告。

（8）代理问题。代理人和被代理人承担连带责任的，为共同诉讼人。

（9）共有财产问题。共有财产权受到他人侵害，部分共有人起诉的，其他共有人应当列为共同诉讼人。

三、案由

（一）案由的含义和意义

民事案件案由是人民法院将诉讼争议所包含的法律关系进行概括而形成的民事诉讼案件的名称。

案由由人民法院确定。对于法院的案件管理、统计和司法决策有着重要的意义。对于当事人来讲，正确把握案由，有助于把握法律关系性质，正确运用法律，选择有利的案由充分实现自己的利益。

（二）案由的基本规定

《民事案件案由规定》于2007年10月29日由最高人民法院审判委员会第1438次会议讨论通过，自2008年4月1日起施行。最高人民法院根据工作需要，于2011年进行了修改，于2011年4月1日起施行。根据最高人民法院关于印发修改后的《民事案件案由规定》的通知（法〔2011〕42号）的说明，案由规定的基本内容是：

1. 案由的确定标准。民事案件案由应当依据当事人主张的民事法律关系的性质来确定。民事案件案由的表述方式原则上确定为"法律关系性质"加"纠纷"，一般不再包含争议焦点、标的物、侵权方式等要素。但是，考虑到当事人诉争的民事法律关系的性质具有复杂性，为了更准确地体现诉争的民事法律关系和便于司法统计，对少部分案由也依据请求权、形成权或者确认之诉、形成之诉的标准进行确定，对少部分案由也包含争议焦点、标的物、侵权方式等要素。

对包括《民事诉讼法》规定的适用特别程序案件案由在内的特殊程序民事案件案由，根据当事人的诉讼请求直接表述。

2. 关于案由的体系编排。民事案件案由以民法理论对民事法律关系的分类为基础，以法律关系的内容即民事权利类型来编排体系，结合现行立法及审判实践，案由的编排体系划分为人格权纠纷，婚姻家庭继承纠纷，物权纠纷，合同、无因管理、不当得利纠纷，劳动争议与人事争议，知识产权与竞争纠纷，海事海商纠纷，与公司、证券、保险、票据等有关的民事纠纷，侵权责任纠纷，适用特殊程序案件案由，共10大部分，作为第一级案由。

在第一级案由项下，细分为43类案由作为第二级案由（以大写数字表示）；在第二级案由项下列出了424种案由作为第三级案由（以阿拉伯数字表示），第三级案由是司法实践中最常见和广泛使用的案由。基于审判工作指导、调研和司法统计的需要，在部分第三级案由项下又列出了一些第四级案由（以阿拉伯数字加（　）表示）。基于民事法律关系的复杂性，不可能穷尽所有第四级案由，目前所列只是一些典型的、常见的，或者为了司法统计需要而设立的案由。

3. 第一审法院立案时应当根据当事人诉争法律关系的性质，首先应适用《民事案件案由规定》列出的第四级案由；第四级案由没有规定的，适用相应的第三级案由；第三级案由没有规定的，适用相应的第二级案由；第二级案由没有规定的，适用相应的第一级案由。

4. 各级人民法院要正确认识民事案件案由的性质与功能，不得将修改后的《民事案件案由规定》等同于《中华人民共和国民事诉讼法》第 119 条规定的受理条件，不得以当事人的诉请在修改后的《民事案件案由规定》中没有相应案由可以适用为由，裁定不予受理或者驳回起诉，影响当事人行使诉权。

（三）选择案由

人民法院对案由有确定权，但起诉时确定的案由有时起决定意义。立案案由与结案案由不一致的，以结案的为准。案由应符合相应的规定。

 相关条文

第九部分 侵权责任纠纷

三十、侵权责任纠纷

341. 监护人责任纠纷

342. 用人单位责任纠纷

343. 劳务派遣工作人员侵权责任纠纷

344. 提供劳务者致害责任纠纷

345. 提供劳务者受害责任纠纷

346. 网络侵权责任纠纷

347. 违反安全保障义务责任纠纷

（1）公共场所管理人责任纠纷

（2）群众性活动组织者责任纠纷

348. 教育机构责任纠纷

349. 产品责任纠纷

（1）产品生产者责任纠纷

（2）产品销售者责任纠纷

（3）产品运输者责任纠纷

（4）产品仓储者责任纠纷

350. 机动车交通事故责任纠纷

四、诉讼请求

1. 含义。诉讼请求是当事人向法院提出的要求保护其合法权益的具体的请求。

2. 诉讼请求的增加、变更。诉讼请求可以增加、变更根据。《最高人民法院关于民事诉讼证据的若干规定》第 34 条第 3 款规定，当事人增加、变更诉讼请求或者提起反诉的，应当在举证期限届满前提出。

3. 如何恰当提出诉讼请求。提出诉讼请求需要一定的技巧与策略。

（1）诉讼请求要与案件的事实和法律相对应。诉讼请求是建立在事实和法律基础之上的，诉讼请求是否有法律和事实依据是决定案件输赢的关键。如果诉讼请求不当，可能造成无法启动诉讼程序或者被法院驳回诉讼请求的结果。

（2）诉讼请求要明确、具体。诉讼是围绕当事人的诉讼请求展开的，只有自己的诉讼请求明确，法院才能够准确定案。

根据《民事诉讼法》第 119 条规定，起诉要求有具体的诉讼请求。"请求法院依法公断"、"请法院明察"；甚至有的当事人要求法院"判令被告支付违约金"，但是没有具体的数额，这些都属于不明确的请求。

（3）区分侵权与违约。以侵权作为起诉依据时，不要提违约金的诉讼请求；以违约作为起诉依据时，不要提精神损害赔偿的诉讼请求。在诉讼中，变更诉讼请求时，注意是否会导致管辖变更。

（4）确保提出的诉讼请求能够实现。《合同法》第 107 条规定："当事人一方不履行合同义务或者履行合同不符合约定的，应当承担继续履行、采取补救措施或者赔偿损失等违约责任。"

第 110 条规定："当事人不履行非金钱债务或者履行非金钱债务不符合约定的，对方可以要求履行，但有下列情形之一的除外：①法律上或者事实上不能履行；②债务的标的不适于强制履行或者履行费用过高；③债权人在合理期限内未要求履行。"

（5）不要少算赔偿金额。以人身损害赔偿为例，要赔偿：①医疗费；②误工费；③护理费；④交通费；⑤住宿费；⑥住院伙食补助费；⑦必要的营养费等费用。受伤致残的，还要赔偿：①残疾赔偿金；②残疾辅助器具费；③康复费；④护理费；⑤后续治疗费等。对于这些赔偿项目，最高人民法院司法解释及《侵权责任法》都作了规定，它们是处理人身损害案件赔偿的主要项目。对这些项目进行的合法依规的计算，能够获得法院的支持。因此，代理人要充分掌握赔偿这些项目的法律依据及计算办法，不要遗漏，也不要少算。

学习任务二 诉状的撰写与审查

诉讼，俗称"打官司"，一个案件或诉讼程序的产生，首先由起诉而提起，起诉就要向人民法院递交起诉状。写起诉状，即俗称的"写状子"。诉状即民事起诉状，是指当事人为了自己的合法权益，向人民法院提交的请求人民法院依法裁判的法律文书。根据我国《民事诉讼法》第120条的规定，提起诉讼有书面和口头两种形式。实务中通常要求提交书面的诉状。第121条对诉状的内容作了基本的规定。

一、诉状的基本格式

诉状由首部、正文、尾部三部分组成。

（一）首部

诉状首部包括标题、当事人基本情况两部分。

1. 标题。标题应单列一行，在其正中写"民事起诉状"或"民事诉状"。

2. 当事人的基本情况。分两种情况：

（1）当事人是公民的写法。应写明其姓名、性别、年龄、民族、籍贯、工作单位和住址。如果当事人不具有民事诉讼行为能力，应写明法定代理人的基本情况，并写明其与当事人的关系。

（2）当事人是法人或其他组织的写法。应写明其全称、地址、法定代表人姓名、职务、电话、企业性质、工商登记核准号、经营范围和方式、开户银行及账号等内容。

当事人应分原告、被告、第三人依次写明，如果有数个原告、被告、第三人，则依据他们在案件中的地位和作用，分别依次排列。当事人委托了诉讼代理人，应在各自委托人后写明其姓名及所在律师事务所名称或其职业。

（二）正文

1. 诉讼请求。诉讼请求应明确、具体、简明扼要。

2. 事实和理由。一般是先写事实，后写理由。事实部分，主要是写明被告侵权行为的具体事实或当事人双方权益争执的具体内容，以及被告人所应承担的责任，包括发生争执的时间、地点、原因、情节和事实经过都应具体写明。其中，应着重写清楚被告侵权行为所造成的后果和应承担的责任以及双方当事人争执的焦点和实质性分歧。事实写清楚以后，提供充分的人证、物证、书证及其它足以证明原告起诉有理的证据。理由部分，就是根据事实和证据，写明认定被告侵权或违法行为的性质和所造成的后果及应承担的责任；同时写

明提出请求的法律依据，但必须注意援引法律应准确、适当。

（三）尾部

1. 诉状所递交的人民法院名称。

2. 具状人签名或者盖章，并注明提交诉状的年、月、日。

3. 附项。应依次写明本诉状副本的份数；书证、物证的名称、件数；证人的姓名和住址。

二、注意事项

1. 被告基本情况的写法。原被告的基本情况列举的要求原则上相同。但由于案件具体情况不同，原告并不一定都能清楚地知悉被告的情况，因而允许原告知道多少写多少。为便于联系，提高办案效率，在诉状中应尽量写明原、被告的通讯号码。

2. 关于住址和地址的确定。公民的住址一般指户籍所在地的地址，如其户籍所在地与经常居住地不一致，则可写经常居住地的地址。法人或其他组织的地址则指其住所地，即主要营业地或主要办事机构所在地的地址。

3. 诉讼请求的写法。诉讼请求应当明确、具体、合法、合理。如果诉讼请求不具体，起诉立案时，法院会要求重新制作起诉状。如只写"要求被告赔偿损失"，而没有写明具体请求数额等，法院是不会立案的。如果有多项诉讼请求，也应分别具体写明。另外，诉讼请求提出具体的数额要适当，并不是越多越好。合理的请求数额，可以减少诉讼成本，降低诉讼风险，有利于和解和调解，减少讼累。根据《诉讼费用交纳办法》的规定，案件受理费是以诉讼标的额为基数按比例收取的，如果数额过大，与判决数额之间的差额风险只能由自己承担。在确定诉讼标的额时通常参考法律、法规、条例、规定、办法的具体标准，以及当地的社会经济生活水平，对方当事人经济承受能力与类似案例的判决等。

诉讼请求的内容要有具体事实和法律规定的支持。诉讼请求应该是在分析研究案件的具体事实和相应的法律规定的基础上高度概括出来的。

提出诉讼请求时的用词一定要严谨、精练、准确，既要把请求表达清楚，又要"惜墨如金"。

诉讼请求是否适当，直接关系到案件的胜败和结果，很多案件都是因为诉讼请求不当导致败诉，或者即便胜诉，也没能更大程度地实现自己的诉讼目的。

4. 案由问题。案由是人民法院在立案时，根据最高人民法院《民事案件案由规定》结合诉讼请求确定的，不属当事人起诉确定的内容。

法院判决书要求写明案由，但起诉状并不要求必须写明具体案由。案由的规定在不断的变化，内容复杂，不容易确定。案由错误可能直接导致案件败诉或出现对自己不利的结果。所以，案由交给法官来确定。

5. 事实和理由的写作技巧。这部分的写作要紧紧围绕诉讼请求来阐述，应简洁有力，而不应长篇大论。首先是因为现在法官工作量都比较大，法官的素质相对较高，如果起诉状写得过长、主次不分，会引起法官的反感。其次，诉状是呈给法官的，并同时还要送达对方当事人，不能一览无余，使自己在庭审的辩论中处于被动的地位。虽然诉状写得越详尽，法官越容易相信原告，形成先入为主的影响，但是对案件的结果起到决定性的作用的是庭审中的质证、辩论。因此有时对某些关键性的细节不宜具体透露，以便在庭审辩论中诱敌深入，使其自相矛盾，从而一举击倒对方，使之无狡辩还手之力。另外，如果诉状写得详细，而被告并不都会提交答辩状，会使原被告获取的信息呈现出不对称性，使原告处于被动的地位。理由部分更不宜在诉状中具体披露，否则等于提醒对方当事人仔细研究原告已掌握的法律依据，在庭前就暴露自己，使对方知己知彼，做好针锋相对的准备。

6. 如果原告是法人或其他组织则应加盖公章。如果起诉状是委托律师代书，则在起诉日期下写明代书律师姓名及其所在律师事务所名称。

7. 原告签名。应附上本起诉状副本，副本份数应按被告（包括第三人）的人数提交。

○ 示例

民事起诉状

原告：王然，男，1970年5月22日出生，汉族，无业，住云南省昆明市西山区静安里1号楼2单元423号。

被告：姚明，男，1985年1月出生，汉族，无业，住云南省曲靖市友谊路，户籍所在地云南省曲靖市西门外大街22号。

被告：曲靖博客网信息技术有限公司，住所地云南省曲靖市麒麟区中华路10号28室。

法定代表人：李成，总经理。

诉讼请求：

1. 判令被告姚明立即停止侵权，在所有发表侵权文章的网站上删除侵权文章，并恢复原告名誉，消除侵权影响。

2. 判令被告姚明在《南方周末》、《中国青年报》、博客网、天涯社区等相关媒体论坛的明显位置上，公开1个月赔礼道歉。

3. 判令被告姚明赔偿精神损失1万元人民币。

4. 本案诉讼费、公证费用归被告承担，公证费用为1010元。

事实与理由：

原告王然是一名自由职业者，与被告姚明，于2005年6月通过QQ聊天认识，后因观点不合发生争论。自2005年6月至2006年1月，原告在博客网等多种论坛上，连续发现多篇署名为秦尘的侮辱、诽谤原告的文章，这些文章的标题分别为：《解剖王然》、《大过年的王然发什么疯》、《敬告王然妻子王昱人——管好你丈夫的嘴》、《透视兽医网虫（一）：王然，为什么大家都讨厌你呢》、《透视兽医网虫（二）：扒王然的皮》。通过原告调查，秦尘即是被告姚明。题为《解剖王然》的侵权文章中有如下文字："王然先生的思维大概错乱了吧，大概有博客痴呆症了吧！王然除了有博客痴呆症外，还有'狂犬病'，不仅乱叫，还乱咬，可怜的王然先生摇尾乞怜"，"一个熟读《葵花宝典》，擅长自宫的兽医。"此外，被告的文章中，还出现以下文字："王然，你早该进精神病医院了"，"王然这辈子不会有什么大出息了"，"王然是个受虐狂，越骂他，他越幸福，幸福得一塌糊涂"，"谁像王然这样没出息"，"王然这东西最惹人烦。"在题为《扒王然的皮》的文章中，称原告王然先生为"兽医网虫"，并道"王然因自卑心理而加倍地自虐，并进入一种虚幻的空间，进而精神分裂"。这些文章已经在网络上广为流传，有高达数家网站转载。而且还以邮件的方式给原告王然的妻子发了《警告王然妻子，管好你丈夫的嘴》一文，把两个人的争论扯到原告的家人，给原告的工作和生活造成巨大影响。以上文章使原告的名誉受到极大的损害，致使原告的社会评价严重降低，原告因此承受了巨大的精神痛苦和压力。

我国《民法通则》第101条规定："公民、法人享有名誉权，公民的人格尊严受法律保护，禁止用侮辱、诽谤等方式损害公民、法人的名誉。"人人都有最起码的尊严，被告这样肆无忌惮地公然攻击诋毁、侮辱、诽谤原告，原告实在忍无可忍，特向贵院提出诉讼。《民法通则》第120条第1款规定："公民的姓名权、肖像权、名誉权、荣誉权受到侵害的，有权要求停止侵害、恢复名誉、消除影响、赔礼道歉，并可以要求赔偿损失。"故请求法院支持原告的上述诉讼请求。

此致

麒麟区人民法院

具状人：王然

2007年2月14日

附件：1. 被告博客网的企业注册信息资料。

2. 王然参加两次国际会议的证明。

3. 曲靖市公证处公证的长达137页公证书。

4. 公证费用票据原件。

学习任务三 提交证据

当事人的诉讼请求要建立在事实的基础之上，案件事实则要靠证据来证明。根据法律规定，当事人对自己提出的主张，有责任提供证据，因此，无论是原告还是被告，都要围绕自己的主张收集尽可能充分的证据，提交给法院。向法院提交证据，应注意举证时限，应有证据清单及说明。

一、举证时限

（一）举证时限的概念及意义

1. 举证时限的概念。所谓举证时限是指法律规定或法院指定的当事人能够有效举证的期限。举证时限是一种限制当事人诉讼行为的制度，对当事人举证的有效性和法院裁判有很大的影响。

2. 逾期举证的后果。如果当事人没有在法律规定或法院指定的期限内向法院提交证据，视为当事人放弃举证权利。对于当事人逾期提交的证据材料，人民法院审理时不组织质证（对方同意的除外）。由于《证据规定》规定了作为裁判依据的证据必须质证，因此不予质证也就间接地否定了逾期证据作为裁判依据的可能性。另外，举证期限届满后，当事人所提交的证据如果不是新的证据，人民法院将不予采纳。由于当事人的原因未能在指定期限内举证，致使案件在二审或者再审期间因提出新的证据被人民法院发回重审或者改判的，原审裁判不属于错误裁判案件。一方当事人有权请求提出新证据的另一方当事人负担由此增加的差旅、误工、证人出庭作证、诉讼等合理费用以及由此扩大的直接损失。

3. 举证时限制度的意义。

（1）促使当事人积极举证，提高诉讼效率。

（2）有利于防止证据上的"突然袭击"，有利于法院对诉讼争点问题和证据进行整理。

（二）举证期限的确定

举证期限的确定有两种情形：当事人协商和法院指定。当事人协商确定举证期限的，须经人民法院认可；法院指定的，指定的举证期限不得少于30天。期限从当事人收到案件受理通知书和应诉通知书的次日起计算。法院在送达受理通知书或应诉通知书的同时向当事人送达举证通知书，在该通知书中，法院将告知指定的举证期限。如果当事人认为有必要协议举证期限的，可以就举证期限达成协议，并经法院许可。协议的举证期限可以少于 30 天。当事人在举证期限内提交证据材料确有困难的，应当在举证期限内向人民法院申请延期举证，经人民法院准许，可以适当延长举证期限。当事人在延长的举证期限内提交证据材料仍有困难的，可以再次提出延期申请，是否准许由人民法院决定。也就是说，当事人可以有两次申请延长的机会。第一次在初次确定的举证期限内，第二次在初次延长的期限内。

二、收集及提交证据应注意的事项

1. 证据的取得应采取正当合法的方式。不能采取侵害他人合法权利的方式，如侵害他人隐私、逼迫、拘禁、违反社会公共利益或者社会公德等方式，也不能通过非法手段、途径、方式或程序来获得，否则法院将不予采纳，自己还有可能承担法律责任。另外，证据在形式上，也要符合法律规定。

2. 与案件有关的证据因客观原因无法收集的，可以向法院提出书面申请，申请人民法院进行查证。申请书应载明申请的理由，取证的目的，证据线索，查证内容，证据保管的单位、部门，证人的姓名、地址、单位等详细情况，并应说明证明对象。当事人申请人民法院调查收集证据，应当在举证期限届满前 7 日以书面形式提出。

3. 当证据可能灭失或者以后难以取得的情况下，如果案件还没有起诉，可以通过公证形式保全证据；如果已经起诉，可以申请人民法院采取证据保全措施。当事人申请人民法院证据保全的，应当在举证期限届满前 7 日以书面形式提出。

4. 收集的证据必须是客观存在的，而不应是主观臆造的；作为证据，必须同待证的案件事实有着内在的联系，既包括原因上的联系，又包括条件上的联系和结果上的联系。

5. 收集证据要全面充分。在司法实践中，单靠一件证据往往很难证明案件的全部事实，这就需要尽量充分地收集案情发展过程中的各种相关证据。既要收集书证、物证、视听资料、证人证言、当事人的陈述，又要收集鉴定结论、勘验笔录、现场笔录等证据；既要收集主要证据，又要收集次要证据。只有形成一个牢不可破的证据链，才能经得住庭审过程中的质证程序。

6. 举证应当及时。民事诉讼的当事人应当在人民法院指定的举证期限届满前，或在法院指定的证据交换之日提交证据。当事人在举证期限内举证确有困难的，应在举证期限届满前 2 日以书面形式向人民法院申请延期，是否准许由合议庭决定。举证期限内，当事人收到对方证据后提出反驳并要求提供新的证据的，可以向人民法院申请延长举证期限；当事人增加、变更诉讼请求或者提出反诉的，应当在举证期限届满前提出，提出后，对方当事人可以向人民法

院申请延长举证期限；对方提出管辖权异议的举证期限应重新计算。

7. 提交的证据材料为物证的，一般应提供原物。对于不宜直接提取的物证，或者易损坏、消失、变质，易燃、易爆物品等，可以提供该物证的照片、录像，或对该物证的勘查笔录等。

8. 证据材料为书证的，应当提供原件。提供原件确有困难的，可以提交复制件、影印件、副本、节录本等。当事人从有关单位、部门摘录证明材料，应说明材料的名称、出处、并由提供证明材料的单位、部门加盖公章。当事人以某一文件、材料的部分内容作为证据时，应提交该文件、材料的全部，以便全面审查。

9. 证据材料为勘验笔录及鉴定结论的，应当提供原件。

10. 证据材料为视听资料的，应当提交未被剪辑、加工过的原始资料。

11. 证据材料为证人证言的，若该证言对案件事实的认定起关键作用，则作出该证言的证人应当到庭作证。关键证人出庭确有困难且经人民法院许可的，可以直接提交书面证言。当事人申请证人出庭作证的，应当在举证期限届满10日前以书面形式提出，并应提交证人的身份情况，同时协助法院通知证人参加庭审。

12. 当事人对其提交的证据材料要逐一分类编号，对证据材料的来源、种类、证明对象和内容作简要说明，签名盖章，注明提交日期，并依照对方当事人人数提出副本。证据提交后注意向法院索要证据收据。

三、如何制作证据目录

首先，收集证据是制作证据目录的前提。代理人在接受了当事人委托后，应积极地去收集证据，去固定证据。其次，吃透案情是制作证据目录的基础。制作证据目录必须从宏观上把握制作思路。最后，吃透证据是制作证据目录的关键。制作证据目录，必须对证据进行深入地分析研究，必须准确选择证据的不同切入点。

（一）按争议焦点做证据目录

开庭时并不是要将所有的证据都予以出示的，只有以下证据才需出示：一是与案件有关联的；二是对自己有利的；三是与争议焦点有关联的。有些证据虽然与案件有关，但不一定与争议焦点有关；有的证据虽然与争议焦点有关，但是不利于我们一方，这样的证据就省而略之了。我们向法庭提交的是与争议焦点有关和对自己有利的证据。

任何一个案件都有双方争议的主要焦点，如一份合同在履行中发生纠纷，总有违约的一方，或者是付款或者是交货，或者是质量出了问题，总要有几个焦点问题，这些问题在纠纷形成过程中就已凸显出来了。一个案件根据原告起

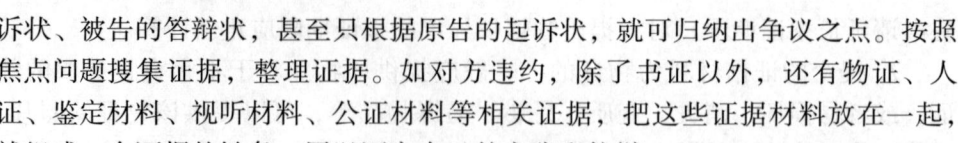

诉状、被告的答辩状，甚至只根据原告的起诉状，就可归纳出争议之点。按照焦点问题搜集证据，整理证据。如对方违约，除了书证以外，还有物证、人证、鉴定材料、视听材料、公证材料等相关证据，把这些证据材料放在一起，就组成一个证据的链条，用以证实自己的主张和抗辩。

一个案件也无非两三个焦点问题，最多不会超过5个焦点。按照唯物论的认识论，任何事物都有主要矛盾和次要矛盾之分，任何案件也只能有一个最重要的矛盾，其他都是次要矛盾，只要抓住主要矛盾，其他矛盾就迎刃而解。如一份合同的效力问题会牵扯很多次要问题，比如合同有效时，违约方就要承担违约责任，并赔偿损失，非违约方还可请求其继续履行，还可能涉及不安抗辩等请求权。只要解决了合同的效力，这些问题就迎刃而解了。当然我们说抓主要矛盾，不等于放弃次要矛盾，次要矛盾在某种情势下还可转化为主要矛盾。所以对次要矛盾也不能忽视，只是抓次要矛盾的最主要的东西，不能面面俱到。因此，在证据准备上不能与主要矛盾平分秋色，对次要的东西抓一二点，并围绕这个一二点准备证据。

总之，准备证据目录要突出重点，不可四面出击，如果眉毛胡子一把抓，结果就会什么也抓不住。

（二）按照时间的顺序做证据目录

一个案件，总有从先到后的时间顺序，我们在组织证据时，应按证据发生的时间进行排序，这样能给法庭一个案件的发生、发展和结局的清晰认识。如果不分时间先后进行证据的罗列，就不能达到表明事实、条理清楚、抗辩有力的庭审效果。按证据发生的时间排列，还可以起到一个方便易查的作用。当然按证据时间的排列，不是绝对的，也有例外，有的证据的功能和作用不是单一的。如一份催款通知单可以证明对方欠款违约的事实，也可证明是否超诉讼时效，即所谓的一证多用，这时就不可能按时间顺序去排列了，但总的时间顺序是不能错位的。

（三）按照证据规则要求做证据目录

一份好的证据目录，不仅应有形式，还应当有内容，不能徒具形式。这就是说，一份像样的证据目录要具备这样几个要素：①序号；②证据名称；③证据简要内容；④证明对象；⑤证据来源；⑥备注。从形式上看要具备这几个要件，但目录里面要有内容，不能略而不表，框架里要有内容。

除了有充实的内容之外，还应将证据分组，每组证据只证明一个焦点问题，正所谓多据证一。譬如，两军作战，你万炮齐轰，只攻击对方一个据点，这样才能达到证明的效果。如果不分组，自然也就体现不出争议的焦点，也起不到万炮齐轰一个焦点的作用。

○ 示例

×××诉×××离婚纠纷案
证 据 目 录

序号	证据名称	证据形式	证据内容	证明目的	备注
1					
2					
3					
4					
5					

学习任务四　诉讼时效

　　诉讼时效是指民事权利受到侵害的权利人在法定的时效期间内不行使权利，当时效期间届满时，人民法院对权利人的权利不再进行保护的制度。设立诉讼时效制度，主要目的在于督促权利人及时行使权利。同时，也可以避免债务人长期保管履约凭证的风险。我国《民法通则》和其他法律法规对诉讼时效制度有相应的规定。针对民法通则关于诉讼时效制度的规定，最高人民法院先后颁布了一系列的司法解释。2008 年 8 月 11 日，最高人民法院审判委员会第 1450 次会议通过了《最高人民法院关于审理民事案件适用诉讼时效制度若干问题的规定》，自 2008 年 9 月 1 日起施行。该司法解释对先前有关的司法解释进行了梳理修正、整合和完善，对诉讼时效的各个方面进行了较为系统、全面的规定。诉讼时效的规定具有强制性：任何时效都由法律、法规进行强制规定，任何单位或个人对时效的延长、缩短、放弃等约定都是无效的。

一、诉讼时效的种类

　　根据适用的范围不同，诉讼时效可以分为一般诉讼时效和特殊诉讼时效。

　　（一）一般诉讼时效

　　一般诉讼时效指一般情况下普遍适用的时效。它不是针对某一特殊情况规定的，而是普遍适用的，我国民事诉讼的一般诉讼时效为 2 年。

　　（二）特殊诉讼时效

　　特殊诉讼时效是指针对某些特定的民事法律关系的诉讼时效。特殊时效优于一般时效，也就是说，凡有特殊时效规定的，适用特殊时效。特殊时效可分为三种：

1. 短期时效。短期时效指诉讼时效不满 2 年的时效。如我国《民法通则》第 136 条规定的四种情况的诉讼时效为 1 年：身体受到伤害要求赔偿的；出售质量不合格的商品未声明的；延付或拒付租金的；寄存财物被丢失或被损坏的。

2. 长期诉讼时效。这是指诉讼时效在 2 年以上 20 年以下的诉讼时效。如《环境保护法》第 42 条规定的因环境污染损害赔偿提起诉讼的时效期间为 3 年；《合同法》第 129 条规定的国际货物买卖合同和技术进出口合同争议的诉讼时效为 4 年。

3. 最长诉讼时效。最长诉讼时效为 20 年。我国《民法通则》第 137 条规定："从权利被侵害之日起超过 20 年，人民法院不予保护。"根据这一规定，最长的诉讼时效的期间是从权利被侵害之日起计算，权利享有人不知道自己的权利被侵害，时效最长也是 20 年，超过 20 年，人民法院不予保护。

二、如何处理常见的诉讼时效问题

（一）诉讼时效效力

诉讼时效效力是指诉讼时效期间届满而发生的法律后果。

1. 丧失胜诉权，但仍有起诉权。在法定的诉讼时效期间届满之后，权利人行使请求权的，人民法院就不再予以保护。诉讼时效届满后，义务人可拒绝履行其义务，权利人请求权的行使发生障碍，但权利本身及请求权并不消灭。当事人超过诉讼时效后起诉的，人民法院应当受理。受理后查明无中止、中断、延长事由的，判决驳回其诉讼请求。

2. 权利人不丧失实体请求权。超过诉讼时效，权利人实体权利仍然存在，并没有消灭。根据《民法通则》规定，诉讼时效期间届满后，义务人愿意履行的，权利人有权受领。义务人履行义务后，又以诉讼时效已经完成为理由而反悔，或主张权利人受领履行属于不当得利，人民法院不予支持，权利人也可以予以拒绝。

3. 主债权因诉讼时效期间届满而丧失请求人民法院予以保护的权利时，人民法院对于权利人因主债权而取得的各种从权利，也不予以保护。

4. 诉讼时效期间届满后，当事人双方就原债务履行达成新的协议或具体还款协议，重新确认原债权债务关系的，应当认为原债权债务关系因得到重新确认而重新起算诉讼时效期间。

（二）诉讼时效的起算

1. 诉讼时效起算的一般规定。诉讼时效的起算是从权利人知道或应当知道其权利受到侵害之日起开始计算，即从权利人能行使请求权之日起开始计算。

2. 诉讼时效起算的特殊规定。

（1）未约定履行期限的合同，依照《合同法》规定可以确定履行期限的，诉讼时效期间从履行期限届满之日起计算；不能确定履行期限的，诉讼时效期间从债权人要求债务人履行义务的宽限期届满之日起计算，但债务人在债权人第一次向其主张权利之时明确表示不履行义务的，诉讼时效期间从债务人明确表示不履行义务之日起计算。同一债务分期履行的诉讼时效期间从最后一期履行期限起算。当事人约定同一债务分期履行的，诉讼时效期间从最后一期履行期限届满之日起计算。

（2）合同被撤销，返还财产、赔偿损失请求权的诉讼时效期间从合同被撤销之日起计算。

（3）返还不当得利请求权的诉讼时效期间，从当事人一方知道或者应当知道不当得利事实及对方当事人之日起计算。

（4）管理人因无因管理行为产生的给付必要管理费用、赔偿损失请求权的诉讼时效期间，从无因管理行为结束并且管理人知道或者应当知道本人之日起计算。本人因不当无因管理行为产生的赔偿损失请求权的诉讼时效期间，从其知道或者应当知道管理人及损害事实之日起计算。

（三）当事人未提出诉讼时效抗辩法院如何处理

根据《最高人民法院关于审理民事案件适用诉讼时效制度若干问题的规定》第3条的规定，当事人未提出诉讼时效抗辩，人民法院不应对诉讼时效问题进行释明及主动适用诉讼时效的规定进行裁判。

诉讼时效抗辩权本质上是一项权利，义务人是否行使，司法不应过多干预，这是民法意思自治原则的根本要求，也与法院居中裁判的地位相适应。同时，义务人在法院释明后主张诉讼时效抗辩权的，将会使裁判结果发生根本性变化，即将导致法院对权利人的权利不予保护。另外，如果人民法院主动对诉讼时效问题进行释明，则无异于提醒和帮助义务人逃债，有违诚实信用的基本原则。

学习任务五 申请诉前财产保全或诉讼保全

财产保全是指为了保障将来的生效判决得以顺利执行，或为了避免财产遭受损失，法院根据利害关系人或当事人的申请，在诉讼过程中或者诉讼开始前，因具备法定事由，对案件有关财产采取的强制措施。财产保全有诉讼财产保全和诉前财产保全。我国目前法院普遍存在民事案件执行难的问题，胜诉并不意味着权利的实现。债务人转移财产、逃避诉讼与执行的行为非常普遍。某些案件，特别是涉案金额较大的案件发生后，如不立即采取一定的保护措施，债务人可能会迅速转移其可供执行的财产，债权人的合法权益便可能会遭受严重的、甚至是难以弥补的损害。而如果保全了债务人的主要财产后，债务人便可能被迫应诉，或者主动与债权人就归还债务进行谈判。因此，财产保全是民事诉讼的一项基本的权利保障措施，有助于保护利害关系人或者当事人的权益不受损失。

一、申请条件

（一）诉前保全申请条件

所谓诉前财产保全是指当事人尚未起诉，为了及时保护利害关系人的合法权益，根据申请对有关争议财产采取的强制措施。根据《民事诉讼法》第101条规定，申请诉前财产保全应当具备下列条件：

1. 申请人将来起诉的案件的诉讼请求具有财产给付内容。

2. 必须情况紧急。这里的"情况紧急"是指债务人即将或正在转移、处分其财产，或者已经将财产转移等情况。不立即采取相应的保全措施，可能使申请人的合法权益受到难以弥补的损失。这方面申请人应当提供相应的证据。

3. 由利害关系人向有管辖权的法院提出诉前财产保全申请。利害关系人，即与被申请人发生争议，或者认为权利受到被申请人侵犯的人。诉前保全强调利害关系人的申请，法院不依职权主动采取。利害关系人应当向财产所在地的法院申请。

4. 申请人必须提供担保。诉前财产保全是发生在起诉前，申请人是否提起诉讼，是否真正享有实体权利，都是处于不确定状态。为了防止诉前保全可能出现错误，法律要求申请人必须提供担保。申请人如不提供担保，人民法院将驳回申请人的申请。

以上四个条件必须同时具备，缺一不可。根据《民事诉讼法》和《民诉意见》的规定，诉前财产保全和诉讼中财产保全都必须交纳保全费用。

（二）诉讼保全申请条件

诉讼保全是指法院在案件受理后、判决作出前，为了保证判决得到执行，对当事人的财产或者争议的标的物采取的强制措施。申请诉讼保全，应当具备如下条件：

1. 起诉的案件的诉讼请求具有财产给付内容。

2. 将来的生效判决因为主观或者客观的因素导致不能执行或者难以执行。主观因素主要是当事人有转移、毁损、隐匿财物的行为或者可能采取这种行为；客观因素主要是诉讼标的物是容易变质、腐烂的物品，如果不及时采取保全措施将会造成更大损失。

3. 诉讼中财产保全发生在民事案件受理后、法院尚未作出生效判决前。在一审或二审程序中，如果案件尚未审结，就可以申请财产保全。如果法院的判决已经生效，当事人可以申请强制执行，但是不得申请财产保全。

4. 诉讼中财产保全一般应当由当事人提出书面申请。当事人没有提出申请的，人民法院在必要时也可以裁定采取财产保全措施。但是，人民法院一般很少依职权裁定财产保全，因为根据《国家赔偿法》的规定，人民法院依职权采取财产保全错误的，应当由人民法院依法承担赔偿责任。

5. 人民法院可以责令当事人提供担保。人民法院依据申请人的申请，在采取诉讼中财产保全措施前，可以责令申请人提供担保。提供担保的数额应当相当于请求保全的数额。申请人不提供担保的，人民法院可以驳回申请。在发生诉讼中财产保全错误给申请人造成损失的情况下，被申请人可以直接从申请人提供担保的财产中得到赔偿。

二、具体程序

（一）启动

1. 当事人申请。诉讼保全，当事人应提出申请，应向受诉法院提出申请。诉前财产保全，只能由利害关系人向财产所在地法院申请开始。申请财产保全应当提交申请书，写明请求保全的标的物或有关财产的种类、数量、价值及所在地，申请保全的理由。口头申请的，由法院记入笔录，并由申请人签名或盖章。

2. 法院依职权采用。在诉讼争议的财产有毁损、灭失等危险，或者有证据表明被申请人可能隐匿、转移、出卖其财产的，法院也可依职权裁定采取财产保全措施。

（二）申请人提供担保

诉讼财产保全，法院可以责令申请人提供担保，是否责令提供担保由法院视案件的具体情况而定，一旦法院责令提供担保，申请人不提供的，驳回申请；对于诉前保全，申请人提供担保则是必经程序，不提供担保的驳回申请。提供担保的数额应相当于请求保全的数额。

（三）法院裁定

法院接受保全申请后，应当尽快作出裁定，对情况紧急的，必须在 48 小时内作出裁定。裁定采取财产保全措施的，应当立即开始执行。财产保全的裁定，一般采用书面形式。特别是对于保全财产价值较大或者需要银行等有关单位、个人协助执行的，应当作出书面裁定。

（四）复议

当事人对财产保全裁定不服的，可以申请复议一次，但复议期间不停止裁定的执行。财产保全裁定的法律效力一般应维持到生效的判决执行时为止。

（五）结束

保全程序的结束有两种情况：正常结束和提前解除。

1. 正常结束。财产保全裁定的效力维持到生效的判决执行，保全裁定效力因此自然终结，使财产保全程序在正常状态下结束。

2. 提前解除。法院采取财产保全措施后，因情况发生变化，不需要继续进行，及时作出裁定提前解除财产保全措施。

三、财产保全的范围及措施

（一）财产保全的范围

1. 根据规定，财产保全限于请求的范围，或者与本案有关的财物。所谓限于请求的范围，是指财产保全的范围以申请人的请求为限。申请人的财产保全请求应限定在诉讼请求的范围之内。所谓与本案有关的财物，是指被保全的财物是本案的争议标的物或者与争议标的物有牵连的其他财物。

根据法律的规定和现实情况，可以进行财产保全的对象主要是被告所有、占有、享有的实物财产和财产权利，具体主要有：

（1）被告在银行开立的账户（户名必须与被告名称一致）及存款。

（2）被告在房地产交易中心登记在案的、拥有所有权的房产，或者拥有使用权的土地。

（3）被告对外投资的股权、持有的股票、债券及股息、红利等收益。

（4）被告拥有所有权的车辆。

（5）被告拥有所有权的厂房、机器设备及原材料、半成品、产成品等货物。

（6）被告享有的对其他人的到期债权，其他人应付给被告的租金等。

（7）被告享有专用权的专利、商标等知识产权。

（8）其他各类被告拥有金钱价值和权利的财产。

2. 根据相关规定，以下财产不能作为实施保全措施的对象：

（1）金融机构的存款准备金和备付金。

（2）中国人民银行及其分支机构的某些财产。

（3）军队、武警部队、政法机关移交、撤销企业和与党政机关脱钩企业的开办单位的国库款、军费、财政经费账户、办公用房、车辆等其他办公必需品（不得采取查封、扣押、冻结、拍卖等保全措施和执行措施）。

（4）棉粮油政策性收购资金形成的粮棉油。

（5）案外人的财产或者善意取得的与本案有关的财产。

（6）被申请人及其所扶养家属生活所必需的物品、完成义务教育所必需的物品和费用、用于身体缺陷所必需的辅助工具医疗物品。

（7）被申请人及其所扶养家属所必需的生活费用，当地有最低生活保障标准的，必需的生活费用依照该标准确定。

（8）未公开的发明或者未发表的著作。

（9）被申请人所得的勋章及其他荣誉表彰的物品。

（二）财产保全的措施

根据我国《民事诉讼法》第 103 条和《民诉意见》第 99～102 条、第 104～105 条的规定，针对财产的保全措施有以下几种：

1. 查封。查封是指法院将需要保全的财物清点后，加贴封条，就地或者易地封存的一种措施。法院对财产查封后，当事人、负责保管的有关单位和个人以及法院都不得动用该项财产。

1998 年《最高人民法院关于人民法院执行工作若干问题的规定》第 41 条规定，对动产的查封，应当采取加贴封条的方式。不便加贴封条的，应当张贴公告；对有产权证照的动产或不动产的查封，应当向有关管理机关发出协助通知书，要求其不得办理查封财产的转移过户手续，同时可以责令被执行人将有关财产权证照交人民法院保管。

2. 扣押。扣押是指法院将需要保全的财物转移到一定场所予以扣留，使被申请人在一定期限内不得占有和动用的一种措施。在特殊情况下，扣押也可就地进行，例如对船舶、飞机予以就地扣留。对不动产和特定的动产（如车辆、船舶等）可以采取扣押有关财产权证照并通知有关产权登记部门不予办理该项财产的转移手续，也能达到财产保全的目的。

3. 冻结。冻结是指法院通知银行和非银行金融机构，对被申请人的存款或其他款项阻止流动、变动的一种措施。

4. 其他方法。除上述措施外，还可以采取法律规定的其他方法。如扣留、提取被申请人收入，禁止被申请人为或不为一定行为。在审判实践中，法院对季节性商品，鲜活、易腐烂变质以及其他不宜长期保存的物品，可以责令当事人及时处理，由法院保存价款；必要时，法院可予以变卖，保存价款。法院对债务人到期应得的收益，可以采取财产保全措施，限制其支取，通知有关单位协助执行。债务人的财产不能满足保全请求，但对第三人有到期债权的，法院可以依债权人的申请裁定该第三人不得对本案债务人清偿；该第三人要求偿付的，由法院提存财物或价款。

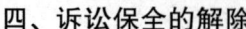

四、诉讼保全的解除

诉讼保全的解除是指申请人申请解除对被申请人采取的保全措施和案件审理结案后，生效裁判文书无执行内容，被申请人申请解除对其采取的财产保全措施，以及诉前保全案件的申请人在法定期间内未起诉，法院依法解除保全措施的情形。

根据民事诉讼法的有关规定，有下列情形之一的，解除财产保全措施：

1. 被申请人提供担保的。

2. 诉前保全的申请人在法定期间内不起诉的。诉前保全措施的有效性，以申请人在法定期间内向法院起诉为条件，申请人在采取保全措施后 15 日内不起诉的，法院应裁定解除财产保全。

3. 有解除财产保全其他情形的。如申请人撤回财产保全申请；原告申请撤诉等。

五、赔偿

财产保全结束时，因财产保全错误，给被申请人造成损失的，申请人应予赔偿。我国《民事诉讼法》第 105 条规定："申请有错误的，申请人应当赔偿被申请人因财产保全所遭受的损失。"因法院依职权采取保全措施或者错误采取保全措施造成损失的，由法院依《国家赔偿法》予以赔偿。

六、诉讼保全过程中的注意事项

1. 注意提出申请的时间。申请诉前保全，必须在起诉前 15 天内提出。申请诉讼中保全，应当在起诉时至生效判决作出前提出。

2. 根据相关规定，诉讼中的财产保全裁定的效力一般应维持到生效的法律文书执行时止。但新出台的《最高人民法院关于人民法院民事执行中查封、扣押、冻结财产的规定》第 4 条规定："诉讼前、诉讼中及仲裁中采取财产保全措施的，进入执行程序后，自动转为执行中的查封、扣押、冻结措施。"

3. 应提供相应的财产线索和证明材料。申请人需要把财产线索提供给法院，如被申请人的银行账户、房产、土地、车辆、股权等。申请人应该及时、准确地向法院提供被告的财产线索。由于法院审判方式改革，现在的法院在审理案件的过程中强化了当事人的举证责任和意识，法院不会主动、积极地调查收集证据。如果当事人提供的证据不能达到其举证目的，要自行承担败诉的风险。因此，及时、准确地查找被告的财产线索就成了关系到保全工作成败的关键。此外，这对法院尽快采取保全措施也有好处。

及时、准确地查找被告财产线索，可以采取的措施有：

（1）在经济活动中牢固树立风险意识，强调在签订合同之前做好相应的风险防范工作。如聘请律师对债务人的资产、经营状况进行尽职调查；要求债务人主动提供拥有的资产状况如银行账号、房产或土地、股权等；要求债务人提供一定的履行担保等。

（2）在往来文件中查找被告的银行账号、应收账款等信息。

（3）到工商局查询被告的工商资料，查找被告的基本账号、对外投资股权、机器设备、货物、资产负债表等登记信息。

（4）根据已经查实的线索，到房地产交易中心查询被告的房产、土地基本情况。

（5）根据法院签发的调查令，委托律师到证券登记结算公司查询被告持有的股票、债券情况。

（6）到公安局车辆管理所查询被告的车辆所有情况。

（7）根据相关公告，查询被告持有的知识产权情况。

4. 财产保全的期限。财产保全的效力一般都维持到判决生效后向法院申请执行之日止。不同种类的财产的保全期限是不同的，每次采取保全措施后只能维持一定的期限；到期如果没有采取续封或者续冻措施的，保全措施将自动失效。因此，在法院采取保全措施后，仍要继续关注保全措施的到期时间。需要继续采取保全措施的，最好应在期限届满之日30日前向法院提出申请，由法院及时安排续保。根据相关法律规定，具体期限为：

（1）银行账号、存款：首次6个月，续冻3个月。

（2）房产、土地：首次2年，续封1年。

（3）股权：首次2年，续冻1年。

（4）上市公司非流通股（国家股、社会法人股、限售流通股等）：首次1年，续冻6个月。

（5）上市公司普通股（流通股）：首次2年，续冻1年。

（6）债券：首次1年，续冻6个月。

（7）车辆：无期限限制（上海市公安局车辆管理所不接受有期限查封）。

（8）机器设备、货物：首次1年，续封6个月。

（9）到期债权：首次2年，续冻1年。

（10）专利、商标权：每次6个月。

5. 应注意风险。申请人民法院采取财产保全措施面临的风险主要有：

（1）申请财产保全过限，给被申请人造成不必要的损失。

（2）保全后未在法定期间起诉致财产保全解除，引发赔偿诉讼。

（3）保全措施不当致使判后无法执行。

（4）保全措施不完备，致使财产保全落空。

6. 防范财产保全风险的主要措施。

（1）合理确定申请财产保全范围。债权人应当通过多种渠道掌握债务人的财产状况，扩大保全财产的选择面，根据诉讼请求范围或案件实际情况，尽可能选择那些价值相对稳定的物品进行保全，以达到财产保全的效果。

（2）采取诉前财产保全后应当在法定期间内提起诉讼。如果不起诉，必须与债务人落实还款计划及有效的担保措施。在人民法院解除财产保全措施后，仍要继续加强对债务人财产的监控，防范债务人拖延时间，转移财产逃债，一旦出现不利情况，应立即起诉，并申请采取诉讼中的财产保全措施。

（3）加强对被保全财产的监控。债权人应密切关注债务人的动向，判断债务人是否存在或可能存在转移被查封、扣押的财产的情况。如债务人有转移、隐匿、出卖或者毁损财产等行为，要及时向人民法院反映情况，积极采取措施制止，或者变更保全措施，防止标的物失控造成案件难执行。

（4）根据被保全财产的具体情况，采取适当的财产保全措施。在申请财产保全措施时，应当针对动产或不动产等具体财产的性质、属性等，采取相适应的保全措施。

（5）积极配合法院，实现保全效果。通过人民法院加强对债务人财产的调查核实，防范债务人弄虚作假，转移财产而逃债，确保申请财产保全措施能够达到保全效果。提请办案法官完善必要的手续，对被采取查封、扣押等措施的保全财产，认真造具清单。及时提请法院做好相关续保工作，如对已冻结的款项要按法律规定及时申请续保冻结等。

○ 案例

申请诉前保全有风险

诉前财产保全有风险，如果一旦诉讼请求不能得到支持，就应赔偿不当的诉前财产保全所导致的损失。

某保险公司就因诉前财产保全错误，而被法院判令赔偿某钢结构工程有限公司损失 30 580.22 元。

2005 年 11 月 8 日，该保险公司向某法院提起申请，要求诉前保全某印刷包装有限公司为履行生效民事判决应付给某钢结构工程有限公司的执行款 303 267.94 元，并提供了相应的担保。某法院依法作出民事裁定书，冻结了该笔款项。数日后，保险公司向某法院提起诉讼，向某钢结构工程有限公司主张保险代位求偿权，经一、二审法院审理，保险公司均败诉。2007 年 1 月 22 日，某钢构公司持解除冻结裁定书领取了执行款，并于同年向某法院提起诉讼，要求保险公司赔偿被冻结款项的利息损失，该公司认为该笔执行款是建筑工程款，属企业流动资产，若投入生产经营活动，能够增值获取利润，而被告的冻结行为导致原告增加银行贷款用于流动周转，应按银行同期贷款利率计算损失。

法院审理后认为，保险公司申请诉前财产保全错误，冻结原告执行款而给原告造成损失，应予赔偿。某钢结构工程有限公司为经营性企业，其执行款被冻结，造成公司流动资金周转困难，按一般常理，公司需通过银行贷款获取流动资金，故按银行同期的贷款利息计算损失具有合理性。法院最终判决支持了原告的诉讼请求。

学习任务六　申请法院立案

立案是进入诉讼的第一步，立案后才能进入到法院的实体审理程序，当事人的权益才有可能实现。要顺利立案，必须了解法院立案的要求，按照立案的相关规定作好相应的准备工作，准备好需要提交的文书材料。法院立案时还需要交纳诉讼费用，代理起诉时应作好相应的准备。

一、立案需要的文书材料

立案时需要提交哪些材料，法律法规中并没有具体的规定，常见于法院的"立案须知"、"民事诉讼立案所需材料"等。通常，立案需要准备好以下材料：

1. 起诉状。当事人提起民事诉讼，应提交由本人签名或盖章的起诉状正本一份，并按对方当事人人数提交副本。

外国当事人、港、澳、台地区当事人提交的起诉状为外文文本的，应附中文译本。

2. 原告主体资格证明材料。原告是个人的，需要提交原告的身份证复印件；原告是法人的，需要提交原告的企业法人营业执照复印件。另外，还需要提交原告法定代表人身份证明书、原告法定代表人身份证复印件。

另外，下列人员或组织以原告身份提起民事诉讼，还应提交下列材料：

（1）清算组（人）、信托监察人、遗产管理人、遗嘱执行人、失踪人财产代管人代权利主体起诉的，应提交具有上述身份的证明材料复印件；

（2）依据《最高人民法院关于适用〈婚姻法〉若干问题的解释（一）》第7条的规定，利害关系人起诉要求确认他人间婚姻关系无效的，应提交其与婚姻当事人为近亲属关系的证明材料复印件；

（3）诉讼代表人提起诉讼的，除提交全部原告身份证明材料复印件外，还应当提交其他共同原告推选其为诉讼代表人的证明材料。

3. 授权委托书、委托代理人身份证复印件。委托代理人应提交身份证明材料复印件、授权明确的授权委托书。如果原告委托了律师代为诉讼，那么律师要提交授权委托书和律师事务所出具的所函。授权委托书需要原告签字或者盖章。

4. 被告工商档案材料。被告是法人的，需要提交被告的工商查询档案；被告是个体工商户，则既需要提交工商查询档案，又要提交其经营人的户籍查询资料。并且注意，这里起诉的对象是经营人个人。

5. 证据清单、按照证据清单顺序叠放的证据材料。证据目录和证据的份数和起诉状一样，视被告的数量而定。一般来说立案交给法院的证据都是复印件，原件等到庭审的质证环节再当庭提交，法院不会保留证据原件。

下列案件，原告应当附有相应的起诉证据：

（1）劳动争议案件、人事争议案件应当提交劳动争议仲裁裁决书、人事争议仲裁裁决书的复印件或者仲裁机构作出的不予受理的书面裁决、决定或通知的复印件；

（2）投资人提起虚假陈述证券民事赔偿诉讼，应提交自然人、法人或者其他组织的身份证明文件；不能提供原件的，应当提交经公证证明的复印件，行政处罚决定或者公告，或者人民法院的刑事裁判文书，进行交易的凭证等投资损失证据材料；

（3）按照管辖协议起诉的案件，应当提交书面管辖协议复印件；

（4）其他法律、法规司法解释对起诉证据有规定的，从其规定。

6. 原告申请缓交、减交、免交诉讼费用，应提交书面申请及符合规定的证明材料。

7. 其他法院要求的材料。

二、诉讼费用的计算与支付

（一）立法

诉讼费用的计算和支付必须依据相应的法律规定。目前的法律依据是2006年12月29日国务院第481号令公布的新的《诉讼费用交纳办法》。该办法已于2007年4月1日正式开始施行。《诉讼费用交纳办法》对诉讼收费范围、收费标准以及诉讼费用的负担等问题作了明确规定，并确立了按照规定的范围和标准收费的原则和对交纳诉讼费用确有困难的当事人提供司法救助的原则。

（二）诉讼费的范围

根据《诉讼费用交纳办法》规定，当事人向法院交纳的费用包括：①案件受理费；②申请费；③证人、鉴定人、翻译人员、理算人员在人民法院指定日期出庭发生的交通费、住宿费、生活费和误工补贴。

除此之外，当事人不再向法院交纳诸如其他诉讼费用之类的额外费用。

（三）计算标准

1. 财产案件受理费标准。财产案件根据诉讼请求的金额或者价额，按照下列比例分段累计交纳：

（1）不超过 1 万元的，每件交纳 50 元；

（2）超过 1 万元～10 万元的部分，按照 2.5% 交纳；

（3）超过 10 万元～20 万元的部分，按照 2% 交纳；

（4）超过 20 万元～50 万元的部分，按照 1.5% 交纳；

（5）超过 50 万元～100 万元的部分，按照 1% 交纳；

（6）超过 100 万元～200 万元的部分，按照 0.9% 交纳；

（7）超过 200 万元～500 万元的部分，按照 0.8% 交纳；

（8）超过 500 万元～1000 万元的部分，按照 0.7% 交纳；

（9）超过 1000 万元～2000 万元的部分，按照 0.6% 交纳；

（10）超过 2000 万元的部分，按照 0.5% 交纳。

2. 非财产案件按照下列标准交纳：

（1）离婚案件每件交纳 50 元～300 元。涉及财产分割、财产总额不超过 20 万元的，不另行交纳；超过 20 万元的部分，按照 0.5% 交纳。

（2）侵害姓名权、名称权、肖像权、名誉权、荣誉权以及其他人格权的案件，每件交纳 100 元～500 元。涉及损害赔偿，赔偿金额不超过 5 万元的，不另行交纳；超过 5 万元～10 万元的部分，按照 1% 交纳；超过 10 万元的部分，按照 0.5% 交纳。

（3）其他非财产案件每件交纳 50 元～100 元。

3. 知识产权民事案件，没有争议金额或者价额的，每件交纳 500 元～1000 元；有争议金额或者价额的，按照财产案件的标准交纳。

4. 劳动争议案件每件交纳 10 元。

小资料：

诉讼费计算公式（速算表）根据 2007 年 4 月 1 日起施行的《诉讼费用交纳办法》确定。

一、非财产案件

1. 原则上按件征收。

2. 部分案件超过一定数额后按比例征收。

离婚案件，无财产分割	每件交纳 50 元 ~ 300 元 北京：50 元	
离婚案件，财产分割 （20 万以下）	每件交纳 50 元 ~ 300 元	
离婚案件，财产分割 （20 万以下）	每件交纳 50 元 ~ 300 元	超过 20 万元的部分， 按照 0.5% 交纳。

例：离婚，要求分割共有财产 35 万

$50 + (350\,000 - 200\,000) \times 0.5\% = 50 + 750 = 800$ 元

3. 侵害姓名权、名称权、肖像权、名誉权、荣誉权以及其他人格权的案件。

侵权，无赔偿	每件交纳 100 元 ~ 500 元 北京：100 元	
侵权，有赔偿 （赔偿额 5 万以下）	每件交纳 100 元 ~ 500 元	
侵权，有赔偿（赔偿额超过 5 万 ~ 10 万元的部分）	每件交纳 100 元 ~ 500 元	1%
侵权，有赔偿（赔偿额超过 10 万元的部分）	每件交纳 100 元 ~ 500 元	0.5%

例：侵犯名誉权，要求赔偿 25 万（5 万 + 5 万 + 15 万）

$100 + (50\,000 \times 1\%) + (150\,000 \times 0.5\%) = 100 + 500 + 750 = 1350$ 元

二、财产案件：按比例征收

案件受理费：套用速算公式，直接算出答案。

金额	比例	总数
不超过 1 万元的		50 元
1 万元 ~ 10 万元的部分	2.5%	诉讼标的额 × 2.5% - 200 元
10 万元 ~ 20 万元的部分	2%	诉讼标的额 × 2% + 300 元
20 万元 ~ 50 万元的部分	1.5%	诉讼标的额 × 1.5% + 1300 元
50 万元 ~ 100 万元的部分	1%	诉讼标的额 × 1% + 3800 元
100 万元 ~ 200 万元的部分	0.9%	诉讼标的额 × 0.9% + 4800 元

续表

金额	比例	总数
200 万元～500 万元的部分	0.8%	诉讼标的额×0.8%＋6800 元
500 万元～1000 万元的部分	0.7%	诉讼标的额×0.7%＋11800 元
1000 万元～2000 万元的部分	0.6%	诉讼标的额×0.6%＋21800 元
超过 2000 万元的部分	0.5%	诉讼标的额×0.5%＋41800 元

例：请求给付货款 2750 万

$50＋2250＋2000＋4500＋5000＋9000＋24\,000＋35\,000＋60\,000＋(7\,500\,000×0.5\%)=179\,300$,这样算太麻烦,按速算表公式可简化为:$2\,7500\,000×0.5\%＋41\,800=179\,300$ 元

三、立案的流程

立案的流程全国法院大同小异,基本如下:

1. 进入立案庭排队。

2. 向立案庭法官递交案件材料,为了提高立案速度,立案材料应当按照如下顺序叠好:起诉书、原告身份证复印件或原告营业执照复印件、原告法定代表人身份证明书、原告法定代表人身份证复印件、委托授权书、委托代理人身份证复印件、被告工商登记材料、证据清单、按照证据清单顺序叠放的证据材料。

3. 回答立案法官的提问。

4. 领取缴费通知。

5. 到指定银行缴纳案件受理费。

6. 将缴费凭证交给立案法官,并领取案件受理通知书、举证通知书、当事人权利义务通知书等材料。

完成上述步骤后,案件的立案工作就完成了,等法官通知领取开庭传票。

 实务训练

【实训项目一】

某市 A 公司于 2011 年 5 月 10 日和本市 B 商场签订了一份空调买卖合同,由 A 公司向 B 商场提供空调 500 台,每台价格 3000 元,共计 150 万元。双方约定,自合同签订之日起 10 日内,B 商场向 A 公司支付总价款 20% 的定金,

A 公司于 6 月 10 日和 7 月 10 日分两批（每批 250 台）向 B 商场供货，交货地点在 B 商场。自交货之日起 20 天之内，B 商场负责将每批货款支付给 A 公司（第一批货款要扣除已支付的定金）。

合同签订后，B 商场向 A 公司按时支付了定金 30 万元，A 公司于 6 月 10 日按时向 B 公司交付了 250 台空调，然而由于当年气温较低，空调市场不景气，B 商场未支付第一批货款，并且拒收 A 公司交付的第二批空调，双方多次协商未能达成协议。A 公司不得已只好将 250 台空调以每台 2000 元的价格卖给 C 商场，之后 A 公司要求 B 商场支付第一批空调的货款，并赔偿 A 公司的损失 25 万元（A 公司以低于合同价 1000 元价格将 250 台空调卖给 C 商场）。B 商场则认为由于空调市场突然变得不景气，才导致无法履行合同，因此不同意赔偿 A 公司 25 万元损失，并要求 A 公司将第一批空调单价降至 2000 元。由于双方无法协商一致，A 公司准备向法院起诉。

问题：假设你是 A 公司的代理律师，根据上述案情为 A 公司代拟一份诉状。

【实训项目二】

李华与钟云结婚后，因钟云无生育能力，双方没有子女，后收养女儿钟影，今年 6 岁，后来李华与钟云感情不和离婚。1983 年 4 月李华的妹妹李丽来后，二人商量好，由李丽代李华起诉，并以李丽的名义要求法院判决被告钟云承担给付抚养费的义务，同时列李华、钟影为第三人。

问题：作为一名律师，如果李丽要聘你作她的诉讼代理人，你会接受吗？

思考与练习

1. 起诉的条件有哪些？
2. 如何写好诉状？
3. 诉讼时效如何计算？
4. 申请诉讼保全应注意哪些问题？
5. 代理人向法院代为提起诉讼应提交哪些材料？

第四单元 代理应诉答辩

学习目标:
- 掌握答辩状的撰写要求与审查方法;
- 掌握提出管辖异议的方法;
- 理解证据交换的意义及方法。

导入案例

A水产公司与专业户B签订了长期的鳄鱼供货合同,在当地,B是唯一的鳄鱼养殖户,市场需求较大。B为养殖鳄鱼承包了经济合作社C的池塘。C于某天通知B中止承包合同,准备将池塘收回。于是B起诉C,请求法院判令继续履行合同。A水产公司能否以第三人的身份参与诉讼?

学习任务一 答辩状的撰写与审查

一、答辩状的格式要求

民事答辩状,是民事被告、被上诉人针对原告或被上诉人的起诉或上诉,阐述自己认定的事实和理由,予以答复和辩驳的一种书状。

依照我国《民事诉讼法》的规定,人民法院应当在立案之日起5日内将起诉状副本发送被告或被上诉人,被告或被上诉人在收到之日起15日内提出答辩状。提出答辩状是当事人的一项诉讼权利,而不是诉讼义务,被告或被上诉人逾期不提出答辩状,不影响人民法院审理。

民事答辩状属于应诉文书,是一种富有针对性和辩驳性的文书,对于全面披露案情真相,让法院"兼听"当事人双方意见,以便作出公正的裁决,保护答辩人的合法权益具有重要作用。

(一)首部

1. 标题。居中写"民事答辩状"。

2. 答辩人的基本情况。写明答辩人的姓名、性别、出生年月日、民族、职业、工作单位和职务、住址等。如答辩人系无诉讼行为能力人,应在其项后写

明法定代理人的姓名、性别、出生年月日、民族、职业、工作单位和职务、住址，及其与答辩人的关系。答辩人是法人或其他组织的，应写明其名称和所在地址、法定代表人（或主要负责人）的姓名和职务。

3. 答辩案由。答辩案由为一过渡段，写为"因……一案，提出答辩如下："。

（二）正文

1. 答辩的理由。应针对原告或上诉人的诉讼请求及其所依据的事实与理由进行反驳与辩解。被上诉人的答辩主要从实体方面针对上诉人的事实、理由、证据和请求事项进行答辩，全部否定或部分否定其所依据的事实和证据，从而否定其理由和诉讼请求；一审被告的答辩还可以从程序方面进行答辩，例如，提出原告不是正当的原告，或原告起诉的案件不属于受诉法院管辖，或原告起诉不符合法定的起诉条件，说明原告无权起诉或起诉不合法等，从而否定案件。无论一审被告，还是二审被上诉人提出的答辩理由，要实事求是，要有证据。

2. 答辩请求。答辩请求，是答辩人在阐明答辩理由的基础上针对原告的诉讼请求向人民法院提出的请求。应根据有关法律规定，请求人民法院保护答辩人的合法权益。一审民事答辩状中的答辩请求主要有：①要求人民法院驳回起诉，不予受理；②要求人民法院否定原告请求事项的全部或一部分；③提出新的主张和要求，如追加第三人；④提出反诉请求。如果民事答辩状中的请求事项为两项以上，在写请求事项时应逐项写明。对上诉状的答辩状的请求应为支持原判决或原裁定，或驳回上诉人的要求。

3. 证据。答辩中有关举证事项，应写明证据的名称、件数、来源或证据线索。有证人的，应写明证人的姓名、住址。

（三）尾部

包括以下内容：①致送人民法院的名称；②答辩人签名，答辩人是法人或其他组织的，应写明全称，加盖单位公章；③答辩时间。

（四）附项

包括以下内容：①本答辩状副本份数，答辩状副本份数应按原告的人数提交；②其他有关证据及证明材料。

○ 文书格式

民事答辩状

答辩人：（姓名、性别、出生年月日、民族、职业、工作单位和职务、住址）

答辩人因××一案，提出答辩如下：

　　此致

××人民法院

答辩人：×××

××××年××月××日

附：本答辩状副本×份。

二、答辩要点

原告不一定都是有理的，被告也不一定都是无理的，应诉能否成功的关键在于是否能够在熟悉案情的基础上提供有力的证据，从而进行有理、有利、有节的辩驳。在答辩时要注意的问题有：①要注意是否已经超过法定的诉讼时效，要查明诉讼时效的起算时点，有无中断、中止、延长等情形；②答辩时应坚持以我为主的方针，避免陷入原告方的观点与逻辑，要适时提出自己的主张和事实依据；③答辩的观点要鲜明，层次要清晰，重点要突出，语言要简明；④进行答辩时要维护被告诉讼权利和实体权利。当事人有权选择放弃答辩，在庭审时还可口头答辩。但诉讼实践表明，放弃书面答辩是不理智的，对维护被告权利是不利的，法官往往因不明白被告的观点而作出不利于被告的判决。

三、提起反诉

（一）反诉概述

所谓反诉，是指在第一审程序中，人民法院对案件裁判之前，被告为了抵消或部分抵消本诉原告的诉讼请求，维护自己的合法权益，向本诉的原告提出的一种独立的反请求。

在民事诉讼中，当事人的诉讼地位平等，原告可以对被告提起诉讼，被告则有权提起反诉。反诉是相对本诉而言的，原告提起的诉讼为本诉，反诉是被告以独立的起诉方式向原告提出反诉请求，为了和本诉共同审理以达到抵消或者并吞原告的权利或者使原告的权利失去作用的效果。例如，原告某女请求追索幼儿的生活费，而被告请求将幼儿交由他自己来养育，那么被告的请求就是反诉，他的目的在于并吞原告的请求。法律规定反诉的目的是为了使被告的合法权益得到保护，也能促进本诉的审理和解决，同时通过两个诉的合并审理，解决双方的问题，简化手续、节省人力、物力和时间，也避免在相关联的问题上作出相互矛盾的判决。

反诉具有以下几个特点：

1. 反诉具有相对性。反诉是法律赋予被告与原告的起诉权相对应的诉讼权利，只有原告起诉，被告才能反诉，这是被告行使权利的一种特殊方式。

2. 反诉具有时间性。反诉只能是被告在第一审程序的诉讼开始后，案件裁判之前提出。

3. 反诉的事实根据具有客观性。反诉的事实根据、理由、请求事项是客观存在的，并且具有诉的要素。原告没有诉诸法律，被告也就无从反诉，但绝不是说，原告不起诉，被告的反请求就不存在，就是原告不起诉，被告也可以根据事实和理由，在适当时间提起诉讼，从而维护自己的合法权益。

4. 反诉与本诉当事人的诉讼地位具有双重性。本诉的原告是反诉的被告，反诉的原告是本诉的被告，二者相互依存。

5. 反诉请求具有独立性。反诉的诉讼请求与本诉的诉讼请求是既互相牵连又各自独立的两个不同的诉讼请求。

6. 反诉的目的在于抵消本诉原告所主张的民事权益，使原告的民事权益部分或全部丧失，甚至超出原告所主张的权益范围。

（二）反诉的条件

反诉必须具备以下条件：

1. 反诉要以本诉的存在为前提。没有本诉就没有反诉，在被告没有反诉前，本诉的原告请求撤诉并被准许的，被告不能提起反诉。

2. 反诉只能由被告提出。

3. 反诉与本诉有牵连，即反诉与本诉的诉讼请求或者诉讼理由基于同一法律关系或同一事实。

4. 反诉必须针对原告提出，要有具体的诉讼请求和事实、理由。

5. 反诉必须向审理本诉的人民法院提出，受诉人民法院对反诉有管辖权，属于本诉人民法院受理案件的范围。

6. 反诉必须具有诉权和起诉的条件，必须有反诉状，并按反诉的对方当事人人数提交副本。如果书写反诉状确有困难，可以口头提出反诉，由人民法院记入笔录，并告知本诉的原告。不能以答辩代替反诉。

7. 反诉与本诉能够合并审理。反诉与本诉是两个独立的诉讼请求，反诉的被告具有本诉原告的资格，享有原告的诉讼权利。反诉不因本诉原告撤诉而使案件终结审理，同样，反诉的撤回也不影响本诉的继续审理。

8. 反诉必须依照《诉讼费用交纳办法》的有关规定，根据反诉金额或者价额计算案件受理费。案件受理费由反诉当事人在提出反诉的同时预交，预交确有困难的，可以向人民法院申请缓交。当事人在预交期内未预交又不提出缓交申请的，按自动撤回反诉处理。

9. 反诉的时间必须在本诉受理之后，举证期限届满之前。

人民法院对反诉要及时进行审查，对符合反诉条件的，应该与本诉合并审

理，在查清事实、分清责任的基础上与本诉一并作出裁判，对于不符合反诉条件的，应根据不同情况分别处理。对不属于审理本诉的人民法院受案范围和没有管辖权的案件，告知被告向有管辖权的人民法院另行起诉；对与本诉没有牵连而又不是必须合并审理的反诉，告知被告另行起诉；应该由有关部门处理的，告知被告依有关规定向主管机关请求解决。

（三）不适用反诉的几类案件

《民事诉讼法》第51条规定，被告有权提起反诉，但对反诉的时间、条件、形式、范围，以及哪些案件可以反诉，哪些案件不适用反诉等都没有作出明确规定。根据我国的立法原则，下列案件不适用反诉：

1. 没有被告称谓的诉讼案件不适用反诉。在民事诉讼过程中，不同的诉讼程序，对当事人的称谓也不同。在一审程序中，称为原告、被告；第二审程序中称为上诉人（原审被告或原审原告）、被上诉人；在审理本院决定再审的案件、上级法院提审的案件、当事人申请再审的案件以及人民检察院抗诉引起的再审案件的审判监督程序中，当事人称为原审原告、原审被告；在执行程序中称为申请执行人、被执行人。《民事诉讼法》第51条规定，被告有权提起反诉，从立法角度看，可以理解为：只有"被告"称谓的当事人才能提起反诉，没有"被告"称谓的当事人不能提起反诉。

2. 法律规定适用特别程序审理的案件不适用反诉。特别程序是民事审判程序中的一种，是人民法院审理特殊类型案件所适用的程序。特别程序对审级、审限、当事人的称谓及审理程序均作了特殊的规定，这些规定是人民法院审判某些特殊案件所遵循的特别规则，这类案件没有利害冲突的双方当事人（原告与被告），只有利害关系人，而且解决的问题也不是民事权益之争。特别程序一般也不因起诉而开始，而是因利害关系申请而开始。特别程序审理的案件是各种各样的，没有统一的对象，也没有共同的审理目的，人民法院按特别程序审理案件所作出的裁判，送达后立即生效，不得上诉，即实行一审终审制。从以上情况看，特别程序审理的案件根本不具备反诉的条件，所以此类案件不适用反诉，其中包括：审理选民资格案件所适用的程序，认定公民无民事行为能力、限制民事行为能力案件所适用的程序，认定财产无主案件适用的程序等。

3. 某些基于婚姻家庭关系的人身权的案件不适用反诉。首先是离婚案件不适用反诉。离婚是当事人重要的法律行为。人民法院审理离婚案件时，不仅要对夫妻双方的人身关系作出裁判，而且要对子女抚养以及财产关系作出裁判，使之产生一系列的法律后果。当事人离婚后，虽然夫妻间的权利义务关系已经消灭，但是父母与子女的人身关系不能消灭，故离婚本诉应对涉及的关系一并裁判，被告也不可能提出新的反请求。《婚姻法》规定的无过错方有权请求损害赔偿，不属于反诉，如无过错方是被告，只能依据原告离婚的请求要求原告给予损害赔偿，而不是反诉。其次是赡养、抚养、扶养案件不适用反诉。赡养是指对长辈承担的供养责任；抚养是指对未成年人承担的供养责任；扶养是指对同等辈份的人承担的供养责任。从上述三个概念的含义看，当事人所尽的义务都是法定的，这种法定义务既不能解除也不容抵消，所以，这类案件不存在反诉的问题。

（四）正确适用反诉

反诉是针对本诉而产生的相对独立的诉讼行为，同样需要法律规定的证据与理由的支持，没有把握的反诉主张，除诉讼技巧所必要外，当劝说委托人考虑法律风险，慎重提出。

学习任务二　管辖异议

一、管辖异议的相关规定

管辖权异议，是指人民法院受理案件后，当事人依法提出该人民法院对本案无管辖权的主张和意见。管辖权异议是当事人一项重要的诉讼权利，当事人正确行使该项权利，有利于帮助人民法院正确确定对案件的管辖权。《民事诉讼法》第127条第1款规定："人民法院受理案件后，当事人对管辖权有异议的，应当在提交答辩状期间提出。人民法院对当事人提出的异议，应当审查。异议成立的，裁定将案件移送有管辖权的人民法院；异议不成立的，裁定驳回。"

二、提出管辖权异议的条件

根据《民事诉讼法》第127条的规定，当事人提出管辖权异议，应符合下述条件：

1. 提出管辖权异议的主体应是本案的当事人，且只能是被告。因为，原告不存在提出异议的问题，原告的起诉本身就说明原告认为受诉法院具有管辖权。第三人也不能对管辖权提出异议。有独立请求权的第三人主动参加他人已开始的诉讼，应视为承认和接受了受诉法院的管辖，因而不发生对管辖权提出异议的问题。如果是受诉法院依职权通知他，则他有权选择是以有独立请求权的第三人的身份参加诉讼，还是以原告身份向其他有管辖权的法院另行起诉。无独立请求权的第三人参加他人已开始的诉讼，是通过支持一方当事人的主张，维护自己的利益，由于他在诉讼中始终辅助一方当事人，并以一方当事人

的主张为转移。所以，他无权对受诉法院的管辖权提出异议。

2. 当事人对管辖权的异议，应在提交答辩状期间提出。当事人对管辖权有异议的，必须在法定的答辩期间提出，当事人在答辩期间内未提出管辖权异议的，视为放弃了提出管辖权异议的权利，以后不得再提出。逾期提出的，人民法院不予审查。把提出管辖权异议限制在案件进入实体审理之前，是为了避免管辖权异议成立而造成时间、人力、物力、财力的浪费；避免正在审理中的案件被不适当地中断迟延。

当事人提出的管辖权异议，符合上述两条件的，受诉人民法院应当进行审查。经过审查，当事人对管辖的异议成立的，人民法院应当作出书面裁定，将案件移送有管辖权的人民法院审理。异议不成立的，裁定予以驳回。裁定应当送达双方当事人。当事人对受诉法院的裁定不服的，可以在裁定书送达后 10 日内向上一级人民法院提出上诉。当事人在二审法院确定该案的管辖权后，即应按法院的通知参加诉讼。

三、管辖权异议中常见问题的处理

1. 原告误向无管辖权的法院起诉，待法院受理后，始知受诉法院对该案件没有管辖权，而向受诉法院提出管辖权异议，受诉法院经审查确定无管辖权的，应当裁定移送有管辖权的人民法院。

2. 有独立请求权的第三人主动参加他人已经开始的诉讼，应视为承认和接受了受诉法院的管辖，不发生对管辖权提出异议的问题；如果是受诉法院依职权通知他参加诉讼，则他有权选择是以有独立请求权的第三人的身份参加诉讼，还是以原告身份向其他有管辖权的法院另行起诉。

3. 无独立请求权的第三人参加他人已开始的诉讼，是通过支持一方当事人的主张的方式，维护自己的利益。由于他在诉讼中始终辅助一方当事人，并以一方当事人的主张为转移，所以，他无权对受诉法院的管辖权提出异议。

4. 提起管辖权异议的法定期间为一审阶段的答辩期限内，一审实体审理终结的，当事人无权单独就管辖权提起异议。

5. 被追加的共同诉讼人在一审提交答辩状的期限内有权提出管辖权异议。如果人民法院已就案件管辖权作出生效裁定的，应告知被追加的共同诉讼人，对其异议不予审查。

6. 当事人在法律规定的答辩期内对法院的管辖权提出异议，但是在法院就有关管辖权问题作出裁定前，又以书面或者口头形式（须经法院记录在案并经本人签字）表示接受受诉法院管辖的，视为当事人自动放弃了异议。当事人在诉讼中再行提出管辖权异议的，法院不再审查。

7. 一、二审法院驳回管辖权异议的裁定发生法律效力后，当事人有权就

管辖权问题向上级法院申请再审。

8. 法院对案件作出的判决发生法律效力的，如果当事人对驳回管辖权异议的裁定和判决一并申诉的，法院经复查，发现管辖虽有错误，但判决正确的，应当不再变动；如经复查，认为管辖和判决均有错误的，应按审判监督程序处理。经过再审或者提审，原判决和裁定均被撤销的，应将案件移送有管辖权的人民法院审理。

9. 当事人可以就级别管辖提出管辖权异议，受诉法院应进行审查，凡是经上级法院指定管辖的案件应当告知当事人；凡是未经上级法院指定管辖的案件，可以作出裁定，异议成立的，裁定驳回原告起诉，异议不成立的，裁定驳回管辖权异议。当事人可以就此裁定上诉。

四、制作管辖权异议申请书

管辖权异议申请书是指民事诉讼一方向法院起诉后，被告认为受诉法院不享有民事诉讼法规定的管辖权，请求受诉法院移送具有管辖权的人民法院受理的书面文书。

管辖权异议申请书写作的基本内容。

1. 首部。

（1）标题。居中写明"管辖权异议申请书"。

（2）申请人的基本情况。

（3）请求事项。明确提出申请人的意见和主张，如移送有管辖权的人民法院审理，或驳回对方当事人的诉讼请求。

2. 正文。依据有关事实和法律的规定，着重阐述本案不应由受诉法院或受诉法院移送的法院管辖的事实与理由，以求得受诉法院对申请人意见和主张的支持。

3. 尾部。

（1）致送人民法院的名称。

（2）申请人签名、盖章。

（3）申请时间。

4. 附项。

◎ 文书格式

管辖异议申请书

申请人：＿＿＿＿＿＿＿＿＿＿

住所：＿＿＿＿＿＿＿＿＿　　　邮编：＿＿＿＿＿＿＿＿＿

电话：＿＿＿＿＿＿＿＿＿

申请事项：
　　_____诉_____纠纷一案，你院已于_____年_____月_____日受理。申请人认为，贵院对该案没有管辖权，现提出异议。
　　事实与理由：
　　（阐明事情经过、合同约定的管辖内容、涉及的法律、法规、依据等。）
　　根据《中华人民共和国民事诉讼法》_____条规定，请贵院依法裁定将此案移送有管辖权的_____人民法院审理。
　　此致
　　_____人民法院

申请人：_____
年　　月　　日

学习任务三　证据交换

　　《最高人民法院关于民事诉讼证据的若干规定》（以下简称《证据规定》）第 38 条第 2 款规定"人民法院组织当事人交换证据的，交换证据之日举证期限届满"；第 39 条第 2 款明确规定"通过证据交换，确定双方当事人争议主要问题"。其目的很显然，是为了固定证据，固定当事人争议焦点。就其本质来看，仍是法院进行审前准备的一个组成部分，是为了双方当事人了解对方掌握证据的情况，从而产生正常意义上的有效抗辩；同时，法院通过证据交换，熟悉案情，以便开庭审理能够集中有效进行，提高诉讼效率。庭前交换证据的行为，是一种庭前准备行为，而不是审判行为。因此，当然不需要认证。该规定第 39 条第 2 款规定："在证据交换的过程中，审判人员对当事人无异议的事实、证据应当记录在卷；对有异议的证据，按照需要证明的事实分类记录在卷，并记载异议的理由……"

一、证据交换的概念与意义

　　1. 证据交换的概念。我国民事诉讼中的证据交换，是指于诉讼答辩期届满之后，开庭审理以前，在人民法院的主持下，当事人之间相互明示其持有证据的行为或过程。对于比较复杂的民事案件，为了提高开庭审理的实效，民事诉讼程序一般都要设置开庭审理前的程序。审理前的准备程序中主要的事项之一就是要让当事人提出证据，相互了解证据信息，从而明确诉讼的争点，为开庭审理做好准备。证据交换由当事人启动，即经当事人申请，人民法院可以组织当事人进行证据交换。

2. 证据交换制度的意义。

（1）有助于司法公正的实现。设立庭前证据交换，可以使双方当事人在庭审前了解对方的主张和拥有的证据，可以知道自己所收集的证据的不足，从而做好充分的准备工作，以便进入庭审阶段。这种方式下，可以有效地防止对方故意隐藏证据，避免在庭审中出现突袭举证，使相对方无从准备，也避免在审判过程中由于新证据的出现而使得审理过程中出现休庭，从而可以在审判过程中对案件的法律事实作出正确的认定，有助于司法公正的实现。

（2）提高庭审的效率，加快审理进程。采用庭审前交换证据，可以使法官对当事人各方的主张和证据有一个全面的了解，从而能够在庭审的过程中围绕当事人双方争议的焦点与争议事实在法律适用上的难点进行有效地组织，并指挥案件的审理，控制庭审程序，并指导当事人进行举证、质证等，保证当事人享有充分平等的辩论权，避免庭审的拖沓冗长，提高庭审的效率，加快审理进程。

（3）减少诉讼的成本、提高司法效益。因为采用庭审前证据交换，一方面，可以使得诉讼各方在案件审理前能够充分地了解对方的主张和所拥有的证据，从而使得双方当事人对于诉讼的结果可以事前预知。如果一方当事人认为证据明显对自己不利、自己败诉的可能性较大时，可以请求法庭在庭审前进行调解或自行和解，而不必进入庭审程序，这样就可以有效地减少诉讼的成本；另一方面，双方当事人在庭审前已经做好了充分的准备，尽可能地收集涉及本案的有关证据，为在审理过程中质证做好准备，可以确保法官在完备的证据材料上辨定事实的真伪，选择正确的法律适用，进而作出公正的裁判，使双方当事人心服口服，进而减少不必要的上诉和申诉，提高司法效益。

（4）保证案件审判的质量。实行庭审前证据交换，使得证据事先公开，使得双方当事人充分了解对方的主张和证据，做好充分的准备，在庭审中，质证过程就能够做到有的放矢，有利于法庭对案件事实形成正确的判断；而且，证据事先公开，增加了法院审理案件的透明度，便于公众监督，也有利于保证案件的公正处理，从而保证案件审判的质量。

二、如何进行证据交换

1. 证据交换的期间和时间。对于证据较多或者复杂疑难的案件，证据交换的期间应当在答辩期间届满后，开庭审理前。应当注意的是证据交换与举证时限有密切的关系，即证据交换期间受举证时限期间的限制。证据交换期间不能长于举证时限期间。因此，当人民法院组织当事人交换证据时，交换证据之日就是举证期限届满之日。当事人申请延期举证，经法院准许的，证据交换就

要相应顺延。关于证据交换时间的确定有两种方式：一种是当事人协议；一种是法院指定。当事人协商的结果需要经过法院认可。当事人可以协商在证据交换期间中的任何时间进行证据交换。

2. 证据交换的过程。证据交换应当在审判人员的主持下进行。在证据交换的过程中，审判人员对当事人无异议的事实、证据应当记录在卷；对有异议的证据，按照需要证明的事实分类记录在卷，并记载异议的理由。通过证据交换，确定双方当事人争议的主要问题。当事人收到对方交换的证据后提出反驳并提出新证据的，人民法院应当通知当事人在指定的时间进行交换。按照《证据规定》，证据交换一般不超过两次。但重大、疑难和案情特别复杂的案件，人民法院认为确有必要再次进行证据交换的除外。

三、庭前证据交换的方式

目前，庭前证据交换可以采取以下六种方式：①简单证据交换。在诉讼中，法院随起诉收取证据，随发送副本而发放证据，并在接待当事人时口头或书面告知其举证责任、期限及后果，双方持证据准备诉讼、等待开庭。②邮寄证据交换。在征求双方当事人意见的情况下，尤其是诉讼涉及异地当事人时，法院将一方提交的证据邮寄给另一方，双方互换证据后，依此准备诉讼、等待开庭。③证据交换庭。可由法官、法官助理、书记员通知当事人于某一时间到法院的法庭，由法官主持，给双方发举证通知书，商量限期举证和分配举证责任，让双方向法院和对方当事人提交证据。④主持证据交换和指导举证结合。主持证据交换，除披露证据，防止突袭外，对法官而言还有重要的指导举证的功效，当一些当事人不知道自己的举证责任和后果时，法官可以予以释明，指导督促其举证。⑤交换证据预备庭。法官可以采取开预备庭的形式，对一些疑难重大案件交换证据，其目的在于了解双方争议焦点，归纳焦点后分配举证责任，通过初次的证据开示和听取双方对证据的初步意见，掌握庭审重点，为正式开庭作准备。⑥多次证据交换。证据交换过程中，可能会出现一方提供证据，对方要求举证的情况，根据案情的不同，法官可以进行多次的证据交换。但同时也应当提示当事人在合理期限内提交证据，避免拖延。一般证据交换以两次为限，重大案件可以超过两次，但在开庭前应当证据"关门"，不再收取证据。

四、参与证据交换程序的注意事项

（一）证据交换的范围不宜过宽

对证据交换范围应界定为案情比较复杂、证据材料较多的案件。任意扩大范围，会人为地影响工作效率。对于需要交换的证据，原则上是由当事人自行取得并提交给法庭的涉及案件事实的所有证据，但也不是没有任何限制，下列

证据就不宜进行交换：①凡涉及国家秘密、个人隐私的证据，商业秘密，离婚案件当事人要求予以保密的。②法院依职权调查的证人证言，委托的鉴定报告，不宜进行交换。③对于内容重复或与本案无关的证据。④证据交换应限于实体上的证据，即属于诉讼主体，用于支持或反驳诉讼请求的一切事实证据，程序上的证据不需交换。

（二）证据交换的主体

证据交换主体包括主持者和参与者。主持证据交换的应是案件的主审法官，并由书记员配合。这样不但可以减轻合议庭负担，提高工作效率，而且有利于主审法官熟悉交换的证据，掌握双方争执的焦点，为驾驭庭审做好准备。证据交换的参与者应是当事人和其诉讼代理人。法官的基本作用在于督促、协助双方当事人完成争议的整理和证据的交换，法官不容许也不可能全面、直接地调查核实双方的证据材料，认定双方主张谁对谁错。《证据规定》第 39 条第 2 款规定："在证据交换的过程中，审判人员对当事人无异议的事实、证据应当记录在卷；对有异议的证据，按照需要证明的事实分类记录在卷，并记载异议的理由。通过证据交换，确定双方当事人争议的主要问题。"

（三）证据交换的时间

对于证据交换的时间，《证据规定》第 38 条规定，交换证据的时间可以由当事人协商一致并经人民法院认可，也可以由人民法院指定。人民法院组织当事人交换证据的，交换证据之日举证期限届满，当事人申请延期举证经人民法院准许的，证据交换日相应顺延。因此，证据交换一般应在答辩期，当事人就其辩称理由已相应地收集了证据，在其递交答辩状时法院可针对其举证情况给予举证指导，确定交换证据时间，使当事人及时进行证据交换或有充分时间收集提供证据，以减少开庭次数。

（四）防止当事人有意不举证或不交换证据

在诉讼过程中，有的当事人在接到证据交换通知后无正当理由有意不参加，能举证而不举证，或有意将自己掌握的证据不提供交换，意图在庭审中搞突然袭击。对这种情况，可以采取下列措施：

1. 根据权利义务相一致的原则，对一方当事人只想得到对方证据而不愿交换自己证据的，审判人员应视情况中止证据交换，责令未举证方提供证据后再交换。

2. 庭审中才提供的证据，《证据规定》第 43 条第 1 款规定，当事人举证期限届满后提供的证据不是新的证据的，人民法院不予采纳。但如果人民法院认为当事人提供的是新证据的，《证据规定》第 45 条规定，一方当事人提出新的证据的，人民法院应当通知对方当事人在合理期限内提出意见或者举证。

此时并不能简单地不予认定，而要视同在举证时限内提供的证据。

3. 超期举证的责任，当事人应按照规定的时间举证，否则将影响对其证据的交换。《证据规定》第 42 条第 2 款规定："当事人在二审程序中提供新的证据的，应当在二审开庭前或者开庭审理时提出。二审不需要开庭审理的，应当在人民法院指定的期限内提出。"第 46 条规定，一方当事人请求提出新的证据的另一方当事人负担由此增加的差旅费用以及由此扩大的直接损失，人民法院应予以支持。

4. 故意交换伪证的处理。当事人有意将伪造的证据进行交换，不仅给对方造成诉讼假象，而且属于妨害民事诉讼的行为，经查实系伪证的，应按照《民事诉讼法》第 102 条的规定及时追究伪证者的法律责任，以保障证据的正常交换。

（五）庭前证据交换与开庭审理的关系问题

审前准备程序与审理程序是两个相互独立的程序，案件经法院受理后，必须或者经当事人协商一致而进入特定的准备程序，由双方当事人分别提出自己的主张，理清相互之间的争点，确定支持自己主张的证据范围，收集支持自己主张的证据并相互开示，最终形成确定的争点和调查范围，才转入审理程序。我国目前尚没有独立的审前准备程序，采取的是审前与审理相混合的一体制。因此，既要摆正庭前证据交换的从属性地位，使其保持与开庭审理的统一性，为开庭审理固定证据、归纳争议焦点、提供稳定的争议体系；又要注意庭前证据交换相应的独立性和阶段性，注意区分证据交换与庭审举证、质证的不同点，交换结果非因法定事由不能回复，使证据交换具有一定的法律效力和相对的稳定性。同时，为了能够使证据交换充分发挥其效能，还应当明确适用证据交换的案件范围。对于证据较多、案情比较复杂的案件或当事人申请进行证据交换的案件，应当将庭前证据交换作为庭前准备活动的必要内容，能够保障审判人员及时准确地把握案情，有效提高诉讼效率，确保审判质量。而对于大部分适用简易程序的案件，不受调查顺序、辩论顺序的限制，因此不必拘泥于固定的格式。

学习任务四　第三人的程序权利

一、确定第三人是否参加诉讼

我国《民事诉讼法》第 56 条第 1 款规定，对当事人双方的诉讼标的，第三人认为有独立请求权的，有权提起诉讼；该条第 2 款规定，对当事人双方的

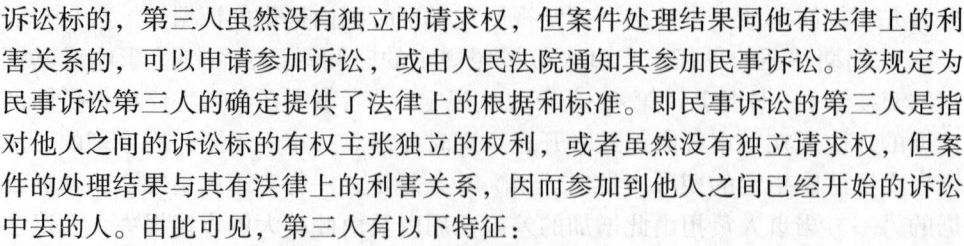

诉讼标的，第三人虽然没有独立的请求权，但案件处理结果同他有法律上的利害关系的，可以申请参加诉讼，或由人民法院通知其参加民事诉讼。该规定为民事诉讼第三人的确定提供了法律上的根据和标准。即民事诉讼的第三人是指对他人之间的诉讼标的有权主张独立的权利，或者虽然没有独立请求权，但案件的处理结果与其有法律上的利害关系，因而参加到他人之间已经开始的诉讼中去的人。由此可见，第三人有以下特征：

1. 对他人之间的诉讼标的有独立请求权；或者无独立请求权，但与案件的处理结果有法律上的利害关系。在这点上，诉讼第三人不同于共同诉讼人、证人和鉴定人。共同诉讼人，不管是必要的共同诉讼人还是普通的共同诉讼人，他们都有相同的诉讼标的或同类的诉讼标的，即对同一诉讼标的或同类诉讼标的具有相同的权利和义务，而诉讼第三人既非与原告有共同的权利义务客体，也非与被告就同一诉讼标的的共享权利和义务；另外，第三人与案件的处理结果有法律上的利害关系，而不像证人、鉴定人那样仅以自己的名义参加诉讼，与案件的处理结果并无直接的利害关系。

2. 参加到他人之间已经开始的诉讼中，即第三人参加诉讼时，他人之间的诉讼已经开始。但法院尚未作出裁判前，第三人参加诉讼是以本诉的存在作为其前提和基础的，属于两诉的合并，称为参加之诉，而本诉则是指原、被告之间的诉讼。

3. 第三人参加诉讼的目的在于维护其自身的合法权益，在这点上又区别于诉讼代理人。如果参与诉讼不是为了维护其自身的合法权益，而是为了维护原告或被告一方的合法权益，则只能是诉讼代理人，而第三人在诉讼中处于当事人的地位，享有当事人的诉讼权利和义务。

根据我国《民事诉讼法》第56条第1、2款的规定，诉讼第三人可分为有独立请求权的第三人和无独立请求权的第三人。

二、如何理解并把握无独立请求的第三人

我国《民事诉讼法》第56条第2款规定："对当事人双方的诉讼标的，第三人虽然没有独立请求权，但案件处理结果同他有法律上的利害关系的，可以申请参加诉讼，或者由人民法院通知他参加诉讼。人民法院判决承担民事责任的第三人，有当事人的诉讼权利义务。"《民诉意见》第65条规定了无独立请求权第三人参加诉讼的方式，无独立请求权的第三人，可以申请或者由人民法院通知参加诉讼。

《民诉意见》第66条规定了无独立请求权第三人的法律地位，在诉讼中，无独立请求权的第三人有当事人的诉讼权利义务，判决承担民事责任的无独立请求权的第三人有权提出上诉。但该第三人在一审中无权对案件的管辖权提出异议，无权放弃、变更诉讼请求或者申请撤诉。

无独立请求权第三人是指在民事诉讼中，对原被告双方争议的诉讼标的没有独立的请求权，但案件处理的结果可能同他有法律上的利害关系，而参加到已经开始的诉讼中进行诉讼的人。无独立请求权第三人与有独立请求权第三人相对应。要正确理解这种第三人，关键是要正确理解什么叫与正在进行的诉讼的处理结果有法律上的利害关系。

导入案例分析

在这个案件中，BC 之间的诉讼是池塘承包合同纠纷，而 AB 之间又存在鳄鱼供货合同。同时，后面的合同关系的存在是以前面的承包关系的存在为前提的，如果法院判决维持承包关系，则后面的买卖关系将正常保持，反之，则会引起买卖关系的解除与一系列的违约责任。故此，法院的判决成为了后面买卖关系产生、变更、消灭的前提。A 为了维护自身的合法权益，完全可以无独立请求权第三人的身份主张参加诉讼，在诉讼中给养殖户支持，从而维护自身的合法权益。

"与案件的处理结果有法律上的利害关系"是公认的无独立请求权第三人的核心要件。

1. 无独立请求权第三人（以下一般简称为"第三人"）所参加的法律关系与原、被告之间的法律关系有民事法律上的牵连。这一点包含三个方面：①第三人与当事人一方已有的法律关系同当事人之间的法律关系存在牵连。②第三人与当事人之间法律关系的牵连是法律上的牵连，而非一般事实上的牵连、感情上的牵连或者其他非法律上的牵连。法律上的牵连是权利义务的牵连，第三人和当事人之间法律关系的牵连必然是第三人和当事人一方的法律关系和当事人之间的法律关系在权利、义务上的牵连。同时，两个法律关系权利、义务的牵连也决定了两者在权利、义务的作用对象也即客体上的牵连，在有标的物的情况下还决定了两者标的物的同一。③这种法律上的牵连是民事法律上的牵连。

2. 第三人与当事人一方的法律关系直接影响了当事人双方的法律关系，尤其是前者的履行及其适当与否直接影响了后者的履行及其适当与否。在这种情况下，在本诉当事人争议的法律关系当中，一方当事人不履行或不适当履行义务，从而给对方造成损失的，直接责任固然由不履行或不适当履行义务的一方当事人承担，但造成这种后果的原因，则是由于第三人对于他与该方当事人之间法律关系的不履行或不适当履行。这也正是第三人同本诉案件的处理结果有法律上利害关系的前提。相反地，如果第三人与当事人一方的法律关系相对于本诉当事人的法律关系而言，处于受影响地位，在后一法律关系因争议而致诉讼的情况下，第三人基本上处于权利者的地位，无论本诉争议的结果如何，他皆可要求其相对方向其履行义务，亦可放弃对权利的行使，因而相对于本案的处理结果无所谓法律上的利害关系，他完全不必参加本诉，更不应被通知或被强迫参加到本诉中去。这表明法律上的利害关系在内容上应首先为一定的责任和义务，实践中尤其表现为返还的责任和赔偿的义务，这是由牵连法律关系中权利义务的链条化和义务的强制性决定的。它并不排除基于复杂的关系，第三人在须承担责任、义务的同时享有一定权利，但这是其次的，第三人参加本诉的依据应在于其一定的义务或责任。

3. 第三人在法律上的利害关系依本诉案件的处理结果而定。也就是说，在确定第三人时，其权利、义务是并不确定的，他仅仅是可能要承担一定的责任或义务，但是否承担则因案件处理结果的不同而有所不同。换句话说，法院对于本诉当事人之间争议的处理，对于第三人是否承担责任有一种预决的意义。本诉案件处理结果对第三人有无法律上的利害及其内容起着决定作用，这就是"对案件的处理结果有法律上的利害关系"的真正含义。如果仅仅着眼于对"法律上的利害关系"的分析，而忽略了本诉案件的处理结果对第三人法律上利害关系的决定性，就容易走入误区，结果是把两种法律关系之间的法律上的牵连性作为第三人的根本确认标准，最终是把实体法上的第三人同程序法上的第三人混同起来，从而扩大了程序法上第三人的范围，导致乱列、错列第三人的问题。

三、审判实务中对第三人制度适用情况的正确理解

（一）可以作为第三人参加诉讼的情形

1. 在履行委托贷款协议过程中，由于借款人不按期归还贷款而发生纠纷的，贷款人（受托人）可以以借款合同纠纷为由向人民法院提起诉讼；贷款人不起诉的，委托人可以委托贷款协议的委托人为被告，以借款人为第三人向人民法院提起诉讼。

2. 在存单纠纷案件中，出资人起诉金融机构的，人民法院应通知用资人作为第三人参加诉讼；出资人起诉用资人的，人民法院应通知金融机构作为第三人参加诉讼；公款私存的，人民法院在查明款项真实所有人的基础上，应通知款项的真实所有人为权利人参加诉讼，与存单记载的个人为共同诉讼人。该个人申请退出诉讼的，人民法院可予准许。

3. 发包方所属的半数以上村民，以签订承包合同时违反《中华人民共和

国土地管理法》和《中华人民共和国村民委员会组织法》等法律规定的民主议定原则，或者其所签合同内容违背多数村民意志，损害集体和村民利益为由，以发包方为被告，要求确认承包合同的效力提起诉讼的，人民法院应当依法受理，并可通知承包方作为第三人参加诉讼。

4. 债务人对债权人提起诉讼，债权人提起反诉的，保证人可作为第三人参加诉讼。债权人转让合同权利后，债务人与受让人之间因履行合同发生纠纷诉至人民法院，债务人对债权人的权利提出抗辩的，可以将债务人列为第三人。

5. 经债权人同意，债务人转移合同义务后，受让人与债权人之间因履行合同发生纠纷诉至人民法院，受让人就债务对债权人的权利提出抗辩的，可以将债务人列为第三人。

6. 合同当事人一方经过对方同意将其在合同中的权利义务一并转让给受让人，对方与受让人因履行合同发生纠纷诉至人民法院，对方就合同权利义务提出抗辩的，可以将出让方列为第三人。

7. 债权人以次债务人为被告向人民法院提起代位权诉讼，未将债务人列为第三人的，人民法院可以追加债务人为第三人。

（二）不应作为第三人参加诉讼的情形

漏列第三人影响案件审理，同样错列、乱列第三人也将影响司法公正。在司法实践中，有些法院基于某种利益考虑，经常会把有履行能力的或外地的个人或单位追加为第三人，错列、乱列第三人的情形普遍存在。根据我国的相关司法解释，下列情况就不应作为第三人参加诉讼：

1. 受诉人民法院对与原、被告双方争议的诉讼标的无直接牵连和不负有返还或者赔偿等义务的案外人，以及与原告或被告有约定仲裁或有约定管辖的案外人，或者专属管辖案件的一方当事人，均不得作为无独立请求权的第三人通知其参加诉讼。

2. 人民法院在审理产品质量纠纷案件中，对原、被告法律关系以外的案外人，有证据证明其已提供了合同约定或者符合法律规定的产品的，或者案件中的当事人未在规定的质量异议期内提出异议的，或者作为收货方已经认可该产品质量的，不得将其作为无独立请求权的第三人通知其参加诉讼。

 实务训练

【实训项目一】
A 县与 C、D、E、F 四县相邻。A 县某加工厂和 B 县某食品厂于 2011 年 9

月 10 日在 C 县签订一真空食品袋加工承揽合同。其中约定："运输方式：加工厂代办托运；履行地点：加工厂在 D 县的仓库。""发生纠纷可以向 C 县和 E 县的人民法院起诉。"合同签订后，加工厂即在其设在 F 县的分厂进行加工，并在 F 县车站发货。食品厂收货后即投入使用。因真空食品袋质量不合格，致使食品厂已封装入库和销售出去的袋装食品大量腐败变质，损失 50 万元。两厂几经协商未果。食品厂的法定代表人即找到律师刘某咨询。最后提出："怎么起诉都可以，但必须在我们 B 县法院打官司，你能办到就委托你，否则我另请高明。"

问题：

（1）按我国现行法律规定，此纠纷应通过仲裁解决还是应通过诉讼解决？为什么？

（2）E 县法院是否有管辖权？为什么？

（3）C 县法院是否有管辖权？为什么？

（4）F 县法院是否有管辖权？为什么？

（5）D 县法院是否有管辖权？为什么？

（6）A 县法院是否有管辖权？为什么？

（7）如果你是刘律师，能否满足食品厂的要求？为什么？

【实训项目二】

2000 年某村委会将果园平均分给各户承包，规定承包期 5 年。其中韩某承包了 40 棵苹果树。2002 年，村委会又全部收回果园搞专业承包，发包给以鲁某为首的 6 人专业队，合同约定承包期 10 年。后因管理不便，经村委会同意，鲁某等 6 人又将其中原来韩某承包过的 40 棵苹果树转包给了刘某。一年后，韩某以他与村委会 2000 年的合同未到期为由，强行抢摘这 40 棵苹果树的苹果 400 多公斤，故引起纠纷。村委会调解不成，即宣布解除其与鲁某等 6 人的合同，准备重新平均分包到各户。鲁某等 6 人便诉至法院，请求继续履行合同。刘某则向法院请求韩某返还 400 多公斤苹果。一审法院将韩某列为被告，将村委会和刘某列为第三人。法院作出判决后，村委会不服，提起上诉，二审法院发回重审，其认为应将村委会和韩某列为共同被告，将刘某列为第三人。

就上述情况，请回答：

（1）从民事诉讼法律关系上讲，法院对本案纠纷应如何立案处理？

（2）韩某的诉讼地位应如何确定？为什么？

（3）村委会的诉讼地位应如何确定？为什么？

（4）刘某的诉讼地位应如何确定？为什么？

（5）鲁某等 6 人的诉讼地位应如何确定？为什么？

思考与练习

1. 如何进行答辩？
2. 如何进行反诉？
3. 如何提出管辖异议？
4. 如何进行证据交换？
5. 如何理解并把握第三人制度？

第五单元　民事证据的收集和运用

学习目标：

● 了解证明对象、举证时限、证明标准等概念，掌握举证责任分配的原则，掌握民诉中常用的证据规则；

● 掌握收集证据的方法和注意事项；

● 掌握各种法定证据的审查判断和应用。

◎ 导入案例

甲女近年与丈夫乙某感情不睦，甲女怀疑乙某与其办公室的丙女有婚外恋，影响了夫妻感情，遂多方打探乙某与丙女的关系，后来派私人侦探跟踪二人，偷拍了乙某与丙女在公园偷偷约会的镜头。甲女还打探到丙女的电子邮箱账号，通过破解软件破解了丙女的邮箱登录密码，打开了丙女的电子邮件，发现了多封丙女与乙某之间的情书。甲女遂起诉乙某要求离婚，并要求乙某与丙女给予经济赔偿。诉讼中，甲女向法庭提交了上述偷拍的照片和下载的丙女的电子邮件，以此为证据证明乙某不忠与丙女发生婚外恋，伤害了甲女的感情。问偷拍的照片和偷窥的邮件能否作为有效证据？

证据是人民法院认定案件事实的依据，是诉讼的核心。在民事诉讼中，当事人提出的诉讼请求，需要用证据来证明，法院裁判认定事实也要以证据为依据。法官查明事实的过程，也就是运用证据证明的过程。认定事实是法院据以判决的基本依据，代理人影响法院认定事实的基本依据是证据的收集和整理。可以说，审判和诉讼的实际内容就是运用证据证明案件待证事实的活动。可见，证据在诉讼活动中有着十分重要的意义。

学习任务一　证据规则

一、证明对象

（一）证明对象的含义

证明对象是指由实体法律规范所确定的，对诉辩请求产生法律意义的，应当由当事人提供证据加以证明的事实。代理人在诉讼中需要运用证据予以证明的事实情况。明确证明对象，是为了使代理人从理论上认识到诉讼中应该证明的问题范围，从而有目的、有步骤地依法收集、运用证据，不致使调查研究的范围过宽或过窄，影响对案件的正确、合法、及时的处理。

三段论是法院在诉讼中作出裁判所适用的基本方法。裁判三段论是指法院在案件审判中，以法律为大前提，以案件事实为小前提，然后通过推论得出裁判的结论。虽然民事诉讼最终是对当事人双方争议的民事权利义务作出裁判，但当事人不能直接对权利义务关系存在与否加以证明，因为权利、义务只是人们观念的产物，权利义务的存在与否是通过事实来加以判断的。从理论上讲，三段论中的事实并不是指与案件有关的所有事实，而是指由实体法规范规定的法律要件事实。根据某一实体法规范的规定，当存在一定法律要件事实时，就会引起某种民事权利义务关系的发生、变更和消灭。在现代民事诉讼中，是否存在这些法律要件事实必须由当事人加以主张并予以证明。法院在审理中对这些事实的真伪加以认定，依此并根据法律对有争议的实体法律关系作出裁判。这些需要证明的事实就是证明的对象，也称之为证明客体或证明标的。

民事权利义务纠纷涉及各方面的事实，法院在审理中对民事权利义务关系的裁判也依赖于对这些事实的确定。但这些事实并非都需要由当事人提出证据加以证明，有的事实尽管与当事人主张有关，却没有必要加以证明。法律通常不会直接规定哪些事实需要当事人加以证明，因为需要证明的事实范围太宽泛，而是通过排除法消极规定哪些事实不需要加以证明，这些不需要证明的事实范围是比较容易确定的。

（二）证明对象的范围

民事诉讼中的证明对象主要是事实，但个别情况下也包括部分法规。经验法则是否属于证明对象，理论上存在争议。以下分别就这三个方面加以阐述。

1. 事实。理论上可以将事实分为主要事实、间接事实和辅助事实。构成法律要件的事实称为"主要事实"；证明主要事实的事实称为"间接事实"；用于证明证据能力或证据力的事实称为"辅助事实"。根据现代民事诉讼的要求，对于当事人没有提出的权利主张，法院不能进行审理和裁判；当事人没有主张该法律要件事实的，法院没有义务对是否存在该事实进行调查，该事实的存在与否应当由当事人加以证明，成为当事人证明的对象。法院不得将没有出现在当事人辩论中的主要事实作为裁判依据。但间接事实和辅助事实不受此限制，即使当事人没有对此加以陈述，法院也可以将其作为裁判的依据。因为间接事实和辅助事实是判断主要事实的手段，处于与证据同等的地位，其存在与否由法官判断。

2. 外国法。作为法律专家的法官应当知晓案件所适用的法律，即使不知，也可以依职权进行调查了解。因此，一般情况下，案件所适用的法律是否存在及其内容，并不需要当事人加以证明。但对外国法、地方性法规以及习惯规则，法官则未必了解，因此就需要当事人对此加以证明。一般而言，当事人也更容易了解和获得这些法规，起到诉讼经济的作用。

3. 经验法则。经验法则是指人们从生活经验中归纳获得的关于事物因果关系或属性状态的法则或知识。经验法则既包括一般人日常生活所归纳的常识，也包括某些专门性的知识，如科学、技术、艺术、商贸等方面的知识。不仅人们在生活中会运用经验法则进行逻辑推理判断，在审理案件中，法官也要运用经验法则进行裁判。

关于经验法则是否属于证明的对象，理论上存在争议。《证据规定》认为，是否成为证明对象不能一概而论，属于日常生活领域内的经验法则，因为为一般人所知晓，因此无须加以证明，对于不为一般人所知晓的专门知识领域的经验法则则应当加以证明。

（三）无须证明的事实

1. 众所周知的事实。众所周知的事实是指在一定范围内为人们所知晓的事实。这里所指一定范围内为人们所知晓，当然包括了案件审理的法官，既然是众所周知的事实，自然无须加以证明。在案件审理中，是否属于众所周知的事实由审理案件的法官判断。在诉讼中，允许对方当事人提出相反的证据，证明当事人所主张的众所周知的事实是不真实的。

2. 自然规律及定理。所谓自然规律，是指客观事物在特定条件下所发生的本质联系和必然趋势的反映。所谓定理，是指在科学上于特定条件下已被反复证明属于发生一定变化过程的必然联系，因而被人们普遍采用作为原则性或规律性的命题或公式，如几何定理。因为自然规律和定理已经为人们所认识并反复验证，所以无须加以证明。既然是自然规律和定理也就不可能提出反证加以推翻，能够被推翻也就不是自然规律和定理。

3. 推定的事实。推定可以分为两类：事实上的推定和法律上的推定。

所谓事实上的推定，是指法官以已知的事实为前提，以经验法则推论待证事实的过程或行为，又称为"裁判上的推定"。这种推定也就是《证据规定》所指出的，根据已知事实和日常生活经验法则所进行的推定。事实上的推定必须要有四个基本条件：①存在可以作为推定前提的事实；②作为推定前提的事实必须是真实的；③需要推论的事实无法直接证明；④需要有推定的桥梁——经验法则。推定之所以可以免除当事人的证明，就是因为经验法则反映了已知事实与推定事实之间的高度盖然性联系。

法律上的推定又分为两类：法律上的事实推定和法律上的权利推定。所谓法律上的事实推定，是指法律规定以某事实的存在为基础，并直接根据该事实认定待证事实的存在与否。由于法律上的事实推定直接由法律规定了某事实的存在便可认定待证事实的存在，因此当事人对待证事实也无须加以证明。所谓法律上的权利推定，是指法律对某种权利或法律关系是否存在直接加以推论的情况。例如，日本民法规定各共有人应有部分不明确的，推定为各共有人均等占有。但法律上的权利推定并不是一种证据规则，因为作为证据规则的证明对象必须是事实，而不是权利。

对于事实上的推定，由于其具有高度盖然性，因此当事人提出足够的证据证明推定的事实不能成立的，推定无效。法律上的推定实际上是一种直接推论，因此，只要作为前提的事实成立，推定就能成立。

（四）已为人民法院发生法律效力的裁判所确认的事实

这里所指为裁判所确认的事实是指本案所涉及的事实已经在其他案件审理中被法院确认。由于该事实已被确认，而确认该事实的裁判又已经发生法律效力，因此就无须加以证明。如果在本案诉讼的当事人有相反的证据足以推翻已为生效判决所认定事实的，主张该事实的当事人仍然要负证明责任。因为前诉法院对事实的认定不能像生效判决对诉讼标的那样具有对后诉法院的拘束力。

（五）已为仲裁机构的生效裁决所确认的事实

仲裁机构的生效裁决与法院生效裁判具有同样的法律效力，因此，已为仲裁机构的生效裁决确认的事实也对诉讼中的事实具有预决效力。与（四）中的情况相同，如果在本案诉讼中当事人有相反的证据足以推翻该认定的事实的，主张该事实的当事人仍然要负证明责任。

（六）已为有效公证文书所证明的事实

公证文书是公证机关依照法定程序对有关法律行为、法律事实以及文书加以证明的法律文书。《民事诉讼法》第69条规定，经过法定程序公证证明的法律事实和文书，人民法院应当作为认定事实的根据，但有相反证据足以推翻公证证明的除外。

（七）自认的事实

所谓自认，是指一方当事人对另一方当事人主张的案件事实予以承认。当事人所承认的事实就是自认的事实。自认制度是指在一方当事人对对方当事人主张的事实承认后，将免去主张该事实的当事人对此的证明责任，法院将以该事实作为裁判依据的制度。自认制度设置的目的在于减少诉讼成本。自认制度的主要根据是民事诉讼的处分原则。

自认的对象仅限于事实，法律法规、经验法则、法律解释、法律问题都不是自认的对象。不能因为对方承认当事人主张的经验法则，该经验法则就被视为真实存在并约束法院。就具体事实而言，自认对象又仅限于主要事实，对于间接事实和辅助事实则不发生自认效力。

自认的法律效果表现在承认对方事实主张的当事人要受自己承认行为的约束，法院也要受该承认行为的约束。在对方已经承认的情况下，法院应当以该自认的事实作为裁判的依据。法院在一审中以当事人承认的事实为依据作出判决后，承认该事实的当事人在第二审中，不能在无正当理由时以证据推翻承认，二审法院仍然应当以一审承认的事实为依据作出判决。只有存在以下情形之一时，承认才没有约束力：

1. 作出承认的当事人在法庭辩论终结以前撤回承认，并且该撤回已经对方当事人同意；

2. 有充分的证据证明其承认行为是在受胁迫下作出的，且与事实不符；

3. 承认是在重大误解情况下作出的，且与事实不符。

自认制度适用案件的范围是有限的，涉及身份关系的案件不能适用自认制度。因为自认制度的基础是当事人的处分权，对于当事人的处分权受到限制的案件，自认制度的适用也自然受到限制。在有关身份关系的案件中，如涉及收养关系、婚姻关系等的案件，涉及身份关系的事实主张不能因为对方当事人的承认而免除其证明责任。身份关系的案件涉及人身权利，这是当事人自己不能任意处分的。

诉讼上的自认不同于诉讼上的认诺。认诺是对对方诉讼请求的承认。自认发生免除对方当事人的证明责任的效果，而认诺则发生认诺人败诉的结果。自认的结果尽管有可能导致自认者败诉，但却不是其直接效果。

对一方当事人陈述的事实，另一方当事人既未表示承认也未否认，经审判人员充分说明并询问后，其仍不明确表示肯定或者否定的，视为对该项事实的承认。

当事人委托代理人参加诉讼的，代理人的承认视为当事人的承认。但未经特别授权的代理人对事实的承认直接导致承认对方诉讼请求的除外。当事人在场但对其代理人的承认不做否认表示的，视为当事人的承认。

二、证明责任

（一）证明责任的含义

证明责任又称为举证责任，是民事诉讼中一个非常重要的问题，甚至是决定诉讼成败的关键。证明责任是指当作为裁判基础的法律要件事实在诉讼中处于真伪不明的状态时，一方当事人因此而承担的诉讼上的不利后果。法院在裁判案件争议时，首先确定作为裁判基础的事实关系是否存在，然后才能适用相应的法律作出裁判。但在有的情形下，当事人所主张的事实由于没有证据或证据不足不能证明该事实存在与否时，就发生了法院在此时应当如何裁判的问题。在民事诉讼中，即使案件事实真伪不明，法院也必须作出裁判，而且其裁判后果总是对其中一方当事人不利。因应当证明的事实处于真伪不明导致的这种对一方当事人不利的后果或危险就是证明责任。在真伪不明时，法律上规定由谁承担由此带来的不利后果就是所谓证明责任的分配。《证据规定》第2条对证明责任作出了明确的规定，即当事人对自己提出的诉讼请求所依据的事实或者反驳对方诉讼请求所依据的事实有责任提供证据加以证明。没有证据或者证据不足以证明当事人的事实主张的，由负有举证责任的当事人承担不利后果。

在司法实践中证明责任是当事人的危险负担，如果负担证明责任的一方当事人无法证明其主张的事实，则法官只能视该事实主张不成立。例如，原告诉被告返还欠款，原告对借款事实的存在负担证明责任，如果原告没有证据证明他确实将钱借给了被告，那么法官只能认为被告没有向原告借过钱，哪怕事实上被告真的向原告借过钱。

（二）理解证明责任应注意的问题

1. 证明责任是一种不利的后果。这种后果只在作为裁判基础的主要事实（法律要件事实）真伪不明时才发生作用。这种意义上的证明责任是一种作为结果责任的证明责任，也称为客观证明责任，而不是应当进行证明活动的行为责任。

2. 真伪不明是证明责任发生的前提。如果作为裁判基础的事实是确定的，就不会发生承担证明责任的后果。真伪不明是一种状态，是指因为当事人没有证据或有证据但不能证明而使法官能够确信该待证事实存在与否的状态。法官在无法确定作为裁判基础的事实存在与否的时候，法官就要考虑根据法律规定应当由谁来承担因为该事实不明所带来的不利后果。例如，在借贷关系的诉讼中，如果债权人已经证明没有清偿，法院当然判决债务人返还，债权人胜诉。相反，债务人证明已经清偿，法院则驳回诉讼请求，债务人胜诉。这两种情形均不存在证明责任后果的问题，但债权人没有能够证明债务人没有清偿债务，债务人也没有能够证明已经清偿，即债务人是否清偿债务的事实处于真伪不明时，就存在应当裁判由哪一方当事人承担后果的问题。因此，证明责任由谁承担的规定作为一种规范，其作用就在于当事实真伪不明时指导法院如何作出裁判。

3. 真伪不明的事实是指作为裁判依据的主要事实，不涉及间接事实和辅助事实。因为法院只要对主要事实的存在与否作出认定，就能够决定是否适用实体法，进而作出裁判，就不会发生真伪不明的情形。

4. 法院不是证明责任承担的主体，证明责任是对当事人的一种不利后果。而且，在针对单一诉讼请求时，证明责任只能由一方当事人承担，而不可能由双方当事人各自承担。因为法院在真伪不明时，只能作出一种裁判，要么对原告不利，要么对被告不利，这种不利是无法由双方当事人分担或共担的。

5. 证明责任由哪一方当事人承担是由法律、法规或司法解释预先确定的，因此在诉讼中不存在在原告被告之间相互转移的问题。例如，在请求返还借贷的诉讼中，关于借贷关系成立的事实的证明责任始终都在请求还贷人一方。在法庭上，法官在原告陈述证据后，让被告陈述证据或对原告证明的反驳并不是证明责任的转移，只是当事人陈述证据的转换。

（三）证明责任的分配

所谓证明责任的分配，是指法院在诉讼中按照一定的规范或标准，将事实真伪不明时所要承担的不利后果在双方当事人之间进行划分。当作为裁判基础的案件事实处于真伪不明时，必然有一方要承担由此而带来的不利后果，这一后果应当由谁来承担就是证明责任分配所要解决的问题。

案件中所涉及的全部主要事实的证明责任不可能由原告或被告一方来承担，那样会导致证明责任分配的失衡，而且原告或被告与实体法律的地位并不是对应的，权利人或者义务人在诉讼中是作为原告还是作为被告会因具体案件不同而有所不同。证明责任的分配必须体现公平正义性。

1. 谁主张，谁举证。《民事诉讼法》第 64 条第 1 款对举证责任作如下规定："当事人对自己提出的主张，有责任提供证据。"《证据规定》首次规定了证明责任的分配问题，规定："当事人对自己提出的诉讼请求所依据的事实或反驳对方诉讼请求所研究的事实有责任提供证据加以证明。没有证据或证据不足以证明当事人的事实主张的，由负有举证责任的当事人承担不利后果。"在《证据规定》中，证明责任的分配，原则上奉行法律要件分类说，即原告对权利发生要件事实承担证明责任，被告对权利消灭事实和权利障碍事实承担证明责任。可以把这两条法律规定简要地归纳为"谁主张，谁举证"。

◎ 案例

A、B 签订了一份借款协议，约定 A 于 2010 年 1 月 1 日向 B 借出人民币 10 万元，B 应当于 2010 年 12 月 31 日前还清，并支付年息 20%。2011 年 1 月，A 起诉 B 要求 B 偿还本息 12 万元。在这个案件中，原告主张的是债权，应当就债权成立的要件承担证明责任，包括借款合同成立的事实、借款合同事实上履行的事实。被告应当对债权消灭的事实，如已经还款，或者债权存在障碍的事实，如诉讼时效已经届满承担证明责任。假设 A 向法院提供了借款合同，B 没有向法院提供任何证明，只是口头否认借款事实，那么 A 败诉，因为 A 没有证明借款合同已经履行，无法完成对债权发生要件事实的证明。相反，如果 A 除提供借款合同外还提供了银行流转单据，而 B 只是简单地主张已经还款而没有提供任何证据，那么 B 败诉。

因此，正确理解法律要件分类说是掌握证明责任分配的关键。要正确运用法律要件分类说必须理清案件的争议实体法律关系，搞清楚原告所主张的是什么权利，这个权利的发生要件是什么、消灭要件是什么、障碍要件是什么。如侵权纠纷，主张侵权损害赔偿请求权的当事人应当对其请求权产生的法律要件事实承担举证责任。也就要对民法关于损害赔偿的要件事实，即加害人行为违法、加害行为与结果之间存在因果关系、加害人有过错、存在损害事实加以证明。相反，加害人如果就妨碍权利产生的事实主张予以抗辩，加害人就应当对该事实的存在加以证明。例如，《证据规定》第 4 条第 2 项规定："高度危险作业致人损害的侵权诉讼，由加害人就受害人故意造成损害的事实承担举证责任。"在这类侵权纠纷的诉讼中，如果存在受害人故意造成其损害的事实时，受害人就不能享有要求加害人给予损害赔偿的权利。受害人故意造成损害的事实就属于妨碍权利的事实，主张该事实的当事人就应当对该事实承担举证责任。尽管受害人在诉讼中为了维护自己的权益，也有可能主动证明自己不存在故意造成损害的情形，并且没有能够证明，但只要对方没有能够证明存在故意造成损害的事实，受害人就会胜诉。

2. 举证责任倒置。举证责任的倒置又称举证责任分配原则的例外，是指在一定的情形下，不按照举证责任的一般分配规则决定某个案件中的举证责任分配，而实行与该规则相反的分配。举证责任倒置主要是为了针对举证责任的难易程度和更有效地保护在诉讼中处于不利地位的一方，以免处于弱势地位的人难以找到相关证据而承担败诉的风险。适用举证责任倒置，应当注意两点，一是必须有法律规定应当倒置的情形；二是举证责任倒置只是将原告部分举证责任倒置由被告承担，而不是所有提供证据的责任都由被告承担。关于举证责任倒置的规定主要集中在《证据规定》第 4 条的规定。根据这一规定，以下案件实行证明责任的倒置：

（1）因新产品制造方法发明专利引起的专利侵权诉讼，由制造同样产品的单位或者个人对其产品制造方法不同于专利方法承担举证责任；

（2）高度危险作业致人损害的侵权诉讼，由加害人就受害人故意造成损害的事实承担举证责任；

（3）因环境污染引起的损害赔偿诉讼，由加害人就法律规定的免责事由及其行为与损害结果之间不存在因果关系承担举证责任；

（4）建筑物或者其他设施以及建筑物上的搁置物、悬挂物发生倒塌、脱落、坠落致人损害的侵权诉讼，由所有人或者管理人对其无过错承担举证责任；

（5）饲养动物致人损害的侵权诉讼，由动物饲养人或者管理人就受害人有过错或者第三人有过错承担举证责任；

（6）因缺陷产品致人损害的侵权诉讼，由产品的生产者就法律规定的免责事由承担举证责任；

（7）因共同危险行为致人损害的侵权诉讼，由实施危险行为的人就其行为与损害结果之间不存在因果关系承担举证责任；

（8）因医疗行为引起的侵权诉讼，由医疗机构就医疗行为与损害结果之间不存在因果关系及不存在医疗过错承担举证责任。

除此以外，《证据规定》第6条也作出了明确规定，在劳动争议纠纷案件中，因用人单位作出开除、除名、辞退、解除劳动合同、减少劳动报酬、计算劳动者工作年限等决定而发生争议的，由用人单位负举证责任。这些规定需要特别关注，在进行诉讼时要注意举证责任是属于我方还是属于对方，否则就会由于无法举证而败诉。清楚举证责任分配对民事诉讼具有重大意义。在举证、取证陷入困难时可以及时调整思路，发现对自己最有利、最便捷的举证、取证方向，同时还有利于正确选择诉的方向，例如可以从合同之诉或者侵权之诉中选择有利于己方的诉讼方向，达到胜诉的目的。

3. 特殊情况下举证责任分配的原则。《证据规定》考虑到实践中举证责任问题的复杂性，即在特殊情况下存在不属于法律和司法解释规定的举证责任倒置，依照法律和举证责任分配的一般规则又无法确定举证责任承担的情形。在这种情况下，应由审判人员根据公平原则和诚实信用原则，综合当事人举证能力、与证据的距离等因素，确定举证责任的承担。

三、证明标准

证明标准是指当事人对案件事实及其他待证事实的证据证明所应达到的程度。如果证据证明待证事实没有达到证明标准，该待证事实就处于真伪不明的状态。已达到证明标准时，法院就应当以该事实作为裁判的依据。证明标准的意义在于，对当事人来讲，只有了解了证明标准，才知道应当具有哪些证据或如何证明才能达到证明的要求，而不至于使当事人在证据不足时贸然提起诉讼，或者在已经达到证明标准时仍未提起诉讼。

证明标准是证据法中的一个基本问题。英美法系国家证据法确立的是"盖然性占优势"的标准，即当证据证明某一事实存在的可能性要大于不存在的可能性时，此项事实主张就被认定为真实；大陆法系国家在诉讼证明上主张"高度盖然性"，即证明应使法官相信待证事实存在极大可能性或达到非常可能真实的程度。可见，两大法系民事诉讼理论关于证明标准的认识有一定的相通性。[1]

我国《民事诉讼法》对证明标准未作规定。《证据规定》第73条规定："双方当事人对同一事实分别举出相反的证据，但都没有足够的依据否定对方证据的，人民法院应当结合案件情况，判断一方提供证据的证明力是否明显大于另一方提供证据的证明力，并对证明力较大的证据予以确认。因证据的证明力无法判断导致争议事实难以认定的，人民法院应当依据举证责任分配的规则作出裁判。"该司法解释也把"优势证据"或者高度盖然性作为民事诉讼证明标准。

需要注意的是，民事诉讼的证明标准是高度盖然性或者"盖然性占优势"，而刑事诉讼的证明标准更严格，一般要求达到一种使法官确信的状态或者能够排除一切合理怀疑，二者有所不同。

四、关于举证时限

（一）举证时限的概念

所谓举证时限，是指法律规定或法院指定的当事人能够有效举证的期限。举证时限是一种限制当事人诉讼行为的制度，对当事人举证的有效性和法院裁判有很大的影响。如果当事人没有在法律规定或法院指定的期限内向法院提交证据的，视为当事人放弃举证权利。对于当事人逾期提交的证据材料，人民法院审理时不组织质证（对方同意的除外）。由于《证据规定》规定了作为裁判依据的证据必须质证，因此不予质证也就间接地否定了逾期证据作为裁判依据的可能性。

（二）举证时限制度的意义

1. 促使当事人积极举证，提高诉讼效率。在诉讼实践中，影响诉讼效率的一个重要原因是没有限制当事人举证的期间。在诉讼中，若当事人可以随时提出证据，则会导致反复开庭进行事实调查，无法提高庭审效率。举证时限制度有助于促使当事人在开庭前完成举证事项，提高诉讼效率。

2. 有利于防止证据上的"突然袭击"，有利于法院对诉讼争点问题和证据

---

〔1〕 谭兵主编：《民事诉讼法学》，法律出版社2004年版，第268页。

进行整理。允许当事人随时提出证据，就必然造成证据上的"突然袭击"，从而迟延诉讼，也影响法院尽早对诉讼争点和证据进行整理。

（三）举证期限的确定

举证期限的确定有两种情形：当事人协商和法院指定。

当事人协商确定举证期限的，须经人民法院认可。法院指定的，指定的举证期限不得少于 30 天。期限从当事人收到案件受理通知书和应诉通知书的次日起计算。法院在送达受理通知书或应诉通知书的同时向当事人送达举证通知书，在该通知书中，法院将告知指定的举证期限。如果当事人认为有必要协议举证期限的，可以就举证期限达成协议，并经法院许可。协议的举证期限可以少于 30 天。

当事人增加、变更诉讼请求或者提起反诉的，应当在举证期限届满前提出。

诉讼过程中，当事人主张的法律关系的性质或者民事行为的效力与人民法院根据案件事实作出的认定不一致的，不受《证据规定》第 34 条的限制，人民法院应当告知当事人可以变更诉讼请求。当事人在诉讼中对法律关系的认识不能约束法院，法院有权根据自己的判断裁判法律关系的性质。因此，在诉讼实践中就往往出现当事人所主张的法律关系性质与法院的认定不一致的情形。而当事人的诉讼请求和对方当事人的抗辩又是根据自己对该法律关系性质的认识。此时，由于民事诉讼法允许当事人变更其诉讼请求，因此法院就应当告知当事人对法律关系性质的认定结果，告知当事人可以变更诉讼请求，以便当事人根据新的诉讼请求组织相应的证据。所以当事人变更诉讼请求的，自然就应当重新指定举证期限。

当事人在举证期限内提交证据材料确有困难的，应当在举证期限内向人民法院申请延期举证，经人民法院准许，可以适当延长举证期限。当事人在延长的举证期限内提交证据材料仍有困难的，可以再次提出延期申请，是否准许由人民法院决定。也就是说，当事人可以有再次申请延长的机会。第一次在初次确定的举证期限内，第二次在初次延长的期限内。

（四）"新证据"的界定

"新证据"的界定十分重要，因为只有新的证据可以不受举证时限的限制，可以在举证时限届满后，开庭中随时提出。《民事诉讼法》在两个条文中提到了"新证据"，即第 139 条和第 200 条。第 139 条第 1 款规定当事人可以在法庭上提出新的证据，第 200 条第 1 款第 1 项中规定有新的证据，足以推翻原判决、裁定的，人民法院应当再审。因此，必须对新证据加以明确，否则举证时限制度就失去了意义。

《民事诉讼法》第 139 条中提到的所谓"新证据"可分别从一审程序和二审程序两个阶段来看。

1. 一审程序中的"新证据"包括两种情形：

（1）当事人在一审举证期限届满后新发现的证据。如何理解第一种情形中"新发现的证据"是一个值得注意的问题。我们认为，新发现的证据应当包括这样几种情形：①举证时限届满后，才知道该证据的所在；②虽然知道作为证据载体的材料的所在，并持有该证据材料，但并没有意识到其作为证明相关诉讼请求、主张的证据价值所在。

"发现"本身就是当事人对客观世界的主观认识。也许这样的理解有些宽泛，但举证时限制度的基本目的主要在于防止因当事人的故意迟延，而不是使公正成为效率的牺牲品，因此不宜过于严格地理解所谓"新发现的证据"。

（2）当事人确因客观原因无法在举证期限内提供，经人民法院准许，在延长的期限内仍无法提供的证据。

应当注意，《民事诉讼法》第 200 条规定的"新证据"不包括这里所指的第二种情形。因为再审案件已经是经过审理的案件，就不存在开庭审理后，当事人仍然没有意识到某证据载体作为证据的价值。而且再审属于一种特殊程序，如果宽泛地来理解所谓"新证据"，就极易导致判决的不稳定性。

2. 二审程序中的新证据包括：

（1）一审庭审结束后新发现的证据。

（2）当事人在一审举证期限届满前申请人民法院调查取证未获准许，二审法院经审查认为应当准许并依当事人申请调取的证据。

这里的"新发现的证据"应当与上述同解。

《民事诉讼法》第 200 条规定的所谓"新证据"，是指原审庭审结束后新发现的证据。这里"新发现的证据"，应当不包括上述第二种情形。

学习任务二　收集证据的方法

民事证据的收集是代理人工作的专门技能，也是代理人从事诉讼代理的基础性工作。从委托人陈述的确定或对方当事人陈述中自认的取得，或是对书证、物证、视听资料的审查判断，或是证人的查找及证人证言的采集，更有看似简单却实施艰难复杂的勘验和鉴定，均需要有经验的代理人的指点或指导。证据的收集关系到代理人是否能够收集足够的证据来证明自己的观点，是代理人重要的技巧之一，也是代理人职业素质的重要体现。这里列举几种常用的证据收集技巧。

一、代理人收集证据

在民事诉讼中，很多案件当事人各方之所以发生争执，其焦点就是在案件事实本身，即各方当事人所陈述的案件事实各不相同。在此类案件中，调查取证工作做得如何就成为案件代理成败的关键，尤其是在强调当事人举证的民事诉讼机制中，这一环节就显得更为重要。为了搞好调查，使所取证据具有法律价值，应着重把握好下列几个点：

1. 认真分析现有材料，从中发现争执焦点，并据此确定调查方向。调查应有一定的目的性，而要做到这一点，就必须准确地确定调查方位。如何确定调查的方位呢？应该利用现有的材料（包括当事人提供的材料和法院卷宗的材料），从中发现当事人在事实方面争执的焦点。只有准确地判断出争执焦点，才能准确地确定调查方位，也才能使所取之证具有明显的法律价值。

2. 熟悉证据规则，明确收集证据的范围。在民事诉讼中，举证责任及证据的收集对诉讼的结果产生巨大的影响。只有清楚明了双方的举证责任，才能收集到有效的证据来证明己方的观点，在诉讼中才能处于有利地位。同时，知道对方所负有的举证责任，可以针对对方的举证不能来请求法院判决对方败诉。

3. 了解被调查对象的基本情况，确立相应的调查预案。我们必须面对一个现实：在我国司法尚不注重追究民事诉讼伪证人责任和律师并无强制证人作证权力的情况下，一项调查任务能否完成，从某种程度上讲，其主动权并不是掌握在律师手中，而恰恰是掌握在证人手中。这样的现实，使得每一个从事调查取证的律师必须认真而尽力地了解被调查对象的情况，包括姓名、性别、住所、学历、性格、品格、修养、爱好等，并在此基础上确立出相应的调查预案，比如是到其办公室调查，还是到其家中调查；是让委托人跟他约好时间，还是突然袭击；是居高临下，还是朋友式的谈话等，都要事先做出考虑和安排。惟有此才能做到事半功倍，才能收集到相应的证据以支持自己的观点。

二、申请法院调取证据

1. 法院调查收集证据范围。依据《证据规定》第15条，人民法院调取证据的范围限定为两种情形：一是实体方面的证据，即为保护国家利益、社会公共利益和诉讼外第三人的合法权益的事实；二是程序方面的证据，主要是涉及依职权追加当事人、中止诉讼、终结诉讼、回避等与实体争议无关的程序事项，并且不得随意扩张适用。第16条规定，除本规定第15条规定的情形外，人民法院调查收集证据，应当依当事人的申请进行。

2. 当事人申请调查取证的条件。民事诉讼中的当事人或者代理人很多时候要调取相关行政机关的文档资料或者公司的资料，但是行政机关与公司并不一定与代理人或者当事人合作，向其提供相关资料，这时就要请求法院协助调取相关证据。

依据《证据规定》第17条，符合下列三个条件之一的，当事人及其诉讼代理人可以申请法院调取证据：一是证据属于国家有关部门保存必须由人民法院依职权调取的档案材料；二是涉及国家秘密、商业秘密、个人隐私的材料；三是因客观原因无法自行收集的材料。

3. 申请调查证据的期限和程序。依据《证据规定》第19条，当事人及其诉讼代理人应在不迟于举证期限届满前7天申请法院调取证据。法院不予批准的，应下达书面通知，当事人及其诉讼代理人可以在收到通知书次日起3日内向受理申请的法院申请复议一次，法院将在5日内予以答复。

4. 证据调取的原则。当事人可以申请调取的证据包括书证、物证和视听资料，在收集原则上一般均要求原件、原始载体或核对无误的副本、复制件、照片等，如果是后者，法院还有义务在调查笔录中说明来源及制作过程，以便双方当事人质证。

三、申请证据保全

证据保全是指法院在起诉前或者在对证据进行调查取证前，依据申请人、当事人的请求，或依职权对可能灭失或者今后难以取得的证据予以调查收集和固定保存的行为。利用证据保全可以防止证据灭失。因为从起诉、受理到开庭审理需要经过一段时间，在这段时间里，证据可能会有重大变化或者被恶意销毁，到开庭时就难以取得。针对这一情况，可以向法院申请证据保全，由法院对证据进行固定和保存，防止证据灭失。

1. 采取证据保全措施的条件。由于证据保全的目的在于防止因证据灭失或难以取得给当事人举证、质证和法庭调查带来困难，因此证据保全应符合以下条件：

（1）证据可能灭失或以后难以取得。这是法院决定采取证据保全措施的原因。"证据可能灭失"是指证人可能因病死亡，物证和书证可能会腐烂、销毁。所谓"证据以后难以取得"，是指虽然证据没有灭失，但如果不采取保全措施，以后取得该证据可能会成本过高或者难度很大，如证人出国定居或留学。造成证据可能灭失或以后难以取得的，既有自然原因，也有人为原因。前者如物证的腐烂，后者如书证被销毁。

（2）证据保全应在开庭审理前提出。这是对证据保全在时间上的要求，在开庭后，由于已经进入证据调查阶段，就没有实施证据保全的必要。

2. 证据保全的申请人。依据《民事诉讼法》第81条及相关规定，证据保全的申请人应当是诉讼参加人，包括当事人、共同诉讼人、诉讼代表人、委托代理人及第三人。除此之外，有关利害关系人在诉前也可以申请证据保全。

3. 证据保全的期限。依据《证据规定》第 23 条第 1 款规定，当事人的证据保全申请不得迟于举证期限届满前 7 日提出。这是一个法定不变期间，不存在中止、中断和延长的情形，当事人违反此期限的限制，将丧失申请法院保全证据的权利。但是需要提醒注意的是，如果举证期限由于某种原因得以延长，证据保全的期限也可以相应延长。

4. 证据保全的程序性规定。

（1）除上述期限限制外，当事人在申请诉讼保全时，应当提交书面申请，说明需要保全证据的内容和形式、证据的证明事项、保全的理由以及持有该证据的单位或个人等。

（2）当事人在申请保全证据时，人民法院可以要求其提供相应的担保。

（3）人民法院进行证据保全，可以要求当事人或者诉讼代理人到场。

（4）利害关系人依照有关法律规定对证据保全提出异议，法院经审查其理由成立的，应裁定撤销证据保全。

（5）采取诉前证据保全措施时，如果申请人未在法定期限内提出诉讼，法院将解除保全或返还担保物。

5. 证据保全的方法。人民法院进行证据保全，可以根据具体情况，采取查封、扣押、拍照、录音、录像、复制、鉴定、勘验、制作笔录等方法。

四、利用有关机关和单位协助收集证据

在民事诉讼中，当事人或者代理人要收集有效的证据往往要花费很大的精力。而且资源有限，难以有效地进行证据的调查，在这个时候可以借助检察院或者行政机关的能力来协助调查取证，特别是产品质量纠纷和消费者纠纷等方面。只要有一定证据证明调查取证的对象可能存在违法行为，就可以请求检察机关追究其刑事责任或者请求相关的行政机关追究其行政责任，然后利用刑事判决或者行政处罚的决定书作为证据，再向其追究民事责任。

总而言之，代理人代理民事诉讼，正确贯彻证据规则，及时、有效地进行举证、质证，运用证据证明案件事实，实现当事人的委托目的，反驳对方的诉讼主张，是一门技术性、实践性较强的学问，没有统一的定式，不能机械地照搬照套别人的经验，而要根据不同的案件需要，依靠代理人认真研究，细心揣摩，灵活掌握，机智应对。只要我们每个代理人都能自觉地从维护当事人合法权益，维护社会的公平、正义的目标出发，勤勉尽责，认真准备，实事求是，辩证思维，触类旁通，就一定能够掌握并且做好。

学习任务三 当事人陈述的取得

一、当事人陈述的含义

从证据意义上讲，当事人陈述是指诉讼当事人就他们所悉知、理解和记忆的有关案件的事实情况，向人民法院所作的陈述。当事人基于诉讼利益而参加诉讼，向人民法院作出有关案件情况的陈述，属于民事诉讼证据的一种，《民事诉讼法》第 63 条已明确规定。但是必须注意的是，并不是当事人的任何陈述都是证据，都能起证据作用。当事人在诉讼中向法院所作的陈述中涉及多方面的内容，如关于诉讼请求的陈述、关于诉讼请求根据的陈述、反驳诉讼请求的陈述、反驳对方证据的陈述、关于其他程序事项的陈述等。换句话说，只有当事人关于案件事实的陈述才属于民事诉讼中的确定案件事实的证据。有关当事人的诉讼请求的说明和案件处理方式的意见，对证据的质辩意见以及对事实的法律评断和法律适用的意见，不属"当事人陈述"作为证据的范畴。

当事人陈述作为证据形式最显著的特点就是具有"两重性"，即真实性与虚假性并存。一方面，当事人作为案件事实经过的亲历者，比其他任何人都最有可能向人民法院提供全面、清楚的案件事实；另一方面，他们又是民事案件的利害关系人，从利己的目的出发，往往对有利于自己的事实加以夸大，对不利于己的事实就加以掩盖或缩小，甚至可能歪曲事实，虚假陈述。因此，对当事人的陈述，既予以重视又不轻信，应当结合其他证据，进行综合分析。

二、当事人陈述的证据效力

鉴于当事人陈述不同于其他证据的特点，因此，一方面，法院在认定当事人陈述的证据力时往往还需要借助其他证据来证明当事人陈述本身的真实性；另一方面，只有提出主张的一方当事人的陈述时，不能证明其主张，但对方当事人认可的除外。由于当事人陈述的证明作用需要借助其他证据，因此当事人陈述的证明力就要弱得多。我国《民事诉讼法》第 75 条第 1 款规定："人民法院对当事人的陈述，应当结合本案的其他证据，审查确定是否作为认定事实的根据。"对当事人陈述的证明力的判断，必须综合全部案情和其他证据加以评定。其中，应注意审查以下内容：

1. 陈述内容是否存在片面性。由于当事人双方对案件存在着对立关系，当事人的陈述往往带有片面性。审判实践中，为了个人利益有意无意地夸大或缩小事实，甚至歪曲事实真相的情形时有发生。

2. 陈述内容是否存在虚假性。在个别情况下，当事人的案内利益和案外

利益不相一致时，可能发生虚假的承认，而使对方胜诉，然后在案外从对方取得某项利益的情况。

3. 陈述内容是否是在受欺诈、受威胁或者恶意通谋的情况下作出的。

4. 陈述内容是否存在为了取得非法的物质利益而避实就轻或规避法律的情况。

5. 陈述内容是否是在认识误解的情形下作出的。

6. 根据《证据规定》第 67 条规定，在诉讼中，当事人为达成调解协议或者和解的目的作出妥协所涉及的对案件事实的认可，不得在其后的诉讼中作为对其不利的证据。

只有在排除上列各种怀疑或规定情形时，当事人承认才可以作为认定案件事实的依据。

总之，当事人陈述是证据的基础，不应偏废，对自己的委托人的陈述也应采取由其自书或由代理人制作笔录（笔录制作方法参考下节）的方式收集，应注意事实过程的全面、真实。在委托人未出席参与庭审调查的情况下，收集的当事人陈述必须保证代为陈述的准确性，但向法庭举证当事人陈述时，应慎重审查是否包涵当事人自认的内容。

对对方当事人陈述的取得方式，除了其起诉状或答辩状以及举证列明的可以事前直接取得的外；通常地，应通过倾听庭审调查，听取对方当事人的陈述，再依其陈述性质进行辨析和梳理。

在当事人所主张的事实不能构成自认的情况下，人民法院一般无法仅依靠当事人的陈述来获取案件实情，这时就要通过当事人提供证人和证据来进行充分的分析论证，从而使审判人员全面掌握案情，认定事实，作出裁判，有效地解决当事人之间争议的纠纷，使司法公正成为现实。

学习任务四　证人证言的调取

一、调取证人证言的意义

证人证言，是指证人在民事诉讼过程中向审判人员陈述的与案件情况有关的内容。

证人证言在司法实践中具有很重要的意义，具体表现为以下几个方面：①在民事法律行为活动过程中，除了当事人经历了案件事实之外，往往还有证人知晓案件有关情形。一般而言，由于证人与案件没有法律上的利害关系，在许多情况下，证人证言具有客观真实性。利用证人证言，可以与当事人陈述、书证、物证等证据材料相互印证，核实各类证据的真实性，为审判人员全面、正确地审查判断证据提供有利的材料。②证人证言的内容与案件的一部分或全部相联系，它往往能证明案件所涉及的法律关系中的一部分或全部内容。这就有利于审判人员查明案件的有关真实情况。③从与其他各类证据材料比较而言，在一般意义上，证人证言较当事人陈述更为客观，较书证、物证更为生动，在法庭质证过程中，对证人证言的质证也往往可以比对其他各类证据的质证更为深入。

证人应当出庭作证，这是《民事诉讼法》第73条所规定的。依《证据规定》第55条规定，证人出庭作证可以在庭审调查时，也可以在人民法院组织双方当事人交换证据时。但是，目前的诉讼实践均表明，由于各种原因，证人出庭的案件非常少。尽管《证据规定》第56条对其例外规定进行了限定解释，但证人出庭率低的现实并没有根本改变。《最高人民法院关于第一审经济纠纷案件适用普通程序开庭审理的若干规定》第25条第2款规定："证人确有困难不能出庭的，其所提交的书面证言应当当庭宣读。当事人自己调查取得的证人证言，由当事人宣读后提交法庭，对方当事人可以质询；人民法院调查取得的书面证言由书记员宣读，双方当事人可以质询。"因此，在证人拒不出庭的情况下，调取证人的书面证言也不失为一个办法，也是律师调查取证的基本手段。其基本办法为：制作调查（或称谈话、询问）笔录。

二、调查笔录制作方法

收集证人证言就是对证人进行的询问。询问证人应按以下程序进行：

1. 询问证人前应做好充分的准备工作，拟定询问提纲，认真分析案件，尤其是对询问的重点要明确，还要对证人与本案当事人的关系了解清楚，做到心中有数。

2. 对证人的询问通常由两名律师（其中一人可为律师助理）进行，并应在询问开始时首先说明自己的身份、所在的执业机构、所代理的案件及当事人。

3. 询问时，还要查明证人的身份及基本情况，以及证人与本案的关系。

4. 询问证人时应征求证人的意见，并由其明确表示是否愿意为律师所调查的案件及当事人就指定的问题提供证言，得到肯定答复后，才可以进入实质问题的询问阶段。

5. 询问时，应当告知证人如实提供证据，不得启发、诱导、指名问证，要让其全面、客观地叙述他所了解的案件情况，然后，再根据询问提纲要解决的问题向证人提问。

6. 询问证人所制作的询问笔录，应交给证人核对或者向其宣读，允许补充、改正。在确认无误后，由证人在笔录上签名或者按手印。

7. 询问未成年人时，应由其父母或者监护人在场。询问聋哑的证人，应有通晓聋哑手势的人翻译，并且将这种情况记入笔录。

◎ 示例

调查笔录

时间：××年×月×日×时始，×时止

地点：××市××区××路××号

调查人：刘××　　记录人：杨××

被调查人：王××

问：我们是云南××律师事务所律师（出示律师执业证、调查专用介绍信），现就赵××发生车祸一事相关事实向你调查，请配合我们的工作并如实回答我们的提问，可以吗？

答：可以。

问：请告诉我们你的基本情况。

答：王××，男，汉族，个体工商户，高中文化程度，住××市××区××路××号，身份证号码：＿＿＿＿＿＿＿＿，手机：＿＿＿＿＿＿＿＿

问：你认识赵××吗？

答：不认识。

问：赵××就是今天早上开大货车的驾驶员，大货车侧翻时你在现场吗？

答：在，事故发生地就在我的铺子门口，今天起的特别早，刚刷完牙，就看到大货车侧翻了。

问：大货车为什么会侧翻？

答：这里是个十字路口，由于来了一辆对头车，大货车就减速并向右打方向，导致后轮压在窨井盖上，窨井下陷，车就侧翻了。

问：大货车侧翻前路面的状况怎么样？

答：窨井早就下陷了，下陷有20来公分，从来没有人来修过。经过这里的小车见到下陷的窨井都会绕行。

问：窨井下陷有多长时间了？

答：一个多月了。

问：您觉得还有什么问题需要补充说明的吗？

答：没有了。

问：如果请你到法院出庭作证，你愿意吗？

答：愿意。

问：出庭作证时，你应携带本人身份证。请阅读并仔细核对以上记录，您的回答有无错误？

答：以上记录经本人核对，记录准确。

证人：王××（每页签字，盖手印；并在文字修改的部分加盖手印）。

三、证人证言的运用

1. 证言与其他证据相比，具有一定的主观因素，证言真实性的程度易受证人主观意识的干扰。因此，出庭作证的证人应当客观陈述其亲身感知的事实，尽量排除证人作证的主观臆断、猜测或推断，在作证时也不得适用猜测、推断或者评论性的语言。证人为聋哑人的，可以其他表达方式作证。

2. 以下几类人不能作为证人：

（1）不能正确表达意志的人，不能作为证人。待证事项与其年龄、智力状况或者精神健康状况不相适应的无民事行为能力人和限制民事行为能力人，不能作为证人。

（2）诉讼代理人不能在一个案件中既做代理人又做证人。

（3）审判员、陪审员、书记员、鉴定人、翻译人员和参与民事诉讼的检察人员不能在自己参与的案件中作为证人。

3. 与当事人有亲属关系和其他密切关系的人虽然可以作为证人出庭作证，但由于上述关系的特殊性，一般而言，这些人作为证人所作的证言在证明力上要小于其他证人的证言。

四、证人无法出庭时的常见处理方法

证人出庭作证问题困扰实务界和理论界已久，民事诉讼由于并不涉及国家司法资源的透支，司法机关将证人出庭的责任主要转嫁给了诉讼当事人。一方面《民事诉讼法》要求凡是知道案件真相的人都有作证的义务，但并未规定证人拒绝作证的后果；另一方面最高院的司法解释规定证人出庭需当事人在规定期限内申请、费用由申请人预付、法庭通知后证人不出庭的仍应由负有举证责任的当事人承担不利的法律后果、未经质证的证人证言不得单独作为定案的依据等。对于证人不出庭的问题，可尝试以下办法：

1. 申请法院进行证据保全。对证人的证言可以申请证据保全。对于证据保全的申请法院一般是用裁定支持或驳回，法院有权要求申请人提供担保，被保全人对该裁定也有权异议，但该异议不影响裁定的执行。《证据规定》规定，人民法院保全证据可以根据具体情况采取查封、扣押、拍照、录音、录像、复制、鉴定、勘验、制作笔录等方法。可见，保全证据是允许对证人证言

采取制作笔录的方法的，也就是说法律上可行。且由于是法院的笔录，公信力相对较高，不用传唤证人出庭作证，较好地解决了证人拒绝出庭作证使申请人失权的问题。

2. 申请公证证明。《民事诉讼法》规定，经过法定程序公证证明的法律行为、法律事实和文书，法院应当作为认定事实的根据，但有相反证据足以推翻的除外。《证据规定》规定，对于已为有效公证文书所证明的事实，当事人无需举证证明。可见，民事诉讼中对公证的效力采取的是免除当事人举证责任原则，但又规定有其他证据足以推翻的除外。因此，在证人可能拒绝作证的情况下，采取由公证员公证其证言的真实性的方法是比较理想的选择，这样既规避了因证人不出庭导致的举证不能的风险，又避免了因证人心理不成熟在交叉询问时作证不利的风险。

3. 申请法院调查的方式。依照《证据规定》，当事人因客观原因不能自行收集的证据，可申请人民法院调查收集，但是必须具有如下条件：①申请调查收集的证据属于国家有关部门保存并须人民法院依职权调取的档案材料；②涉及国家秘密、商业秘密、个人隐私的材料；③当事人及其诉讼代理人确因客观原因不能自行收集的其他材料。

从上述论述可以看出，并非所有情况下，都能申请法院调取相关证人的证言，而且从目前的民事诉讼实践来看，除特殊情形外，法院原则上并不接受申请主动调取证据，因此作为代理人，在为当事人设计证据收集方法时，应当予以注意。

4. 以双向视听传输技术手段作证。"双向视听传输技术"如何界定，目前还没有统一的司法解释。理论界认为应当有广义和狭义两种理解。狭义上仅指"双向可视电视传输技术"，也就是说，取证和提供证据的双方应当通过现场可视的电视画面来进行质证，这种技术需要经各方当事人，包括法院的同意才可以采取，所采信的证据与在庭审中所采信的证据是有相同证明力的。广义上"双向视听传输技术"应当包括通过现场的双向传输电话系统所进行的质证，当然这种质证方式更需要各方当事人的认可以及法院的同意。从目前的技术条件来看，应当采取广义上的解释。双向视听传输技术手段具有即时性、互动性的特点，能够全面地反映证人作证的现场情况，使询问证人、质证的程序顺利展开，有利于法庭正确审核判断证言，从而保障证言的真实性。随着技术的进步，有理由相信，这种既可视又可听的技术手段所花费的费用，将在普通诉讼中被一般当事人接受。

学习任务五 书证的审查判断

一、书证的含义

书证，是指以文字、符号或者图形等表达的思想内容来证明待证事实的物品，常见的如公文、合同、借条、公司章程等。这些物品大致可包括：用文字记载的内容来证明案情的书证、以符号表达的思想来证明案情的书证、用数字、画面、印章或其他方式表露的内容或意图证明案情的书证。

书证具有以下特征：①书证是以材料记载的思想内容来证明待证事实的；②书证的思想内容是以文字或记载于一定物品上的符号或图形来记载或表达的，是可供人们认识和了解的；③书证的思想内容应当与案件有关，可以用来证明案件中的全部或一部分。只有同时具备上述特点的文书或物件，才能称之为书证。

二、书证的证明力评判

我国《民事诉讼法》第68条的规定强调在法庭审判的过程中，对于作为判决根据的书证，一要出示，二要经过双方质证和辩论。同时《民事诉讼法》第67条第2款规定："人民法院对有关单位和个人提出的证明文件，应当辨别真伪，审查确定其效力。"第69条规定："经过法定程序公证证明的法律事实和文书，人民法院应当作为认定事实的根据，但有相反证据足以推翻公证证明的除外。"从这些规定中，我们可以看出：首先，无论是当事人提供的书证，还是人民法院依职权收集的书证，均依照法定程序进行审查核实，确定其证明力。其次，书证应当提交原件，在书证的审查过程中，双方当事人可以就书证进行辩论。如果当事人提交书证复印件，对方当事人又不承认的，而当事人未能就该书证提出原件的，该书证复印件在诉讼中不得作为认定事实的根据。

在对书证进行判断认定时，首先是要查明该书证是否真实，然后判定该书证与案件事实是否有联系，该书证能证明案件的哪部分事实等。根据《民事诉讼法》的规定，除有足以推翻公证文书所记载的内容的相反证据，一般应当确认公证文书所记载的事实为认定案件事实的根据。

依据实际工作中的经验和方法，对书证的审查和判断应做到以下几点：

1. 审查书证的产生过程。书证是什么人制作的，在什么情况下制作的，有无外在压力的影响等。如需核对书证上的笔迹、印章，这种核对的性质属于勘验，可依有关勘验的规定进行，需要交付鉴定时，适用有关鉴定的规定。

2. 审查书证的获取过程。书证是由谁提供的，或者在什么时间、地点、条件下获取的，保管或固定的情况等。特别要着重审查书证的内容是否因为提取的手段不当而遭到破坏。

3. 审查书证的内容。即内容是否真实，是否和案件有联系，是否伪造、变造等。在法庭上出示书证或宣读书证的内容后，应听取双方当事人对书证的意见。

最后，还须指出，审查判断书证，也应联系案内其他各种证据，将彼此结合起来进行审查。应审查它们所证明的问题是否一致，互相之间有无矛盾以及产生矛盾的原因。发现矛盾就要抓住不放，深入调查研究，求得正确的解决，直到确认书证中所反映的内容与案件事实完全相符，合情合理，才能采用，否则，就不能作为定案的根据。

学习任务六　物证的审查

一、物证

1. 物证概念与特征。物证是以其外形、质量、数量、特征等客观存在来证明案件事实的证据。同其他证据相比，物证有如下特征：

（1）物证具有较大的客观性。在证明案件事实方面，物证受主观因素的影响较少，能够逼真地反映案件事实的发生过程。即便是当事人伪造现场或者证据，被伪造的现场或者证据仍然会留下相应的物证。物证是案件事实在客观物质上的一种反映，并通过其自身的外部特征、内部属性以及存在状况而起证明作用，因此，它必须是直接反映案件事实的原始物质本身，而决不能是替代物、同类物或模型，这是物证的客观性的要求和表现之一。

（2）物证的表现形式是实物或者痕迹。物证是以实物或者痕迹表现出来的证据，这是物证与当事人陈述、证人证言和鉴定意见的区别之一。当事人陈述是口头言词证据，而鉴定意见属于书面言词证据，两者均以言词为表现形式。与此不同，物证可以具体表现为双方当事人争议的标的物，如家用电器、家庭财产等；物证也可以表现为当事人在交易过程中或者争议发生过程中形成的物品或者痕迹，如签名、定金等。

（3）物证以属性、特征或者存在状况证明案件事实。这是物证与书证和各种笔录的区别所在。物证的属性是指物证的内在的结构特性，包括构成要素（元素）、构成要素的结构等。物证的特征是物证的外在表现形式方面的特性，如物品的形状、温度、湿度、大小、轻重等。物证的存在状况是指物证的运动状态或者空间位置，如汽车的速度，停放位置，车印的形状、深浅、大小等。

属性、特征或者存在状况是物证的证明价值所在，也是某一个物品或者痕迹成为证据的条件。物证没有思想内容，实物本身就是证据。当然，在特定情况下，有的证据既可以作为书证使用，也可以作为物证使用，例如附有签名的信件、合同书。在其以内容证明案件事实时，属于书证；而在其以签名或者字迹、纸张的质量证明案件事实时，属于物证。

（4）物证只能对案件事实起间接证明作用。一方面，从直接证据和间接证据这种分类形式来看，物证属于间接证据的范畴，仅仅有物证本身不能查明和认定案件事实，这就是物证的间接性。物证对主要案件事实的证明是不全面的，它所能直接证明的只能是案件事实的某些片段或者某一个方面的情况。它只有与其他证据结合起来，才能说明主要案件事实。另一方面，物证在证明案件事实的某个片段时，往往还要辅之以其他证据形式或印证手段才能发挥完整的证明作用。间接性是物证与言辞证据的另一个区别，也是物证的缺点之一。

2. 物证与书证的联系与区别。从广义上讲，物证与书证均属于客观存在的物品，二者在外在形式上有相同之处。同一文书有时可以作为书证，有时又可以作为物证。例如借贷合同，当以它的内容来证明借贷事实时是书证，当以该合同上的签章、印章的真伪来证明借贷关系是否存在时，它就成为物证了。物证与书证有以下区别：

（1）书证是以其表达的思想内容来证明案件事实，而物证（包括作为物证的书面文件）则以它的存在、外形和特性等证明案件事实。

（2）法律对书证的规定，有的要求必须具备一定的形式才能够产生某种法律后果；对物证，一般没有这种要求。

（3）书证一般是记录了行为人的意思表示的书面形式，而物证一般是有形的物体，不包含人的意思的内容。

（4）审查物证时，应当对物证进行鉴定或勘验，而对书证一般是进行鉴定确定其真伪。

3. 物证举证要求。《证据规定》第10条规定："当事人向人民法院提供证据，应当提供原件或原物。如需自己保存证据原件、原物或者提供原件、原物确有困难的，可以提供经人民法院核对无异的复制件或者复制品。"

二、物证的审查与鉴定

对物证的审查判断要从以下几个方面进行：

1. 审查物证是否真实。物证的特点是比较稳定，所反映的事实一般不易发生变化。但问题的关键是物证必须是原物，是不可代替的。因此，要着重审查物证是不是复制品、替代品。另外，有些物证因为自然因素的影响而使其信息内容发生改变，在审查判断时就要注意有无这种情况。

2. 审查物证的来源。收集物证后，必须追根溯源，查明它的原始出处，以此发现问题。

3. 审查物证和案件事实有无客观联系。证据的相关属性对于物证来说尤为重要，因为它自己不会"讲清"它与案件的客观联系，需要予以认真审查。

4. 检验、审查物证的外形、属性等特征，并注意因时间、条件的变化对这些特征的影响，如褪色、变色、变形、缺损、变质等。

5. 判明每个物证在整个案件证据体系中的证明作用，即合理地判定每个物证所具有的信息内容及对案件的证明价值。

对物证的审查判断，一般采取交由当事人、证人等有关人员辨认，进行科学技术鉴定，或采取将物证与物证、物证与案件中的其他证据、物证与自然规律和客观情理结合起来进行审查等方法。

从表面看来，对物证的审查判断，发生在对物证的发现、收集、固定和保全之后，其实它贯穿于物证发挥证明作用的始终。从发现物证开始就需要对其进行审查判断，只不过是随着案件办理过程的进展，有着程序和侧重点的不同而已。

学习任务七 视听资料的利用

一、视听资料的利用

1. 视听资料的概念。视听资料是指采用先进科学技术，利用图像、音响及电脑贮存反映的数据和资料来证明案件真实情况的一种证据。它主要有四种表现形式：录音资料、录像资料、电子计算机存储资料和其他科技设备提供的资料。

2. 视听资料的调查收集。《证据规定》第22条规定："调查人员调查收集计算机数据或者录音、录像等视听资料的，应当要求被调查人提供有关资料的原始载体。提供原始载体确有困难的，可以提供复制件。提供复制件的，调查人员应当在调查笔录中说明其来源和制作经过。"同时，视听资料可以制作成文字记录的，应制作文字记录作为附件；因为诉讼的直接言词辩论原则的最终载体为文字记录。

3. 视听资料的利用。由于视听资料是通过高精技术手段制作的，它除了具有证据的共同属性（即客观性、关联性、合法性）外，作为高精技术证据，其证明力还有直接、形象、准确、科学和综合性的特点。例如，采取录音、录像方式记录合同洽谈、签署的过程，可以完整地记录时间、地点、在场人员、洽谈内容、当事人的意思表示、中介人的证明语言、样品的规格形态和数量乃至实物形态、书面合同的制作过程以及代表人的签署经过等。又如，在侵权之诉时，被害人预见可能发生侮辱、殴打或非法占有、破坏行为发生时，也可以预先准备录音、录像，用完整的过程重现证明自己的主张，否认侵权责任人常常发生的狡辩。

同时，在调取证人证言时，也可以采用视听资料的方式。对愿意作证的，增加证言的可信性；对拒绝作证或不出庭的，以调取的视听资料为证据，也可以申请法院调取证言或强制传唤证人到庭。

二、视听资料证据力的审查判断

对视听资料的审查要从以下几个方面进行：

1. 审查视听资料的来源。首先，要区分是原始证据还是传来证据。如果是原始资料，就要审查其是否全面、客观地反映案情；如果是传来证据，就要审查录音录像在转录过程中是否完整，有无遗漏和删节。其次，严格审查视听资料是否符合程序。再次，严格审查视听资料是否是在当事人的威胁、欺骗和引诱等情况下录制的。最后，审查视听资料是否在设备和装置处于不灵敏或不正常状态下获得的。

2. 审查视听资料的形成时间、地点。关于"偷录、偷拍证据"的合法性问题，要根据具体情况加以判断，不能简单地认为一概合法或一概非法。实践中，为了取得一定的证据，如当事人的陈述和行为，有时不得不采取秘密的手段，否则因为得不到当事人的配合而无法取证。这就涉及秘密录音和秘密拍摄的问题。具体来说，分为公共场合下视听资料的录制和非公共场合下视听资料的录制两种情况。根据"公共场合无隐私原则"，一般而言，未经对方当事人同意私自录制其在公共场合的言行，所形成的视听资料可以作为证据使用。在非公共场合下，在场人未经对方当事人同意录制的视听资料可能会侵犯公民的隐私权，故不能作为证据使用。而非在场人的私录实质上是一种了解他人秘密（包括隐私）的侵权行为，不论其内容是否涉及隐私，所形成的视听资料均不能作为证据使用。

3. 审查视听资料的内容。由于视听资料都是高科技产品，容易被伪造。对其审查也要采用高科技手段，才能发现其虚假，例如，对录音录像资料进行审查可以通过慢速播放，鉴别是否有消磁和剪接等情况；利用高分辨仪，可以鉴别图像的真伪；利用音素分辨仪，可以鉴别声音的真伪。

4. 审查视听资料所反映的背景。视听资料，尤其是录音、录像，不仅反映所确定的主体的活动，而且还反映该主体活动的背景，如建筑物、山川、气候条件等。对于所确定的主体，人们可以进行伪装或模仿，但不可能完全对音

响和形象背景也进行模仿和伪装。这就为人们对视听资料本身的真伪进行鉴别提供了物质条件。依据这类背景所提供的信息，一方面可以发现新的物证和书证，另一方面又可通过这种背景及新的物证、书证，去鉴别反映行为人活动的材料是否真实。

5. 审查视听资料能否同其他证据协调一致。要审查视听资料的真伪，还必须把它放到案件的证据体系中去，与其他证据联系起来加以验证。例如，将录音材料与声纹鉴定相结合，便可准确地认定录音中的声音是不是被告人所说，将视听资料与被告人口供及被害人陈述，证人证言等进行比对、核对，也能审查视听资料是否真实。

学习任务八　电子数据的使用

一、电子数据的范围及特点

随着现代电子存储及网络技术的发展，主要依靠电子资料作为事实认定基础的案件在近年内开始大量涌现出来。现代电子存储技术主要指采用光、磁等方式将不同类型的数据加以记录保存的技术。所有以现代电子存储技术生成的可以证明案件事实的资料都可以作为证据来使用，但其中有些可以作为电子数据使用。电子数据资料包括以下两大类：存储在计算机系统中的记录数据和存储在其他电子记录系统中的记录数据等。

与传统证据形式相比，电子证据有以下明显特征：①存储方式特别，一般不能脱离计算机等存储器单独存在；②展示方式特别，一般只能借助于电脑屏幕或打印再现出来；③难以区分原件和复制件；④通过一般技术难以识别是否被篡改过。

二、电子数据与视听资料的联系和区别

学术界关于电子证据是视听资料的一种还是应当是一种独立的证据类型一直存在争议。新《民事诉讼法》为这一争论画上了一个句号，明确规定电子证据与视听资料都属于法定证据种类，属于并列的两种证据类型。电子数据与视听资料有许多不同之处。

电子数据记录等不属于视听资料。视听资料也不能包含电子证据。从传播媒体来看，视听资料的本质是通过影像和声音来表现，以视觉和听觉来直接感知的。声音证据和书面证据一样，是通过单一媒体来表现的，影像证据有单一媒体形式（如照片），也有复合媒体形式（如影视节目），而电子证据则具有多媒体性质，它既可以是文字的，也可以是图像的（包括静态图片和动态影

像），也可以是声音的还可以是两者以上的组合。它可以以单一媒体和多种复合媒体形式来表现，这是其他视听资料所不具备的特点。因而以视听资料来包含电子证据是不符合事物本来面貌的。

三、电子证据的审查判断标准

1. 审查电子证据的产生及保存环境。电子数据总是存储在特定的介质之上的，并且必然要存在于特定的硬件环境与软件环境之中，外部环境是否安全、可靠对电子证据的真实性影响巨大。一般说来，硬件先进、软件安全的环境里产生并保存的电子数据要比安全性较次的环境里产生并保存的数据更可信。

2. 审查电子证据的收集途径。一般情况下，公证机关、司法机关收集的电子资料的可信度最高，专业数据服务商提供的电子资料较为可靠，而当事人自行提供的电子资料应当成为真实性审查的重点。当事人提供电子证据的，应当对该证据的来源、制作手段、制作技术等作出释明。当事人一方对他方提出的电子证据表示异议的，可以申请人民法院通知该电子证据的制作人到庭接受询问、聘请专家进行鉴定或参加法庭调查与辩论，或进行勘验。

3. 在对电子证据的真实性难以判断时，如确有必要，尽量要求证据支持方申请进行专业的技术鉴定。

4. 正确地适用法律推定。在证明标准由"客观真实"向"法律真实"转换的背景下，在证据法领域恰当地适用法律推定有助于司法效率的提高。如果证明电子证据被与试图提出它的一方在利益上相反的另一方记录或保存，而另一方拒不提供，可以推定该证据的可靠性。

 导入案例分析

本案甲女提交的偷拍照片属于证据种类中的视听资料；下载邮件，应属于电子证据，如果把邮件内容打印成书面文件，则为书证。偷拍的照片拍摄于公开场合，不侵犯他人合法权益，应视为合法证据；如果照片没有做过加工涂改，属于原件，便具有真实性；照片反映了乙某与丙女婚外情的举动，能够证明乙某与丙女发生婚外恋的事实，因此与案件待证事实具有关联性。具有以上"三性"的证据为有效证据。至于电子邮件，由于是甲女通过偷窥他人邮箱的方式获得，侵犯了他人的隐私权，证据取得方式不合法，尽管邮件内容与案件事实有关联性，也不能作为有效证据采用。

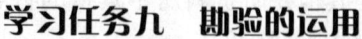

学习任务九　勘验的运用

一、勘验的意义

勘验笔录，是人民法院为查明案件事实对有关现场和有关物品进行勘查检验所作的记录。

在民事诉讼中，常常会遇到与案件有关的物证或者现场，由于某种原因不便于或根本不可能拿到法庭，例如房地产纠纷、相邻关系纠纷、土地山林纠纷中有关物证等。为获取这方面的证据，有必要进行勘验以便在法庭上再现现场真相。勘验笔录是勘验人员对现场和某项物品的直接观察后将现场和某些物品中所有的情况予以确定的结果形式，是现场和物证的重新再现，使未参加勘验的人对现场和物证有一个正确的认识，因而具有较强的客观性、准确性和证明力。因此，勘验笔录对于查明案件事实，了解纠纷发生的原因、过程、后果、确定纠纷的责任，以及对有关证据进行收集，确保案件的正确处理都具有重要意义。

二、如何确保勘验的合法性

1. 勘验的主体。根据民事诉讼证据规则的相关规定，勘验笔录是指人民法院为了查明案件的事实，指派勘验人员对与案件争议有关的现场、物品或物体进行查验、拍照、测量，并将查验的情况与结果制成笔录。从这个概念来看，勘验的主体应当是人民法院。人民法院既可以直接依照职权对案件中所需要证明的事实进行勘验，也可以依照当事人的申请进行。

2. 如何进行勘验。《民事诉讼法》第80条对于如何进行勘验有明确的规定。首先，勘验人必须出示人民法院的证件，并邀请当地基层组织或者当事人所在单位派人参加；其次，当事人或者当事人的成年家属应当到场，拒不到场的，不影响勘验的进行；再次，有关单位和个人根据人民法院的通知，有义务保护现场，协助勘验工作；最后，勘验人应当将勘验情况和结果制作笔录，由勘验人、当事人和被邀参加人签名或者盖章。

现场勘验时，必须如实地证明以下事项：①现场的位置和周围环境；②双方当事人争执标的物的品种、数量、形状和大小；③现场搜集到各种证据（现场拍照、测量、绘图的种类、数量和内容）；④现场勘验开始和结束的时间以及参加现场勘验人员的姓名、职业、工作单位和住址等。现场勘验人、当事人和被邀请的见证人，都必须签名或者盖章。对勘验笔录要求做到：要能使没有参加勘验的人，根据勘验笔录的内容，对物证或者现场情况获得一个符合实际的认识；要能根据勘验笔录的内容，恢复现场的原状或者复制物证的原状。勘验笔录必须客观真实，不能把个人的分析判断记入笔录。

三、如何对勘验笔录进行质证

勘验笔录是人民法院制作的，一般来讲是比较客观的，证明力强，但也应该审查其勘验对象是否被伪造、制作过程是否合法、是否全面地、准确地反映勘验对象。根据勘验、检查和现场笔录在证明力上的特点和它的制作过程，如作为定案的证据使用，必须要经过严格的审查和判断。

1. 审查认定勘验、检查及现场笔录在制作上是否符合法定程序，包括：勘验、检查及现场笔录的制作主体是否符合法律规定，即所谓的主体是否合法。

2. 审查当时有无见证人在场，是否通知当事人或者其成年家属到场。

3. 审查认定勘验人员和见证人是否在笔录上签名或者盖章，现场笔录是否经过当事人核实，确认并签名或者盖章，否则将影响这些笔录证据的证明力。

学习任务十 鉴定的申请

一、鉴定意见的证据意义

鉴定意见，是指鉴定人运用自己的专门知识，根据所提供的案件材料，对案件中的专门性问题进行分析鉴别后作出的意见。鉴定，是指法院通过指定在科学技术和工艺等方面具有专门知识的人，对该案的某些专门问题进行研究而取得对解决案件有意义的事实材料的方法。

鉴定意见是民事诉讼的一种重要证据，在民事诉讼中具有重要意义：首先，鉴定意见对解决案件中某些专门性问题有重要作用。民事案件种类多，范围广，经常会遇到一些难以解决的问题，此时借助于科学结论，对认定案件事实是非常必要的。其次，鉴定意见是审查判断其他证据的重要依据。在民事案件中往往有多个证据，在这些证据真假不明时，借助鉴定意见，就可以判断出证据的真伪。在审判实践中，经常采用的鉴定有：医学鉴定、精神病鉴定、化学鉴定、文书鉴定、会计学鉴定、技术鉴定等。

二、如何申请鉴定

申请鉴定首先要确定鉴定事项，即鉴定什么。当事人之间可能发生争议的什么专门性问题需要由专业人士解决，例如，要知道伤残程度，需要专业机构进行伤残等级的鉴定；签字是否属实，需要笔迹鉴定。

《证据规定》第25条规定："当事人申请鉴定，应当在举证期限内提出。符合本规定第27条规定的情形，当事人申请重新鉴定的除外。对需要鉴定的事项负有举证责任的当事人，在人民法院指定的期限内无正当理由不提出鉴定申请或者不预交鉴定费用或者拒不提供相关材料，致使对案件争议的事实无法通过鉴定意见予以认定的，应当对该事实承担举证不能的法律后果。"第26条规定："当事人申请鉴定经人民法院同意后，由双方当事人协商确定有鉴定资格的鉴定机构、鉴定人员，协商不成的，由人民法院指定。"根据上述规定，民事鉴定程序的启动方式有三种：一是单方委托鉴定，二是双方协商确定鉴定机构、鉴定人，三是法院指定鉴定机构、鉴定人。这三种方式各自有不同的适用程序和条件。

单方委托鉴定，可能因对方当事人不认可而遭否定。《证据规定》第28条规定："一方当事人自行委托有关部门作出的鉴定结论，另一方当事人有证据足以反驳并申请重新鉴定的，人民法院应予准许。"双方协商确定鉴定机构又由于在诉讼中双方处于对立状态而难以达成一致。因此，当事人如果要通过鉴定来获得鉴定意见作为主要证据，应当向法院提出申请，由法院委托鉴定机构进行鉴定。

三、对鉴定意见的审查判断

由于鉴定的专业性强，鉴定过程又受各种条件的影响，故对鉴定意见也不能不经审查而盲目采用，要对鉴定人的条件、鉴定意见的依据等进行考查，并通过其他证据加以印证。在民事诉讼过程中，代理人应着重从以下几方面着手审查：

1. 鉴定主体的审查。作为鉴定主体的鉴定机构、鉴定人或鉴定委员会是否合法，是否具有鉴定资格。法律规定，对有关专门性问题的鉴定，有法定鉴定机构的必须由法定鉴定机构进行鉴定；只有在无法定鉴定机构的情况下才由法院指定或委托其他鉴定机构或人员进行鉴定，其鉴定结果才能作为鉴定意见或者相当于鉴定意见的证据来使用。

还有鉴定主体的鉴定能力的审查，即是否具有解决该专业性问题所具备的知识、技能和经验，有的综合性鉴定部门因涉及学科较多，鉴定人员也不是各门学科都有，或者人员有限，只是在平时办案中为了承接案件知晓一些有关方面的知识，还对其本身并不是很在行的业务进行鉴定，这种鉴定的准确性是值得怀疑的。另外还要对鉴定人是否具有法律所规定应当回避的情形进行审查，对于可能影响公正的鉴定应视为无效鉴定。

2. 鉴定过程的审查。鉴定程序是否合法，鉴定技术手段是否科学，检材、样本或其他鉴定材料的来源是否符合鉴定条件，是否真实可靠，与案件联系的紧密程度，能否作为有关鉴定意见的基础等。

3. 审查鉴定书的形式和内容。鉴定书一般都包括绪言、简单案情、检材、检验记录、检验方法、分析说明、鉴定意见、结尾。其中检材和检验记录是基础，应审查其客观性、真实性。检验方法是保障，应审查其科学性和合理性。分析说明部分尤为重要，应重点审查。另外，还须注意到鉴定书的结尾部分。鉴定机构、鉴定人的签名盖章，鉴定日期，以及多页鉴定书是否加盖了骑缝章，鉴定书文字上是否有涂改现象等。

四、重新鉴定情形

根据庭审各方对于鉴定意见的质证意见，对是否应由异议方申请重新鉴定应区别对待：

1. 对于鉴定机构或鉴定人员不具备相关鉴定资格、鉴定程序严重违法的，应认定该鉴定书缺乏生效要件和有效要件，其鉴定意见不能成立。对此，异议人员除就提出异议的事实举证外，无须申请重新鉴定，而应由原对鉴定内容负举证责任的一方继续举证，包括由原举证方申请重新鉴定。

2. 对鉴定的依据、手段及其他专业知识等专门性问题提出异议的，异议人应当申请重新鉴定，以证明自己的主张。

3. 对有缺陷、有瑕疵的鉴定书，可以通过补充鉴定、重新质证或者补充质证等方法解决，不予重新鉴定。

 实务训练

【实训项目一】

2010 年 2 月，周某因结婚在某商场购得彩电一台，购机时进行了调试，发现有噪音和雪花，售货员解释说商场干扰比较大，周某未在意便将彩电搬回家。2010 年 4 月即发现图像不清，周某便找到商场要求退货。商场答复电视机不能退只能修，维修期为一年，于是商场派人对电视机进行了修理。2010 年 7 月周某与妻子正在看电视的时候，电视忽然发生爆炸，造成了周某与妻子多处受伤。周某即向人民法院提起诉讼，称其损害是因为电视机质量有问题造成的，要求商场赔偿一切损失。商场则辩称此次事故并非电视机质量有问题，而是周某使用不当造成的，拒绝予以赔偿。

问题：本案的举证责任应怎样承担？为什么？

【实训项目二】

交通事故官司中的甲某骑自行车在道路上被乙某驾驶机动车撞伤腿部，股

骨骨折，住院治疗 1 个月。经交通管理部门认定，乙某负事故的主要责任。甲某起诉乙某要求赔偿人身损害，提供了如下证据：

1. 交通管理部门责任认定书原件，证明乙某有过错，应承担侵权责任。

2. 住院治疗结算单原件，证明医疗费支出。

3. 住院病历复印件，证明甲某的伤情和治疗过程。

4. 药店的西药费单据，证明其部分医药费支出。

5. 王某书面证言，证明甲某在王某家做小时工，每天 50 元，以此证明甲某住院期间的误工损失。

6. 出租车票据一宗，证明其交通费损失。

问题：对上述证据，如何质证？

🔍 思考与练习

1. 在民事诉讼中，需要证明的事实有哪些？

2. 民事诉讼的证明标准与刑事诉讼的证明标准有何不同？

3. 如何申请法院调取证据？

4. 如何提取当事人陈述？

5. 如何审查书证、物证？

6. 如何申请鉴定？

7. 如何审查视听资料，视听资料与电子数据有什么区别？

8. 如何审查勘验笔录？

第六单元　一审代理中的主要工作

学习目标：

● 掌握代理人在审判前的庭前准备工作；

● 掌握制作代理大纲和代理词的撰写方法；

● 了解参加法庭庭审的注意事项，掌握法庭语言的运用；

● 掌握法庭质证的方法；

● 掌握法庭辩论的基本要求；

● 了解代理人参与调解的注意事项，了解简易程序审理案件时，代理人的工作。

◎ 导入案例

2008 年 11 月 21 日以来，昆明某科技产业集团有限公司（以下简称科技产业公司）作为被保险人就一辆尼桑轿车向某保险公司昆明分公司（以下简称保险公司）投保，连续 3 年均签定了保险合同，合同约定了由科技产业公司缴纳保费，保险公司对科技产业公司投保的车辆承担保险责任。2011 年 7 月 31 日，科技产业公司被保险车辆发生交通事故。科技产业公司履行了保险合同规定的各项告知义务，保险公司也与科技产业公司签定了"机动车辆保险一次性定损协议书"，确定了赔偿金额（21.1 万元）。此后，保险公司一直都未依约及时履行赔付义务，而是以各种理由拖延赔付，并于 2012 年 3 月 25 日向科技产业公司发出了《保险拒赔（注销）案件通知书》，以发现出险车辆的汽车权属于舒某而非科技产业公司为由拒绝履行赔付义务。科技产业公司遂于 2012 年 7 月 8 日向昆明市某区人民法院提起诉讼，要求保险公司向其支付保险金 21 万元并赔偿因保险公司拒绝支付保险金而产生的相关损失。保险公司答辩称：科技产业公司对保险车辆无保险利益，双方签订的保险合同无效；科技产业公司未在约定的期间内交纳保险费，保险单已自动失效；科技产业公司主张的损失计算没有法律依据。

法庭审理是指人民法院在完成必要的准备之后，在法院或其他适宜的场合设置的法庭上，对民事案件进行审查处理等活动。法庭审理一般包括以下几个阶段：审理开始、法庭调查、法庭辩论、合议和宣判等。此外，在法庭审理的全过程，还贯穿法院的调解活动。

开庭审理的任务是审查核实证据，查明案情，分清是非，确认当事人之间的权利义务关系，制裁民事违法行为，从而保护当事人的合法权益，维护社会主义法制的正确实施。因此法庭审理是民事诉讼最重要的程序，是代理人代理民事诉讼，实现其任务的关键环节，代理人在这个阶段上工作如何，直接关系到能否保护被代理人的合法权益。代理人应根据法庭审理不同阶段的特点，做好代理工作。

学习任务一　出庭准备

一、整理和提交证据

（一）梳理、组织证据材料

为被代理人争取到最好的庭审效果和审判效果，关键是在制作证据上要认真。组织证据材料并起草"证据清单"是该阶段工作的重点内容。许多案件均涉及大量的证据材料，需要根据既定的诉讼策略以及诉讼请求或者答辩主张的具体内容，对涉及的证据材料进行梳理、组织。

将当事人提供的和自己调查、收集的证据进行归类整理，围绕诉讼请求展开程序及实体的证据清理，对照法律进行分析、判断，确定证据是否提交。这里有个分析筛选的过程，有的案件很复杂，双方间交易时间长，有时就纠纷写过一系列的会议纪要等，这就要求律师围绕诉讼请求的主题，从这些材料中分析筛选出对我方有利的证据来，不要将不利于我方的证据提交给法庭。特别是作为原告的代理人应当充分重视该问题。

（二）起草证据清单

对证据材料进行梳理、组织之后的工作是起草"证据清单"。根据民事诉讼证据规则的要求，"证据清单"需对证据材料逐一分类编号，对证据的来源、证明对象和内容作简要说明。其中起草"证明对象"是一项关键且较为艰巨的工作，主要原因在于，由于证据对事实真相或原貌所具有的证明力，它对法庭的影响力在一定程度上比答辩状、律师的代理意见更为突出，因此，梳理组织好证据材料并在证明对象中尽可能地展示其所具有的证明效果非常关键和重要。但是，许多关键或重要的证据材料的形式本身比较复杂，如：有关权利许可或技术许可的合同及相关附件，不仅篇幅很长，还涉及相关专业技术内容，而受限于证明对象的简明扼要的形式，归纳并描述此种证据的证明对象存在较大的难度。因此，梳理组织证据材料并起草"证据清单"中的证明对象是一项需要积累经验并不断培养提高的专业能力和技巧。

起草"证据清单"中的证明对象需要注意以下几个要点：语言要简洁明了，突出重点，切忌篇幅过长、繁琐；突出证据与证明对象的"关联性"，即证据与待证明的事项或者其自身的诉讼请求或者诉讼主张在法律上具有紧密的关联性；注意"逻辑性"及证据链，即所有证据之间具有逻辑性的安排，形成完整的证据链，以提高证据的证明效力。

（三）研究对方当事人证据材料并起草"质证意见"

在收到案件对方当事人证据材料的情况下，还需在研究对方当事人证据材料的基础上，起草一份书面的"质证意见"。在"质证意见"中，需要针对对方当事人证据的真实性、关联性和合法性提出异议或意见，语言亦应简洁明了，仅对实质或关键问题进行说明。

二、法庭案卷的查阅

（一）查阅案卷材料的意义

法庭案卷的查阅是代理人参与诉讼的基本权利。代理人接受委托前所了解的案情，往往只是己方当事人陈述及其所提交的证据材料，尽管这些陈述和材料可能是真实的，但同时也极有可能是不全面的。因此，在接受委托后，代理人就应当尽快全面了解案情，这是做好案件代理最基础的工作。要想迅速而全面地了解案情，到受案法院查阅卷宗是一种极为有效的方法。通过查阅案卷，双方当事人在程序进行中的行为如是否诉讼保全、是否申请证据调查令以及被告是否及时提交答辩状等均可得到证实。对多次开庭的，查阅法庭案卷应当在每次庭审后及时进行。经验表明，通过查阅行为还可以帮助法庭确认当事人已经委托代理人进行代理工作了。

（二）查阅案卷材料应携带的证件

根据民事诉讼法的相关规定，法庭应提供必要场所和条件供律师阅卷。律师到法庭阅卷或出庭时，必须携带律师事务所函、授权委托书和律师执业证。

（三）查阅案卷材料的主要工作

查阅法庭案卷主要进行下列工作：①摘抄或复印法庭的法律文书；②摘抄或复印对方当事人提交的法律文书；③证据交换环节未明确的其他材料和意见；④法庭已装卷的，应注明所复制或摘抄内容的所在案卷号和页码。需要注意的是，庭审记录（含证据交换记录）在条件允许的情况下应当全部复制。

阅卷的过程不仅是一个全面了解案情的过程，同时也是一个法律判断的过程。在阅卷的同时，代理人应有全方位的法律意识，并用此法律意识对有关材料的法律价值作出判断。对于卷宗中有利于己方当事人和不利于己方当事人的材料都应给予充分的重视。对于有利的材料，应重点审查该材料是否形成了证据链，是否还需进一步地补充和完善；对于不利于己方当事人的材料，更应给予充分的重视，一方面应询问自己的当事人，让其说明这份材料形成的真实情况；另一方面应设法找出这份材料的形成瑕疵、内容瑕疵、时间瑕疵及与其他证据无法印证的瑕疵，从而依据事实和法律否认这份材料的证明效力。

三、查询和研究法律

在法律研究的阶段，我们要全面了解这个案件所能涉及的相关法律法规。特别是诉讼案件，一定要注重研究相关的司法解释和地方性法律规范，因为相关的司法解释通常很繁杂，在做法律研究的过程中还要从中重点筛选最适用于该案件的法律规范来作为法律依据。

法律研究阶段，主要包括以下几方面的工作：

（一）仔细研读案件涉及的法律（包括实体法和程序法）、法规以及案件所属行业或领域的部门规章、规范性文件

实体法方面，如合同纠纷涉及的《合同法》、《民法通则》、《公司法》等；侵权纠纷涉及的《侵权行为法》、《反不正当竞争法》、《产品质量法》和知识产权的相关法律。如在案情涉及商标侵权和不正当竞争侵权的案件中，应当确定是以适用《商标法》为主，还是以适用《反不正当竞争法》为主。因为，适用上述不同的法律，将直接影响客户在制定诉讼策略时作出不同的判断和决定，并进一步影响法院对案件的审理结果。所以，在正确选择适用的法律体系后，我们才有可能对客户在案件中所处的法律地位进行有效的研究分析，并在此基础上作出正确的判断。

针对实体法的研究结果，需研究相关的程序法，如作为原告应如何运用程序法（财产保全、证据保全等程序制度）以充分实现自己的权利主张；作为被告应如何利用程序上的权利（反诉、管辖异议等程序制度）以实现自己的抗辩主张。

（二）针对疑难复杂以及新型的案件，需要研究并借鉴一些国内外相同或近似的案例

部分民事诉讼案件为疑难复杂或新型的案件，如：知识产权（涉及不正当竞争）侵权纠纷、产品质量侵权纠纷、土地及房地产开发纠纷等。该类案件在事实和法律关系上相对复杂，有的是没有明确法律规定可遵循，且很少见司法实践中已经形成案例的新型案件。上述情况下，我们需要详细查阅研究国内外相同或近似的案例，希望可以发现可供参考的相关案例或判例。参考相关案例或判例具有两方面的意义：其一，作为代理人，可参考借鉴相同或类似案件中的权利人是如何提出权利主张，并证明该主张符合相关法律原则、具有公

认的合理性，以期获得法院的支持；其二，虽然中国不适用判例法，但是对新型案件的审理，法院一般会参考已经形成的少数案例，而对疑难复杂的案件和知识产权等领域的案件，法院也会参考相同或近似的国外的判例。对于国内的案例，可以查询最高人民法院公报所刊登的一些案件。因为，公报上的案例一般比较典型，审判水平相对较高，具备较高的参考价值。

（三）就专业性较强的案件，可视具体情况向有关技术领域的专家进行咨询，并根据案件需要出具专家证言

针对专业技术问题较为突出的案件，如产品责任纠纷案件，无论是汽车产品还是医药产品，均会涉及相关领域的专业技术问题。具体而言，在汽车火灾引发的产品质量纠纷中，我们需要汽车领域的专家对火灾事故发生的原因进行分析、判断，即是汽车本身存在质量缺陷导致的火灾事故，还是汽车所处的外部环境或者驾驶者的错误操作导致的火灾事故。搞清上述问题至关重要，它将对我们所代理的客户在诉讼中采取的策略或应对方案起决定性的作用。又如在软件产品销售及售后服务的合同纠纷中，由于软件产品售后服务的特殊性，如登录卖方内部网站进行浏览、下载、版本更新等，其中涉及较多的令代理人甚至法官难以理解的技术服务手段或方式；此种情况下，最好有相关领域的专业技术人员对上述情况进行说明，以便有关技术环节的事实能够清晰地展现在法官面前；而前述工作对法院查清案件基本事实或关键事实非常重要。在上述情形下对相关专业、技术人员（专家）的咨询，可视案件的具体情况决定是否出具专家证言，并安排相关专家出庭以接受各方的质证。

四、制定代理大纲

开庭审理阶段对诉讼代理人来说，是最能够体现其能力、技巧和专业水准的阶段。当然，能够到达公认的较高的专业水平，则需要扎实的法律功底、艰辛的努力、长期的经验积累，特别是需要在法庭上多次反复的实战训练。

1. 制定庭审策略。开庭前，代理人就应在起诉、证据交换、阅卷后的诉讼请求及相关证据等方面进行再梳理，充分分析本方诉讼请求的优势和劣势，分析对方诉讼请求的优势和劣势，同时确定和预备对方可能出现的诉讼策略以及我方应采取的应对办法。将涵盖庭审各个环节可能涉及的问题，包括法庭调查阶段（陈述事实、举证、质证、法庭询问）、辩论阶段及最后陈述阶段。其中会涉及证据如何运用的问题，即如何突出有利于我方当事人的事实和证据、回避不利于我方当事人的事实和证据；以何种方式突出对我方当事人有利的关键或重点问题；如何就法庭关注的问题作出对我方当事人有利且具有说服力的陈述或说明。进行上述准备并制定庭审中运用的策略的主要目的是争取达到有利于我方当事人的庭审效果。

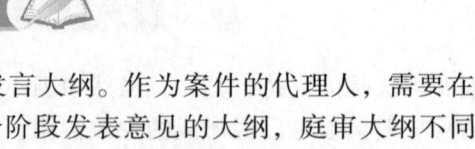

2. 准备庭审中的发言大纲。作为案件的代理人，需要在正式开庭之前准备一份拟在庭审中各个阶段发表意见的大纲，庭审大纲不同于起诉状、答辩状。法庭上，在起诉状、答辩状篇幅较长的时候，法官可能会要求代理人不要全文宣读起诉状或答辩状，而是要求代理人对起诉状、答辩状的内容进行概要的陈述或说明；另外，在庭审时间不够充分的时候，代理人需要有选择地对关键或重点问题进行阐述，放弃一些细枝末节的问题。因此，有针对性地准备一份庭审大纲是非常必要的。

如果是法院公开审理的案件，庭审现场可能会有媒体代表或者其他旁听人员，甚至可能会有法院同意的全程录像的安排。此种情况下，可能对代理人造成一定的心理压力，如果在陈述案件事实和说明相关法律问题时表达得不够准确，甚至有重点问题的遗漏，将会影响庭审的整体效果。所以，代理人应考虑在庭审前准备一份庭审中使用的发言大纲，其内容系通过上述诸多努力工作后高度精练而成，应涵盖案件所有事实和法律问题、专业技术问题的精华内容，包括陈述事实、举证、质证、辩论及最后陈述各阶段需要阐述的要点问题。

3. 准备庭审中的提问大纲。在准备发言大纲的同时，还需要准备一份提问大纲。因为有些专业、技术上的问题，可能会有专家证人或熟悉相关技术的辅助人员出庭。因此，就我方当事人关心的问题，需要准备一份向对方当事人或专家证人、辅助人员提问的问题大纲。提问大纲需要考虑提问的方式方法，目的是通过有技巧的提问，澄清一些对我方当事人不利的案件事实；在澄清事实的过程中，引起法官对相关事实的关注，并适时请求法官对一些重点问题向证人主动发问，促使证人尽可能客观地陈述或说明事实，以争取有利于我方当事人的庭审效果。相对地，在接受提问的时候，控制住局面对代理人而言也不是一件容易的事，需要在庭前做好充分的准备工作。

4. 准备"代理意见"大纲。在对案件事实有了基本了解之后，就要对法律适用进行分析论证，并确定论辩角度。确定论辩角度是指确定某个案件的论辩切入点，比如是从事实方面进行论辩，还是从法律适用方面进行论辩，抑或从程序方面进行论辩，或者几方面都要进行论辩等。不同类型的案件或者同一类型的不同案件，其案件情况不同，论辩的角度应有所差别。之后还要确定辩论的主要观点、辩论策略、撰写书面辩论材料等。在庭审前，代理人最好能够准备一份"代理意见"大纲。"代理意见"是代理人的独立意见，这个大纲主要应从法律层面入手，根据案件事实归纳案件的法律关系，总结各方当事人在案件中的法律地位。特别要强调的是，在研究法律依据的时候，要以庭审效果为导向，尽可能寻找一些让法官感觉非常有道理且愿意进行考虑的法律依据。这是民事诉讼代理人需要培训和锻炼的一项重要的技能或技巧。

总之，代理大纲是代理人庭审陈述、举证、质证、立论、辩驳等诉讼活动的总方案，既是己方诉讼要点的完整体现，又是针对对方诉讼思路的论辩计划，它可以是提纲挈领式的，也可以是面面俱到的。其基本特征体现为三性：①针对性，即针对对方的诉讼请求及观点制定应对策略；②预测性，即对庭审诉讼可能出现状况的预估，并由此制定的防范措施；③可行性，即庭审应区别于研究或演讲，应围绕诉讼请求和证据等具体案情提出可行的主张和意见，不要漫无边际，更不要牵强附会。

导入案例分析

对保险标的具有保险利益是投保的前提条件。我国《保险法》规定，投保人应当对保险标的具有保险利益；投保人对保险标的不具有保险利益的，保险合同无效。那么，判断当事人对涉案车辆是否具有保险利益就成为了本案的关键。席律师在当事人并非车辆所有人的情况下，通过举证当事人对车辆具有占有、使用、支配的实际经济利益关系，并结合法律规定、法学理论予以论证，阐明了法律所承认的利益并非仅局限于因所有权所产生的利益，最终获得了法官的认可，维护了当事人的合法权益。

五、通知证人、当事人出庭，告知注意事项

代理人应通知自己一方联系的拟出庭作证的证人携带身份证明准时到庭，并告知其出庭作证应注意事项。代理人可以与证人合作，演练庭审作证、质证的情形。

开庭前，代理人可根据情况，告知被代理人或其法定代表人是否出庭。如果出庭，需告知其出庭及回答法庭和对方代理人提问时应注意的事项。

六、申请有关人员回避

根据《民事诉讼法》第137条第2款的规定，开庭审理时，由审判长核对当事人，宣布案由，宣布审判人员、书记员名单，告知当事人有关的诉讼权利义务，询问当事人是否提出回避申请。申请有关人员回避是当事人的一项重要诉讼权利。根据《民事诉讼法》第44条第1款的规定，审判人员有下列情形之一的，应当自行回避，当事人有权用口头或者书面方式申请他们回避：①是本案当事人或者当事人、诉讼代理人的近亲属；②与本案有利害关系；③与本案当事人、诉讼代理人有其他关系，可能影响对案件公正审理的。这些规定，也适用于书记员、翻译人员、鉴定人、勘验人。代理人应从客观实际出发，通俗地向当事人解释什么是回避，回避的条件、意义。如果有事实根据认为审判

人员有法定回避的情形，应当帮助当事人向法庭提出回避申请，并说明理由。提出回避申请必须有事实根据，不能是主观推测，更不能为了拖延诉讼而编造理由。代理人应当及时向委托人说明滥用申请回避所带来的消极后果，避免影响诉讼的顺利进行。根据《民事诉讼法》第 47 条的规定，如果当事人对人民法院针对回避申请作出的决定不服，还可以在接到决定时申请复议一次。

七、申请延期审理

《民事诉讼法》第 137 条第 1 款规定："开庭审理前，书记员应当查明当事人和其他诉讼参与人是否到庭，宣布法庭纪律。"第 146 条规定："有下列情形之一的，可以延期开庭审理：①必须到庭的当事人和其他诉讼参与人有正当理由没有到庭的；②当事人临时提出回避申请的；③需要通知新的证人到庭，调取新的证据、重新鉴定、勘验，或者需要补充调查的；④其他应当延期的情形。"根据上述规定，代理人如有下列情况，可及时与法院联系，申请延期开庭：

1. 因不可抗力，代理人无法出庭履行职务的；

2. 代理人收到两份以上同时开庭的通知书，无法参加接到通知书的开庭审理活动的；

3. 由于客观原因代理人无法按时到达开庭地点的。

代理人接到法院书面通知时距开庭时间不足 3 日的，有权提出异议，要求法院更改开庭时间。

人民法院开庭审理时，由于特殊情况的出现而推迟案件的审理，有利于保证案件的处理质量，有利于充分维护当事人的合法权益。必须到庭的当事人和其他诉讼参与人出席法庭，是人民法院查明案情、公正裁决的必要条件。如果上述人员有正当理由不能到庭，则案件无法审理。在开庭审理时，代理人如发现必须到庭的当事人和其他诉讼参与人有正当理由没有到庭，需要延期审理，而合议庭又没有作出延期审理的决定，有可能影响对其委托人合法权益的维护时，可以向人民法院申请延期审理。

学习任务二　法庭调查

法庭调查是法庭调查案件全部事实，并全面审查、判断有关证据的活动。法庭调查是开庭审理的重点，通过法庭调查，为认定案件事实、正确适用法律、维护当事人的合法权益奠定基础。根据《民事诉讼法》第 141 条的规定，代理人在法庭调查阶段可以进行下列代理工作：

一、出席法庭

民事诉讼代理最重要的工作场所是民事审判法庭，在审判法庭中的表现是代理人工作效果的最佳检阅。无论从衣物饰品，还是言谈举止，乃至法庭发言或辩论，每一个细节都影响着代理工作的成功与失败。做好每一个细节，展示良好的形象无疑是代理人开展法庭工作的第一步。

1. 出庭需要携带的东西。

（1）所有出庭的非律师都要携带身份证原件，书记员要进行核对；律师要携带律师证原件，书记员也要对此进行核对。同时，当事人可以在开庭前临时变更委托代理人，如果变更委托代理人，其只需要向书记员提交委托授权书和身份证复印件或者律师所的委托函就可以了。

（2）携带起诉书和答辩状，并携带法院转交的对方的证据材料。这些材料如果不携带的话，法院是不会多给一套的，会给当事人开庭造成严重的不便，并会引起法官的反感。

（3）携带己方证据材料的原件。

2. 出庭的基本要求。

（1）提前到达法庭。人民法院决定开庭审判后，一般情况下，至少会提前3天通知代理人开庭的具体时间和法庭位置。因此，开庭时，代理人一般应该提前到达法庭。提前到达有助于熟悉法庭环境，减轻焦虑情绪，为代理保持良好的心理状态。另一方面也给当事人及审判人员以诚实守信、干练敬业的印象，产生信任感。

（2）注意出庭时的衣物饰品。法庭审理案件，体现着庄重与威严。因此，代理人出席法庭的服装不能太随意，无论男女，最好不要穿便装、休闲装等。出庭服装，男代理人可穿深色西装、女代理人可穿职业套装。有条件的地方，律师最好穿律师袍出席庭审。端庄的服饰，让人油然起敬。

（3）代理人出庭应当遵守法庭规则和法庭秩序，听从法庭指挥。

3. 庭审语言的使用。

（1）语言清晰，语速不能过快。语言的作用在于交流，表达自己的观点和看法。代理人在法庭上的语言表达目的在于说服法官，因此，要求代理人的陈述要让法官听得懂，要让书记员能够记录下来。实际上，在法庭上，相当一部分的法官没有过于用心听取当事人的陈述，有的法官很忙，他们希望尽快地结束庭审，对事实问题的查明他们更加希望在开庭后通过书面的审理来解决。这种情况下，当事人在法庭上说的话有没有被书记员记录就变得非常重要了，如果没有被书记员记录，在很大程度上跟没说一样。书记员记录是采用电脑的，速度非常有限，故此，为了让书记员顺利记录，当事人及诉讼代理人在发

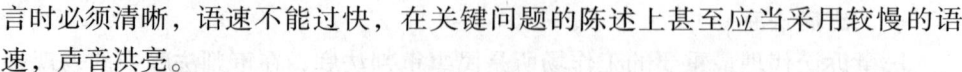

言时必须清晰，语速不能过快，在关键问题的陈述上甚至应当采用较慢的语速，声音洪亮。

（2）简明扼要，用法律语言陈述问题。许多当事人在庭审时情绪比较激动，使用了许多具有感情色彩的语言，甚至粗话、脏话。或者当事人在陈述问题时比较啰嗦，有关的无关的话一说一大堆。实际上，庭审的意义在于法官通过听取双方当事人的意见，了解案情，发现真实，除此以外都是多余的。故此，当事人在发言时应当简明扼要，无关的问题不提或者少提。面对对方咄咄逼人的态度可以不予理会，没有必要与对方在法律以外的问题上针锋相对。同时，为了方便书记员记录，最好采用法律语言陈述问题。例如，"被告说不还钱了"，最好说成"被告明确表明拒绝履行债务"。

二、协助当事人陈述案情

（一）陈述

在当事人陈述阶段，如果只有代理人出庭，则由代理人代理委托人全面陈述案情，一般情况下，宣读起诉书的诉讼请求、事实与理由部分即可。但更多的情况是代理人和委托人同时出庭。这时，首先应由委托人全面陈述案情，因为委托人作为案件直接利害关系者，对案情有最直接、最充分、最详实的了解，能够较为全面的陈述案件真实情况。但由于委托人受文化水平、心理素质、表达能力等主客观条件的制约，往往并不能圆满地陈述有关案情，因此，在其陈述后应由具有法律知识、出庭经验的代理人补充性地、专业性地陈述有关案情，并准确地回答审判人员的提问。

（二）倾听

首先要认真听取审判人员、各方当事人及其他诉讼参与人在法庭上提问、回答或发言，以达到进一步熟悉案情和证据，掌握案件情况有无变化。倾听对方发言不仅仅是对对方的尊重、对法庭的尊重，更重要的是充分重视对方当事人或律师当庭举证时的证据材料及说明与证据交换时的变化，为质证奠定扎实的基础。当对方当庭举证与证据交换有差距时，我们必须提醒法官并要求法庭记录在案。

实践中，经常会发现这样一种现象，即在对方发言过程中，律师不注意倾听，甚至还和己方的当事人窃窃私语。如果说这种漫不经心是为了麻痹对方，其中内含着一种敏锐思维的话，我们还可以表示理解，但更多的现实告诉我们，但凡这类律师，并无过人之处，他们的漠然或漫不经心并不是装出来的，而是实实在在的漠然或漫不经心。殊不知，在他们的漫不经心中，对方在庭审中所出现的破绽被悄悄地放过了；在他们的漫不经心中，对方的观点可能已被法官们默默采纳了；在他们的漫不经心中，败诉的结局正在毫不留情地向他们靠拢。

代理人在整个庭审过程中，都应当全神贯注，不仅应听明白审判人员的每一次发问内容，而且更应认真倾听对方的发言，并注意观察这些发言对审判人员的影响。在认真的倾听和观察中敏锐地捕捉到对方发言中的破绽，有针对性的找准自己的进攻方向。绝不可忽视对方的发言，也绝不可轻易地放弃反驳。这一点不仅在法庭辩论阶段应如此，在法庭调查阶段也应如此。惟此才能牢牢掌握庭审的主动权，才能展示出代理人应有的风采。

三、举证

庭审中举证就是为了证明自己的主张，如果代理大纲或证据交换时准备充分，这项工作是会顺利进行的，但需要注意的问题有：①按照举证目录举证。有的法官会要求"一证一举，一证一质"；有的法官会要求"一请求一举证，一请求一质证"；有的法官会要求"一方一举证，一方一质证"。无论何种要求，你都应当当庭表达出每份证据的证明内容、证明对象，每组证据的证明内容、证明对象。②对证明内容或证明对象与证据交换时有内容变化的，必须当庭口头说明，并当庭提交书面说明；通过证据交换有时不得不适当扩大或缩小某份证据的"功用"，在此阶段做出调整是一种明智的选择，也有助于促进法庭支持你方的诉讼请求。③"疑证"的处理。通过证据交换，有个别证据会出现"似是而非"的情形，甚至有利于对方，如果没有通过延长举证期限或第二次证据交换解决，应当当庭从证据目录中消除此份证据。总之，每份证据只能证明或反映案件事实的某个情节或某个侧面，举证时应尽量突显证明内容丰富的关键证据。

《证据规定》第 47 条第 2 款规定："当事人在证据交换过程中认可并记录在卷的证据，经审判人员在庭审中说明后，可以作为认定案件事实的依据。"由此，在举证时应注意与证据交换过程相衔接，从而最大限度地证明自己的主张。

同时，当事人没有出庭的，在代理权限内还应当回答法庭的询问，回答最好局限在接受代理及其进程中所记录的、当事人签字确认的笔录中，尤其是实体权利和基础事实，不能偏离体现当事人意思表示的法律文书（如起诉状、答辩状）。

四、质证

（一）质证之目的

在诉讼过程中，用以查明案件事实的证据各式各样，甚至彼此完全对立。在同一案件中，往往既有有利证据，又有不利证据；有原始证据，也有派生证据；有直接证据，也有间接证据。面对诉讼中虚实混杂、真假难辨的证据，代

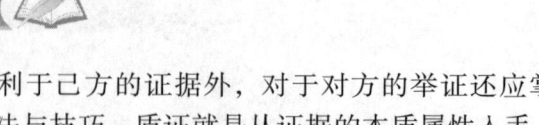

理人除了收集、举出有利于己方的证据外，对于对方的举证还应掌握层层剥离、甄别真伪的质证方法与技巧。质证就是从证据的本质属性入手，针对证据本身存在的错误和漏洞，通过质疑，否定其效力。否定了证据的客观性，就使该证据失去了证明的事实土壤；否定了证据的关联性，就使该证据割裂了与待证事实间的联系；否定了证据的合法性，就使该证据丧失了作为证据的法律基础。

（二）质证准备

收到对方的证据后，应当与当事人紧密沟通，就对方提交的证据形成质证观点，主要围绕证据的三性（真实性、合法性、关联性）进行。询问当事人这些证据是否存在、真实。对我方不利的证据有无可以否认的可能。比如说传真。这个过程同样应当慎重，同时有无证据可以反驳对方的这些证据。同时，对于复杂的案件，可以要求逐一对对方的证据提出的质证意见形成文字，类似于我们的证据清单一样，以便开庭过程中有所准备，在庭审后可以根据庭审情况的变化作修正，在提交代理词中一并提交给法庭。同时，应当及时与承办审判人员联系，询问对方的举证期限何时届满，届满前有无补充证据等。

（三）质证技巧

总的一个原则是围绕着"三性"进行。首先要听清楚对方提供这些证据所要证明的内容。紧紧围绕证据的合法性、真实性、关联性展开质、辩、验、判，逐一识别、判断。就证据来源是否合法、与诉求的关系、是否完全质证、是否可用推定等发表综合意见：①证据是原件还是复印件；②证据的来源是否合法；③证据是否存在瑕疵、伪造的痕迹；④证据本身内容上是否矛盾；⑤证据与本案是否存在关联性；⑥证据是否能达到对方所说的证明目的；⑦证据是否与无需举证的事实相违背。词语表达有"这份材料真实性无法确认，这份材料与本案不具有关联性，这份证据无法达到对方所说的证明目的，这份证据来源不合法"等。当然每个证据的质证意见均应从三性着手，质证意见要有层次感，要有条理：首先是合法性的确认，其次是真实性，最后是关联性。也可以从形式到内容进行表述。但是，要注意：观点要鲜明，不要含糊其辞。

（四）对日常常见的一些证据的质证内容

1. 公证书。公证是有地域管辖的。《公证法》第25条第1款规定，自然人、法人或者其他组织申请办理公证，可以向住所地、经常居住地、行为地或者事实发生地的公证机构提出。超出管辖的公证书效力是有问题的。公证只能证明签字行为是真实的，不能证明行为的真实意思表示，也不能证明待证行为是合法的。待证事实与行为是否合法有效，应当依据法律判断。公证书中如证明待证事实合法有效或是双方的真实意思表示等内容，应当是违法的。

2. 鉴定报告。包括以下内容：是谁委托鉴定的？鉴定机构及人员是否具备相应资质？委托的材料是什么？鉴定的依据是什么？鉴定的过程如何？这里要注意的是：鉴定的检材是否双方封存的？所鉴定的东西是不是双方争议的东西？如公章，一个单位如有两个公章如何鉴定？如纺织品的鉴定，单方鉴定怎么能确定所提交的样品是双方争议的产品？等等。

不要盲目信任鉴定结论、交通事故责任认定书等。2000 年 2 月 15 日公安部向黑龙江省公安厅作出《关于对地方政府法制机构可否受理对事故责任认定的复议申请的批复》，该批复认为道路交通事故责任认定是公安机关在查明交通事故事实后，根据当事人的违章行为与交通事故之间的因果关系，以及违章行为在交通事故中的作用所作出的鉴定结论，在公安机关处理道路交通事故中起的是证据作用，其本身并不确定当事人之间的权利义务，不属于具体行政行为。故交通责任事故认定的行为不属于具体行政行为，对其不能提起行政诉讼，也不能申请行政复议。但既然是证据，就有一个最终认定采纳的问题，这个最终采纳认定的权利应该在法院，如果有确凿的证据证明原认定书确实错误，可以通过新的证据和法律规定在法院诉讼时推翻。

3. 传真件。传真件并非原件，不可单独作为证据。对于传真件，应确定发出的证据，哪个电话发出的，这部电话的所有人是谁，以及是否有通话清单等。只有有其他证据相佐证的情况下，传真件才可作为证据使用，通过一系列传真和其他书面证据能够证明其连续性的，特别是双方互有传真往来且彼此是相互衔接的，就足以认定传真件的真实性并具有证据效力。所以若我方是接收方，如证据对我方不利，我方可以否认收到传真。

4. 录音录像资料。对于录音录像资料，要确定材料中的双方是谁。除非提供方的资料中显示的是对方法定代表人或授权人的意思表达，否则，一旦资料中人员不出庭，就无法确定资料的真实性，所以要审查资料中的主体问题。另外要审查的是录音录像资料是否存在剪接或拼凑的痕迹。

5. 证人证言。在获得证人名单后，应与当事人沟通，确定证人是否为完全民事行为能力人，是否了解案件事实，是否与双方具有法律上的利害关系，是否有人通过做工作使其作证。质证时应就下列问题询问：是否有利害关系、是否主观判断、内容是否肯定、内容是否与现有双方认可的证据相冲突。当然，询问证人是个技巧问题，具体内容将在后面论述。

6. 补强证据。补强证据规则是指法律规定因某一证据的证明力较弱，不能将其单独作为认定案件事实的依据，只有在其他证据以佐证方式对其证明力给予补充、加强的情况下，法院才能将该证据作为认定案件事实的依据的规则。《证据规定》第 69 条明确了补强证据规则的适用范围，即只有在下列五种情况下才能适用该规则：①未成年人所作的与其年龄和智力状况不相当的证言；②与一方当事人或者代理人有利害关系的证人出具的证言；③存有疑点的视听资料；④无法与原件、原物核对的复印件、复制品；⑤无正当理由未出庭作证的证人证言。

如对方提出上述情况以外的所谓补强证据，可以予以否认。

（五）常见的揭露对方证据材料虚假性的几种方法

1. 事实质证法。所谓事实质证法，是指根据事实本身的属性和事实与事实之间的内在联系和关系来质疑、分析、驳斥对方证据材料或者所提供的证人证言虚假性的方法。使用这些方法，可以从以下几个方面入手：

（1）证据之间及证据与案件事实之间是否存在矛盾。

（2）证据是否与生活实际矛盾，如：某人生日为 1967 年 2 月 29 日，而 1967 年是没有 2 月 29 日的。

2. 逻辑质证法。是指根据逻辑规则来质疑、分析、驳斥以及揭露对方证据材料或者所提供证人证言虚假性的方法。

3. 情理质证法。所谓情理质证法，是指根据社会普遍接受的一般道理、观念或者共同认可的某些观点来质疑、驳斥对方证明材料虚假性的方法。

（六）掌握发问的技巧

1. 问题一个一个地问，不要同时问很多个问题。

2. 对对方的回答做好记录。

3. 注意隐含的问句，包含前提的问句。无论怎么回答，都会肯定前提。提醒己方当事人注意其中的前提。

4. 对于对方所问的与案件无关问题，可以向法官提异议。

5. 注意提问的技巧。发问包括对各方当事人的发问、对证人的发问、对鉴定人的发问等，其目的：一是寻找疑问的答案，二是为了暴露矛盾。根据不同的需要对不同人的发问要采用不同的提问策略。有时可单刀直入，有时可迂回曲折，有时可步步紧逼，有时可声东击西。无论采取何种策略，目的都是为获取自己所需要的证据。

（1）封闭式提问。所谓封闭式提问，是指足以在特定问题领域内带出特定答复的提问。

（2）开放式提问。所谓开放式提问，是指足以在广泛的问题领域内带出广泛答复的提问。

（3）澄清式提问。所谓澄清式提问，是指针对证人或者对方的答复而采用的令其证实或补充原先答复的一种提问方式。

（4）探索式提问。所谓探索式提问，是指针对证人或对方，而要求对方

或证人进一步引申举例加以说明的一种提问。

（5）强迫选择的提问。是指把所提问题限制在窄小范围以内，迫使对方或者证人作出非此即彼的答复的提问。

（6）多头式提问。是指包含多个问题的提问。

（7）引导式提问。又称诱导式提问，是指所提问题对于被询问人具有强烈暗示性的提问。

学习任务三　法庭辩论

法庭辩论是指当事人、第三人及其诉讼代理人在法庭主持下，就已经调查的事实和证据，提出维护被代理人合法权益的意见和对对方提出的主张进行辩驳的诉讼活动。法庭辩论可以反复进行。进行法庭辩论，需要有综合全案事实证据，运用法律进行论证的能力，这个能力往往是诉讼当事人所缺乏的。因此，法庭辩论阶段是当事人最需要帮助的时候，也是代理律师发挥代理作用的重要阶段，其中反映了律师知识的掌握程度和代理诉讼各种技巧的掌握程度。担任原告方代理人的，还应在听取辩论发言后，对代理意见作相应的修改。律师通过发表代理词，对本案发表全面系统的意见，充分论证代理方诉讼请求的合理性；反驳对方诉讼请求。

一、辩论前要做好充分准备

1. 制定代理提纲和代理词。"凡事预则立，不预则废"。代理人要想取得法庭辩论的主动权、取得辩论的成功，就应当有超前意识，提前拟定代理提纲或代理思路。代理人在接受委托后，应当积极熟悉全部案情，掌握所有证据。综合分析案件基本事实、基本证据、具体情节和客观实际，联系相关法律法规、司法解释。充分分析对方当事人或者其他诉讼参与人的辩论观点，理清辩论思路，拟定代理观点，为法庭辩护或辩论做好充分的准备。正确有效的代理提纲，对代理人的法庭辩论有重要指导作用，代理提纲是保证辩论工作得以有效进行的一个前提措施。

2. 法庭辩论阶段，代理人应认真听取对方当事人及其代理人对处理本案的观点和意见，记录要点，并做好辩论准备。

要注意的问题是，有的代理人在开庭前准备好了代理词，开庭时拿出打印好的书面代理词宣读，不注意针对法庭调查中反映出来的新情况和新问题。开庭前的准备固然重要，开庭后辩论发言前的准备也很重要。开庭前准备的代理词是根据书面材料和预测分析作出的，而在开庭审判中往往会出现一些新情况、新问题，这就需要代理人结合庭审的实际情况对自己的代理意见进行修改、调整和充实。

二、分析法庭辩论焦点

法庭辩论前，法庭一般会确定辩论的范围，审定辩论的内容，甚至会限定辩论的时间。通常的做法是由承办法官扼要地归纳和概述基本事实、双方的分歧点及法院采信证据的情况，这是法庭对辩论焦点的归纳。这时，如对法庭归纳的辩论焦点有异议，我们应当及时向法庭主张，并及时向法庭声明保留自己对辩论焦点的归纳意见。否则，法庭会根据其归纳具体实施对法庭辩论的指导，导致你无法充分发表代理意见。

在正常情况下，法官对经过举证质证的事实证据进行综合归纳，对于双方无异议的予以认定，对于双方有异议的提出争议焦点，并征询双方意见，确实表明是归纳了双方的争议焦点后，再进行辩论。但法官疏漏征询意见时有发生，疏失双方争议点也很常见，面对这种情况，哪怕法庭已宣布进入辩论阶段，代理律师应举手申请发言，把应补充的辩论焦点叙述明白；对法庭不同意此时发言的，代理律师只能听从指挥，但在辩论发言（发表第一轮代理词）前首先声明对争议焦点的不同意见，并提醒书记员应记录在案。

归纳辩论焦点通常有下列方法：①求同存异法（或称排除法），根据双方的起诉答辩、举证质证，查找异同点，排除无争议的事实，再划分争议事实的主次，主要争议事实即争议焦点。②构成要件法，如对侵权纠纷按构成要件上的争议存在与否，提炼争议焦点。③综合判断法，对于法律关系复杂的案件，应伴随具体案情的进程，并根据自己的知识和经验综合判断在众多争议点中，归纳、演绎而提炼出争议焦点。

当然，也会时常遇到法官没有概括争议焦点或者争议焦点概括得交叉、错乱等情形，代理人应当清楚，开好庭是法律职业共同体的共同职责所在，只有通过查异、质异、辩异，才能说清道理，辩明法理，维护当事人的合法权益，促进社会和谐有序。因此，宜将关于争议焦点的意见向法庭提出建议，促使法庭庭审有序进行，提高诉讼过程的效率。

三、代理人辩论时的注意事项

1. 要明确辩论的目的和对象。辩论的目的是说服审判人员，让他相信并采纳代理人的意见。代理人通过辩论，只要使审判人员认为其主张合理合法就能达到预期目的，否则，即使通过辩论驳倒了对方当事人及其代理人，但未说服审判人员，审判人员也不会采纳代理人的意见，最终不能使法院的判决、裁定有利于委托方当事人。

2. 代理人的辩论发言，应围绕争议焦点或者法庭调查的重点进行。从事实、证据、法律等不同方面进行分析，阐明观点，陈述理由。辩论时要抓住要害，重点突出，不在枝节问题上纠缠。

3. 代理人发表代理意见所引用的证据、法条一定要清楚准确，核对无误。

4. 代理人的代理意见发言应观点明确，证据充分，论证有力，逻辑严谨，用词准确，语言简洁。

5. 代理人发表代理意见应当重事实，讲道理，尊重对方的人格。不得讽刺、挖苦、谩骂、嘲笑对方，不得攻击合议庭成员。

6. 结合案件具体情况，合理安排辩论阶段的发言内容。发表代理意见应避免重复。注意区分第一轮辩论以及随后的二、三轮辩论的区别。第一轮辩论可以事先准备，而在后的多轮辩论则应视法庭辩论情况随机应变，应针对对方上一轮的观点进行有的放矢的驳斥，但不应一味重复己方已经充分阐述的观点。

四、辩论发言中的技巧

1. 语言要简洁，思路要清晰。辩论发言应当文明且简明，意思表示清楚明白，不会引起歧义。

2. 脱稿，并善于把前言说好，尽量不要低头宣读代理词。在设计这方面的语气和选择言词时必须达到的效果是：①立即抓住整个法庭的注意力；②传达案件的严重性或表现出对本案的真诚；③表明对本案的信心。

3. 控制语速，并吐字清晰。有了好的辩论内容，还需有好的表达方式。律师在庭审辩论时，应做到口齿清楚，发音准确，音调和谐，快慢适度。力争达到声调上的抑扬顿挫，以提高论辩感染效果。

4. 善于入情入理。语言可以伤人，也可以感人。用辩论语言伤人，对于代理人职责来说是不道德的。但律师代理人的辩论语言以情感人，则是可取的。使用这一语言情感时，必须注意以下几个问题：①具体案件的辩论语言感情色彩，要有与案情相适应的基调。②绝不能带有当事人的感情色彩。代理人操作的情感就是经过理智语言处理过的辩论情感、法律语言情感。③情感措辞应是发而不露、放而不纵、委婉、曲折、含蓄的中性语言。

五、民事辩论的三种形态

通过对代理大纲的准备，对辩论的基本内容已了然于胸，辩论的目的在于辩明真相，促使法庭作出有利于己方当事人的判决，故重在说理。就基本辩论方式而言，有下列几项：证据辩、法律辩、程序辩。

1. 证据辩。俗称"打官司"就是"打证据"，可见证据在诉讼中的地位，同时，也说明在辩论时代理人的证据辩论意见的重要性。我们在举证质证时重视证据的"三性"，关心证据的收集人、时间和地点等因素，在辩论阶段对证据的分析应基于证据的可采性，或者说是建议合议庭应否认定某份证据，这种观点或主张应当围绕具体证据和证据规则展开，证据规则在《证据规定》中称为"证据的审核认定"。

从辩论的角度首先要明确证明要求是"法律真实"（《证据规定》第63条），追求"客观真实"是法律公正的目标，但是，人类对客观世界的认识常常要受到人类自身所属的特定历史环境的限制，对于诉讼中出现的过去发生的案件事实往往不可能完全重现其本来面目，只能以证据说明自己的主张。其次，利用无须举证的事实（《证据规定》第9条），这里需要注意的是推定的运用，推定是根据逻辑推理的规则来推断未知案件事实的逻辑证明方法，通常分为事实推定和法律推定。事实推定是根据日常生活经验法则就已知事实推论出未知事实的一种证明规则，如已知唐山大地震可推论出交通受阻的事实；法律推定是根据法律的规定从某一事实而推出另一事实存在的一种证明规则，如婚姻关系存续期间出生的子女可以推定为婚生子女。最后，利用自认规则（《证据规定》第8条、第67条、第74条），应当注意自认与调解让步的区别、附条件的自认实际上是不承认，重视代理人的自认问题以及自认的撤回或反悔。特别是代理人的承认，依《证据规定》第8条第3款规定，分为依当事人授权承认和代为承认、当事人在场不作否认表示两种，对于后者是我们可以充分利用的辩论技巧，又是在辩论过程中表达事实时要防范的风险。此外，《证据规定》所规定的单一证据审查认定要求、非法证据的判断和排除规则标准、瑕疵证据的补强规则、相反证据和反驳证据的证明力、高度盖然性原则、举证妨碍及其推定、最佳证据规则、证人证言的审核认定、心证公开原则等规则都是证据辩论时需要运用的。

总之，选择证据辩时注意处理好证据与证据规则、与证据学原理的关系，做到言简意赅、有的放矢。同时，证据与法律仅为侧重点的划分。

2. 法律辩。法律辩即代理人结合具体案件事实向法庭提出案件适用法律的意见，案件的法律适用是律师法律水平的体现。适用法律的第一个问题是法院立案庭确定的案由。如原告起诉状起诉为联营合同纠纷，但法院的立案通知书却写着借款合同纠纷，显然立案庭认定当事人之间发生联营合同的保底条款纠纷，明为联营，实为借贷。如果你不能从法律上向审判合议庭阐明本案依法实为联营合同纠纷，则可能发生不利于当事人的后果。由此，如果案由妥当且无争议，你无须论证；如案由欠妥，你应依法发表适用法律的意见。应当掌握2011年2月18日发布的《最高人民法院关于修改〈民事案件案由规定〉的决定》（法发［2011］41号），并注意其变迁。

法律辩的基本着眼点在于发现可适用于庭审案件事实的法律。依王泽鉴先

生的分析，主要方法有：历史方法和请求权方法。历史方法就是按照案情发展的时间过程，依序检视其法律关系，如买卖合同纠纷，依合同的签订过程，根据要约、承诺的事实找寻《合同法》中合同订立一章，确定合同是否成立，案件事实与法律体系就相互对应起来；对法律关系复杂的按历史过程分解出不同的法律关系，总能准确地找到适用的法律。请求权方法，又称请求权规范基础方法，即依据当事人的请求权主张，检索支持其主张的法律规范，即请求权规范基础，由此发现案件应适用的法律规范的方法。对于当事人主张的请求权规范基础原则上应依下列次序加以检查：①契约请求权，②无权代理等类似契约关系请求权，③无因管理请求权，④物权关系请求权，⑤不当得利请求权，⑥侵权行为损害赔偿请求权，⑦其他请求权。此次序是一种目的性的考虑，主要是因为上述次序中后面的请求权规范基础成立一般须以前面的请求权规范基础不成立为前提，切勿专凭直觉任意寻找一个请求权基础而作答，其主要理由有三：①可以借此养成邃密深刻的思考；②可以避免遗漏；③可以确实维护当事人之利益。当然，对于请求权竞合情形，允许当事人自行选择。对比两种探寻法律规范的方法，首先可以交互使用并不排斥，唯请求权方法只适用于给付之诉，对确认之诉、形成之诉难有适用余地；其次，利用历史方法的辩论虽然直观但可能太冗长，在法庭上容易被法官提醒甚至控制，利用请求权方法的辩论说理性强，可以直面焦点，理论色彩较浓。具体采用何种方法宜因案因地因时甚至因人加以选择。

对法律的适用还涉及法律的解释、漏洞补充，也涉及行政法规、规章、地方性法规的理解和适用，与上述方法交互使用。

3. 程序辩。程序辩主要不完全与对方当事人或代理人辩论，多为对法院审理进程的质疑，且不排除有为二审或再审奠定基础的考虑。目前常见的情形有：主体争议、管辖权争议、忽略被告答辩权、剥夺举证期限的当事人协商权、申请回避权（特别是对鉴定人、翻译人员的）的空置等。此外，枉法裁判也有存在。我们应结合事实和法律积极为当事人主张权利，确实促进法治的进步。"保护诉权方面，我国的现行制度尚不能说充分和充实。究其深层次的原因恐怕要挖掘到重人治轻法治的传统习惯和政策导向。而在近层次的原因方面，则是对诉权本身缺乏认识所致。这种认识的匮乏反映到立法上，强调了法院对当事人诉讼行为的干预，以及对当事人诉权的限制。而这种限制又与将诉权视为二元结构有一定的关系。"

程序辩还有一个典型形态："先刑后民"问题。在人们的普遍观念中"重刑轻民"是正常的存在，由此推演出"先刑后民"，同时，根据《民事诉讼法》第 150 条第 1 款第 5 项规定，本案必须以另一案的审理结果为依据，而另一案尚未审结的，本案应当中止诉讼。但仔细分析该条款，并未完全是"先刑后民"，因为刑事犯罪与民事纠纷可能并无法律上的关联，故无须中止诉讼。可见，"先刑后民"内涵是不确定的，作为一种现象，事实上是民商事纠纷与刑事犯罪的交叉问题，诉权也是一种公权并不当然要让步于刑事犯罪的追究，不分个案的绝对的"先刑后民"的做法明显与法治原则相悖。事实上，1998 年 4 月 9 日《最高人民法院关于在审理经济纠纷案件中涉及经济犯罪嫌疑若干问题的规定》（法释［1998］7 号）提出了经济纠纷与经济犯罪可以分开审理的基本原则，澄清了"先刑后民，一律移送"的误区，但该司法解释的落实还需要我们用证据和法理去保护当事人的诉权，同时，该司法解释尚有许多证据问题、程序问题、实体问题不明确，更有新情况、新问题有疏漏，需要我们从具体个案中加以建言献策。当然，我们也应注意该司法解释的变迁。

六、庭审最后意见的必要性

通过法庭调查和辩论，双方均阐明了自己的观点和依据，法庭此时会征询最后意见，最常见的回答有二："没有新的意见"或"我们坚持我们的诉讼请求"。这种回答在简易程序审理中并无不妥，但本书更提倡用概括性的语言重申自己的主张，因为透过庭审过程的举证质证及辩论，容易出现中心不突出，更由于庭审参与人中每个人的注意力都是有限的，需要通过这种强调表明观点。最后意见应当是简短且有说服力，千万不要长篇大论，当然适当地对主要证据加以评价应是可行的。

强调最后意见的必要更是基于我们庭审的现实状况。法庭庭审中书记员的记录通常都较完整，但难免会有所所遗漏，但最后意见的记录通常是全面的，因此，通过最后意见能保证己方的主张和依据都记录在案。也由此，在语句上应当区别于辩论和举证，这样表意效果会更强。例如，一借贷案件中原告最后陈述："谢谢合议庭为我的钱辛苦了两个多小时，我被借走的辛苦钱有借条还得不到偿还，欠债还钱，天经地义，请法庭支持我的请求。"被告针锋相对的最后意见是："天地良心，因为钱，我失去原告这个朋友，但我感受到今天到庭证人的无私真情，望法庭仔细斟酌证据，驳回原告请求。"庭审中的原告强调的是书证的效力，被告强调的是证人证言的效力，通过最后意见均可一览无遗。

学习任务四 庭审结束的后续工作

有很多代理人认为，庭审结束就意味着代理任务已经完成，一切都万事大吉了，其实不然。在相当多的案件中，即使在代理中代理人庭前准备工作做得非常充分，在庭审过程中也会出现开庭之前没有预料到的情况。这些情况的出现，事先准备好的质证意见、代理观点等，都要随之变动。因此，在庭审结束后，还应当做好以下工作。

一、必须认真核对庭审记录

人民法院审判人员开庭审判案件的全部活动，由书记员制成的笔录，称为法庭审理笔录，又称为庭审笔录。庭审笔录是人民法院处理案件的主要依据。庭审笔录是人民法院案卷档案的重要组成部分。它不仅记载着有关证据，民事案件当事人的陈述和证人证言等；也记载着证据材料的提取情况。例如，鉴定人介绍鉴定情况、鉴定结论，以及其他证据来源等；同时，反映法庭活动是否符合诉讼法规定的程序，如有违背程序之处是否足以影响对案件的正确审判。

庭审记录不仅是合议庭合议案件的主要依据，也是审判委员会研究案件的主要依据，更是二审或再审时审查的主要依据，因为它是双方当事人及法庭均在场的情况下各方阐明观点的唯一记录。在查阅案卷时我们强调对它的复制，核对时我们强调的是认真。

认真核对庭审记录，我们不苛求原话的"原汁原味"，但下列几个环节必须较真：①诉讼请求；②举证；③质证意见的基本内容；④辩论基本观点；⑤反驳对方的基本观点。对出现记录错失的，首先的处理方式是直接请书记员更正，但对书记员可能出现的拒绝更正，除了拒绝签字这一没有办法的办法外，下列方式供参考使用。

1. 核对诉讼请求。对于诉讼请求的记录，庭审记录常是"详见起诉状"、"答辩状（略）"等字眼，如诉讼请求与起诉状、答辩状同，则可认可；对庭审记录直接录入诉讼请求的，仔细比照即可；对出现诉讼请求变更的，应当要求书记员记明，采用略式也应补记入"×年×月×日的补充起诉或答辩"。

2. 核对举证记录。庭审记录中必须有举证的记载，略写也应当有法庭宣示的举证事项在证据交换环节已完成的说明。当然，高明的法官会声明："除了证据交换的举证外，原被告有无补充举证?"那么，如无补充且证据交换环节的法庭记录已核对清楚，则举证记录已核对完成。当庭举证的，如有漏失，最起码得要求书记员补上："详见举证及说明"等字眼；如属新的证据，那必须认真核对了。此外，出庭的证人证言是最容易为我们所疏忽的，书记员以非你方所述为由婉拒你的核对，你应当声明立场："我们的核对是整个完整的庭审记录，而不是部分，请支持我们工作！"如果确未获得核对，应在签字核对时声明："证人×××的证言未核对。"

3. 核对质证意见。对质证意见是核对庭审记录最困难的工作，常见书记员仅记"有异议"、"无异议"，甚至漏记。这固然要求我们在质证时不能激动，首先表达有无异议，再表达具体分析意见，解决基本观点的漏记。其次，对质证的基本观点和意见应当补记上，不要擅用最后手段——"详见代理词"。因为庭审记录的阅读者未必细看你的代理词，你至少表达出简要意见在庭审记录中再"详见代理词"。此节核对不仅需要你的细致，也需要你引导书记员的耐心。

4. 核对辩论的基本观点。辩论的基本观点的核对只要记录的内容不出现歧义，应可满意，如果还能记录简要理由，则应该感谢书记员的辛勤劳动了。更常见的记录是"详见代理词"，因此，及时提交代理词就显得尤为重要。

5. 核对反驳对方辩论的观点。如已记录，核对是否有出入；如未记录，可要求书记员补充，至少把主要的观点和理由写上。

二、代理词的整理与提交

（一）提交代理词的意义

写好代理词，向法庭提交代理词，对于成功地代理诉讼具有十分重要的意义。所谓代理词就是代理人在庭后向法庭提交的关于整个案件事实认定和法律适用及对对方观点驳斥的书面辩论意见。代理人为什么要提交代理词？法律上并没有规定，最可能的缘由就是书记员不可能把代理人在法庭辩论阶段所讲的每一句话都记录在卷，而主审法官则更不可能把法庭辩论双方所说的一切牢记在脑海里，在庭后的合议阶段再将这一切重放一遍，所以代理人为了让法官充分注意到自己的意见，不得不用书面的形式提交。

有很多代理人并不准备代理词，在开庭时信口拈来，东一下，西一下，到最后不仅法官没有弄明白这个代理人要表达什么，连代理人自己都不记得自己说了些什么。其实一审法官也罢、书记员也好，包括二审的法官都对能及时提交代理词的代理人有一种好感，因为他认为这个代理人是负责任的，是能体谅法官及书记员工作的。

所以代理人提交书面代理词对法官审慎地分析双方的意见是很有帮助的。代理词是代理律师在诉讼中依据事实和法律，在法庭辩论阶段发表的，以维护委托人合法权益为目的的，表明代理人对案件处理意见的司法文书。代理词的内容应包含法庭庭审调查和法庭辩论的全部内容，是代理人支持当事人诉讼请

求的全面阐述，也是法庭辩论观点和依据的全面概括。因此，庭审结束后应及时整理代理词。一个有水平的代理人能通过代理词这么一个物质载体影响法官，然后几乎是摘录代理词来形成一份判决书。一个认真的法官一般庭审结束时都不忘说一句，请双方代理人提交书面的代理词，因为庭审过后对法官断案能起到作用的就只能是这份书面的代理词了，特别是在书记员没有完全记录庭审双方争议焦点和辩论理由时，代理词的作用可以说是巨大的。因此，可以说代理词是和法官以及判决书对话的桥梁。

（二）代理词的格式

代理词无法定的固定格式，写法因人而异，并无统一的标准，但一般的代理词由以下几个部分组成。

1. 首部。每一份代理词都应有一个确切的标题，标题应反映案件性质和所代理的当事人在案件中的地位，例如"北京银行诉××公司借款合同纠纷案代理词"等，因为代理词是一种讲演词，主要向合议庭陈述，因此开头的习惯称呼语是"审判长、审判员："。

2. 序言。序言亦开场白，要尽量简洁，重点在代理意见部分。序言包括：

（1）说明代理人出庭的合法性，概述接受委托或受指派，担任本案当事人哪一方的代理人；

（2）说明代理人接受代理后进行工作的情况，即在出庭前做了哪些方面的工作，如查阅案卷、调查了解案情等。

通常的写法有以下三种：①"云南××律师事务所接受××的委托，指派我出任本案原告的代理人，接受委托后，通过调查取证，证据交换和庭审调查，就全案发表代理意见如下："；②"我依法作为本案原告的代理人，现发表代理意见如下："；③"我依法作为原告的代理人，就本案的焦点问题发表如下意见："。

3. 正文。正文是代理词的核心内容。这一部分应根据具体案情、被代理人所处的诉讼地位、诉讼目的和请求等因素来确定其内容。代理人应当在代理权限内，依据事实和法律，陈述并论证被代理人提供的事实与理由成立，从而支持其主张和请求，同时揭示、驳斥对方的错误。代理意见通常从认定事实、适用法律和诉讼程序等几方面或其中一两个方面展开论述。

这部分内容，要从具体案情出发，抓住本案的特点，有针对性地阐明几个问题，为解决纠纷提出切实可行的主张、意见、办法和要求，使案件得到正确、合法、及时的处理。

4. 结束语。本部分是归纳全文的结论性观点和具体主张，为被代理人提出明确的请求。要求简洁明了，使听众对整个代理词留下深刻、鲜明的印象。

5. 代理人具名和注明日期。

综上，代理词是代理人对本案的总结陈词，代表了代理人的全部智慧和功力。撰写代理词是代理人业务的重要组成部分，是检验代理人实力的重要尺码，一篇高质量的代理人文书应当具备法理性、逻辑性、鉴赏性、鼓动性。那种在法庭上"随口说说"，"临场发挥"代理人意见的做法是对当事人不负责任的表现，作为一个好代理人撰写的代理词，应当是运用法律的思维，斟字酌句，旁征博引，如行云流水，气势恢宏，具有学术论文的"大家风范"。

三、及时与主审法官沟通，尽可能在第一时间掌握案件的进展情况

律师与法官同属于法律职业共同体，有共同的法律语言，能够较好地实现沟通的目的。庭审结束后，不应该被动地等着法官通知领取判决书，而应该充分利用律师职业的优势继续与主审法官保持联系，尽可能在第一时间了解案件的进展情况，以便与委托人及时调整诉讼策略和采取应急措施。

特别是授权事项中包含"代收法律文书"内容的，一定要及时了解案件进展情况，避免出现委托人已经知道判决结果或者已经拿到判决书，而作为代理人却对此毫不知情的尴尬局面。在签收判决书之后应当立即告知委托人，并将判决书原件及时交给委托人。

学习任务五　参与调解、和解

民事案件的调解是民事诉讼中一个十分重要的组成部分，通过调解的方式解决纠纷，可以降低双方的敌意，有效地找到诉讼双方的利益平衡，最终低成本地解决问题，省时省力。诉讼双方通常出于对法律的陌生，以及时间、经济成本的考虑，而愿意采取这种方式。

一、根据授权参与调解

代理人参与调解应当有当事人的特别授权，因为调解成功则意味着当事人的诉讼权利的自愿放弃或变更。代理人在调解中更多的是扮演辅助法官说服当事人的角色，因此，需要特别注意言辞的把握，避免当事人认为你放弃了维护其合法权益。

代理人参与调解主要有下列工作：其一是调解方案的准备；其二是对对方调解方案的分析和评估。通常的分析是对比己方的调解方案并结合案情进行，通常的评估则是针对调解后可增加调解结果在案件执行中的可操作性。

调解方案围绕当事人的诉讼请求展开，对可变更或放弃的诉讼请求做出交代，获得当事人的同意。

二、调解中应注意的要点

作为代理人，在诉讼开始的时候就要做好调解的准备，并且要意识到将调解的手段贯彻整个诉讼过程：

1. 不要过早暴露己方达成调解意愿的底线。在调解过程中，双方当事人为了使自己的利益最大化，同时又尽量不使调解破裂，一般都会设定一个底线。如果底线过早暴露，就会让对方当事人占得先机。

2. 在调解过程中除非确有必要，尽量不要再纠缠争议的事实。调解的实质就是妥协，在调解中，纠缠争议的事实可能使双方的对抗性增强，从而无法达成一致。

3. 不能成为谈判的障碍。有部分案件之所以调解未成功，跟代理人的消极作用有关系，特别是风险代理的案件。因此，代理人不应该从自身利益出发来考虑问题，应该从如何才能有效维护被代理人的利益出发。另外，代理人毕竟不是当事人，不能代替当事人做决定。因此，代理人应该将调解的作用，优缺点告知当事人，帮助其做出理性的选择。

4. 在达成调解协议时，要充分考虑协议内容的可操作性，争取一次性解决问题，不留后患。

三、调解前置案件的特点和处置

调解前置是人民法院在适用简易程序审理民事案件时，将符合一定条件的案件在法庭调查前先行调解的制度。2003 年 9 月 10 日《最高人民法院关于适用简易程序审理民事案件的若干规定》（以下简称《规定》）第 14 条将 6 类民事案件确定为调解前置案件。首先，《规定》将婚姻家庭纠纷和继承纠纷列入调解前置程序，主要是因为这类案件内含着丰富的伦理道德内容，如果单纯用法律规范去调整，将不利于纠纷的彻底解决。其次，《规定》将劳务纠纷、宅基地和相邻关系纠纷以及合伙协议纠纷列入调解前置程序，主要是因为这些纠纷关系到当事人最基本的生活秩序和生活环境，如果以调解方式化解矛盾，便于当事人在未来的合作与生活中和睦相处。再次，《规定》将交通事故和工伤事故引起的权利义务关系明确的损害赔偿纠纷列入调解前置程序，主要是为了使受害一方当事人能尽快获得赔偿。在司法实践中，如果通过正常的诉讼程序解决因交通事故或工伤事故引起的损害赔偿纠纷，常常需要 1 年甚至更长的时间，这就使受害一方的当事人要经历漫长的等待和煎熬。如果当事人双方通过调解前置程序解决纠纷，既可以缩短获赔的期限，又便于双方实际履行调解协议。最后，《规定》将诉讼标的额较小的纠纷列入调解前置程序，是因为通过调解方式解决这类纠纷的可能性较大，也符合国家司法资源合理配置的原则。

四、调解方案参考

就××总公司诉××有限公司租赁合同纠纷一案，原告的调解意见如下：

1. 被告到 2003 年 9 月 7 日所欠房屋租金 134 万元应当立即支付，此为调解的前提；如否，我方将不同意调解。

2. 依前述前提，违约金 50 万元可按 30 万元计算，在调解书生效后 10 日内支付。

3. 就被告的续租请求，按租赁合同的约定处理，起算日为 2003 年 9 月 8 日，月租金 20 万元，租期 1 年，此合同期的首次付款日为 2003 年 9 月底前，其他条款同租赁合同；但被告在调解书生效后 10 日内如不签订新的租赁合同，属于被告放弃执行本调解协议，我方的此项意见不再生效。

4. 本意见仅供调解使用，不构成对诉讼请求的变更，在 2003 年 9 月 7 日自动失效。

此调解为原告以放弃了部分诉讼请求（意见中为部分违约金），表达调解的诚意，并不提及已方的终止合同的诉讼请求，以促进调解的成功。这既有利于维护老客户，减少接纳新客户可能产生的成本，又可以尽量避免由于判决执行可能出现的不必要人力财力的投入。尽管其可以由律师代拟，但应当且必须由当事人签字盖章，除非确定无疑的授权，擅自调解不应是律师所为。

学习任务六　简易程序

一、简易程序的特点及工作要点

简易程序的基本特点是审理程序灵活、简便，既减少了当事人的诉累，又提高了法院的办案效率，是基层人民法院审理简单民事案件常用的审判方式。简易程序和普通程序一样，都是独立的程序，简易程序与普通程序相比较，具有以下特点：①起诉方式简便，原告可以口头起诉；②可以不用书面文件通知被告应诉和答辩，双方当事人可以同时到法院，根据当事人请求，可以当即审理，审理案件不受开庭 3 日前发布公告和通知当事人和其他诉讼参与人的限制，开庭时不受调查辩论顺序的限制等；③传唤当事人、证人的方式简便，可以捎口信、带条子或者用电话通知，或者依口头约定，按照指定的时间、地点听取当事人陈述、证人作证；④审判员或代理审判员一人独任审理；⑤审理期限短，应从立案起 3 个月内结案，期限不得延长，审理中如果发现案情复杂，

3个月内不能结案的，可以转为普通程序审理。

代理人代理适用简易程序的案件时，办理委托手续与普通程序一样。如系临时委托，公民代理可当庭提交委托手续；律师代理，来不及办理委托手续的，应请求法院允许补交委托代理手续（律师事务所函、授权委托书）。因此在处理临时委托时，律师应做到：通过律师事务所（关键是排查利益冲突）取得委托人的书面承诺，此时才能收案。最好有一份当事人签名认可的书面的案件和关键事实概要；当事人不能自书或自书有困难的，宜制作一份当事人陈述备存。

开庭时首先注意是否符合适用简易程序的要件。如符合，由于案情简单，庭审调查的举证质证时就应把握好尺度，法庭辩论以适用法律的分析为主。核对庭审记录必须认真，整理代理词应及时，或在核对庭审记录时要求记入。

对于调取证据困难的，应及时要求法庭延期审理。

二、准确把握简易程序的适用条件

（一）简易程序适用的条件

简易程序适用于基层人民法院审理的简单的民事案件。所谓简单的民事案件，是指"事实清楚，权利义务关系明确，争议不大"的民事案件。以上三个条件必须同时具备，才能确定为简单的民事案件。从审判实践来看，简单的民事案件主要有以下几个类型：①结婚时间短，财产争议不大的离婚案件；②权利义务关系明确的赡养案件、扶养案件和抚育案件；③确认或者变更收养、抚养关系的案件；④借贷关系明确，证据充分和金额不大的债务案件；⑤遗产和继承人范围明确，争议遗产数额不大的继承案件；⑥事实清楚，责任明确，赔偿金额不大的赔偿案件；⑦事实清楚，是非分明，争议焦点明确，争议数额不大的其他财产案件。

总之，确定简单的民事案件掌握以下原则：一是纠纷不复杂，易于弄清事实，分清是非；二是法律、政策有明确规定，易于作出处理决定；三是当事人双方对立情绪不大，矛盾易于解决。

实践中，我们还要注意掌握不适用简易程序审理的案件：一是起诉时被告下落不明的案件；二是已经按照普通程序审理的案件，不得改用简易程序审理；三是发回重审或再审的案件。总之，要依法坚持简单民事案件的确定条件，正确掌握适用简易程序审理案件的范围，不能随意扩大，也不应随意缩小。

（二）简易程序转为普通程序

根据《民事诉讼法》和《最高人民法院关于适用简易程序审理民事案件的若干规定》，基层人民法院在审理事实清楚、权利义务关系明确、争议不大的简单民事案件时，适用简易程序。此外，基层人民法院适用第一审普通程序审理的民事案件，当事人各方自愿选择适用简易程序，经人民法院审查同意的，可以适用简易程序进行审理。这种程序设计是效率机制决定的，但是对于事实不够清楚，权利义务关系不够明确，或争议较大的案件，只要存在一项均应选择或抗辩选择普通程序审理。

除了上述十分确定的范围，均应要求法庭按普通程序审理。

三、参与简易程序审理的注意事项

下列提示仅限于主要的诉讼进程，就个案应根据其特点认真斟酌处理。

1. 法庭作撤诉和缺席判决。以捎口信、电话、传真、电子邮件等形式发送的开庭通知，未经当事人确认或者没有其他证据足以证明当事人已经收到的，人民法院不得将其作为撤诉处理和缺席判决的根据。

2. 及时补妥有关手续。当事人或委托代理人未办妥委托手续的应当要求在庭审笔录中予以记明，并要求当事人或诉讼代理人通过传真补齐相关手续后开庭。开庭后及时补交委托手续。如在庭审后拒不提交的，则对诉讼代理人身份不予确认，并对案件做相应的处理。

3. 严格把握答辩期。原告在庭审调查阶段申请变更或增加诉讼请求，法官应当咨询被告意见。被告表示当庭答辩的，法官可以继续审理。被告表示无法当庭答辩的，可另行给予答辩期。但原告起诉事实和理由没有变更，只是在原有基础上放弃或减少诉讼请求，或对诉讼标的金额、利息在具体计算上做出增减等非根本性的变动，在此情形下无须给予被告答辩期。

4. 严格按程序签收调解书。当庭调解或庭后调解达成一致，除各方履行义务能当场给付完毕、即时清结外，法院应出具调解书。不得要求当事人或诉讼代理人先签收调解书的送达回证，后向当事人送达调解书。

5. 代理人申请将简易程序转为普通程序而法官不采纳的，应当要求并强调记入庭审笔录，并在核对庭审记录时认真核实此项申请是否记入，如否，必须要求书记员补记。

 实务训练

【实训项目一】

葛某在某县青年路甲饮食店门前打电话，突然，位于甲饮食店二楼的乙房地产开发有限公司安装的一室外分体式空调机掉落将葛某砸伤，经住医院治疗数月后，葛某完全瘫痪，生活不能自理。

葛某的家人以葛某为原告，诉被告乙房地产开发有限公司人身损害赔偿。法院受理案件后，追加出售并安排安装空调的丙电器城、负责安装的丁家电安装公司为共同被告。在诉讼中，丁安装公司以甲饮食店违章装修门面造成空调固定装置松动而脱落，请求法院追加甲饮食店为被告。

在诉讼中，乙房地产开发有限公司的代理人提出，空调是丙电器城安排丁家电安装公司安装的，丙电器城与丁家电安装公司应对安装的空调脱落造成葛某重伤负全部责任，因此，丙电器城和丁家电安装公司是本案被告，乙房地产开发公司不应当是本案被告。同时，丙电器城与丁家电安装公司还应对乙房地产开发公司的空调损失承担赔偿责任。

丙电器城接到法院应诉通知后，拒绝到庭应诉，在向法院提交的书面答辩意见中，丙电器城提出，空调是丁家电安装公司安装的，空调脱落以及由此造成的人身损害赔偿责任均应由丁家电安装公司承担，丙电器城作为丁家电安装公司的空调安装业务的介绍方不应对空调脱落承担责任，因此，丙电器城不是本案被告。

甲饮食店在诉讼中提出，空调脱落致人重伤依法应当由空调使用人、安装人承担责任。甲饮食店不是本案的当事人。即使甲饮食店违章装修门面使空调固定装置松动脱落，也应另案处理。

问题：1. 乙房地产开发有限公司的代理人的意见是否成立？简述理由。

2. 丙电器城的答辩意见是否成立？简述理由。

3. 甲饮食店的答辩意见是否成立？简述理由。

【实训项目二】

2004 年 4 月份，王某某通过公开竞标的形式取得某市公立中学校内商店承包经营权，双方签订了《校内商店承包合同》，合同约定：承包期限为 2004 年 4 月 18 日～2008 年 4 月 17 日；承包费为每年 7.4 万元；学校在校园生活区提供约 110 平方米的房屋及食堂内东南角约 20 平方米的房屋作为王某某经营场所；王某某在校内享有唯一经营权；王某某应依法办理有关经营等许可各类证件，独立核算、自主经营、自负盈亏。合同签订后，该中学提供了食堂内的约 20 平方米的房屋给王某某，由于校区内基本建设没有竣工验收，合同规定的另外 110 平方米的房屋未交付，王某某在校区临时房屋内经营。

2004 年 5 月份，该公立中学被市政府收回，准备进行体制改革。某教育投资公司（以下简称教育投资公司）经市政府同意并于同月参与该公立中学的管理。教育投资公司管理该中学后，该公司总经理找到王某某，要求解除原商店承包合同并要求王某某参与校内商店重新竞标，该要求遭到王某某的拒绝。

2005 年 1 月 12 日，王某某经该市工商行政管理局批准办理了某超市个体营业执照，经营地点为该中学校内，同时办理了税务登记证、卫生许可证。

2005 年 3 月份，该市人民政府作为资产出让方与教育投资公司签订了整体买断该中学相关资产和债务确认等相关问题的协议，协议规定：教育投资公司履行出资者责任，承接所并购的公立中学的资产和负债；教育投资公司承担八千余万元负债后支付出让方的总额为零；协议未涉及的公立中学全部遗留事宜及由此引发的经济法律纠纷由政府指定相应机构负责，与民办中学无关；该合同同时还规定，协议经签字盖章生效、原公立中学即转为民办学校，正式脱离公办学校管理序列。

2005 年 4 月 14 日，王某某向教育投资公司交纳第二年承包金 7.4 万元，教育投资公司收取后又退还给了王某某，王某某于当月 18 日向该市公证处提存。

2005 年 4 月 15 日，教育投资公司向王某某发出书面通知，告知王某某公立中学改制完成，教育投资公司已正式接收该中学新校区的全部动产和不动产，通知写明王某某原签订的校园商店承租合同至 2005 年 3 月 25 日自动终止，通知要求王某某于同年 4 月 25 日前搬出所占用的房屋。

2005 年 4 月 21 日，王某某提起诉讼，要求继续履行商店承包合同。2005 年 4 月 22 日，教育投资公司再次书面通知王某某限期搬出。

问题：1. 作为代理律师，如何确定本案的代理思路？

2. 在庭审中，教育投资公司认为：

（1）该中学被政府收回改制，改制完成后已经被撤销，该中学与王某某签订商店承包合同因主体一方不存在而失效。

（2）教育投资公司从政府收购该中学资产时，政府没有告知有商店承包合同的存在，转让协议明确约定协议未涉及的遗留问题由政府处理。

（3）教育投资公司要求王某某搬出是对资产行使的合法管理权，没有责任和义务来承袭该中学的全部合同。

（4）原合同是无法履行的合同，合同约定向王某某提供的 110 平方米的房屋没有建成、没有确定具体位置。

（5）上级教育局有规定，校内不允许设立小卖部。

（6）王某某在校内无照经营，所销售的商品价高质次。

因此请求法院驳回王某某的诉讼请求。

根据上述情况，以原告代理人身份撰写一篇代理词。

 **思考与练习**

1. 代理人阅卷时需要哪些证件？阅卷时有哪些注意事项？
2. 如何制作代理大纲？
3. 庭审调查时如何举证？如何质证？
4. 参与法庭辩论有哪些基本要求？辩论的方式有哪些？
5. 如何制作代理词？
6. 庭审后的后续工作有哪些？
7. 如何参与调解、和解？
8. 参与简易程序审理有哪些注意事项？

第七单元　二审代理中的主要工作

学习目标：

- 了解二审代理的工作流程和技巧；
- 把握新证据的提出与运用；
- 熟练撰写民事上诉状、答辩状及代理词。

○ **导入案例**

2007年7月27日，原审被告江某以余某开的音乐太吵，影响其休息为由指责余某，双方发生争执进而相互抓打，事后余某立即到市人民医院门诊治疗被抓伤的头部及面部，共花费医疗费800元。7月28日，余某经市法医鉴定中心鉴定所受损伤为轻微伤。2008年7月，余某向法院起诉，要求江某赔偿其医疗费800元、误工费1500元，同时赔偿其精神损害抚慰金2万元。

该市基层法院一审判决认为，原、被告因邻里纠纷致互相殴打，原告方对纠纷的发生也存在过错，故一审法院确定被告对原告的损伤承担60%的赔偿责任，原告自行承担40%的赔偿责任，驳回余某的其他诉讼请求。

一审判决后，余某不服，提起上诉，请求法院二审并支持其一审诉讼请求。

学习任务一　上　诉

按照民事诉讼法的规定，民事审判活动是两审终审制，所以一审判决后，如果一方不服可以进行二审，律师代理上诉人行使上诉权时，应该审查一下上诉人委托的上诉案件是否符合法定的上诉条件，只有符合条件才能接受委托，这其中包括是否享有上诉权，是否符合上诉期限。一审的判决或裁定是否确有错误，是否违反了法庭程序，如果与上述所说不符，代理人应当劝说当事人息诉或通过其他途径解决。

在某些场合下，代理人直接接受委托人委托进行案件的二审程序，也有一些案件律师会在代理完毕一审程序后，由当事人继续委托律师进行二审代理。

与一审代理不同，二审代理是针对一审所认定的事实及法律适用，围绕事实、证据、法律适用，通过提交新证据或法律关系的推导，在二审程序中为当事人争取有利的结果。

当事人进入二审程序的主动和被动之分。相当一部分的当事人会在一审结果对其不利时，选择通过上诉的手段来为自己争取有利的终审结果。而另一部分当事人会由于对方已经提出上诉，而被动进入二审程序，以固定自己一方在一审判决中的既得利益。

上诉是法律所赋予当事人的一项重要诉讼权利。依照法律规定，一审中的原告、被告、有独立诉讼请求权的第三人及其法定代理人，对第一审人民法院作出的判决和裁定不服，可以要求上级人民法院对原审裁判重新进行审判，以保障人民法院正确行使审判权，使自己的合法权益不因错判而受到损害。

一、二审代理的主要工作

1. 审查是否有上诉权，签订委托代理合同。当事人提起上诉，启动第二审程序，必须具备法定条件。根据《民事诉讼法》第 155 条、第 164 条、第 165 条的规定，当事人提起上诉必须同时符合以下三个条件：①应当有合格的上诉人和被上诉人。上诉人和被上诉人均必须是第一审程序中的当事人，包括原告、被告、共同诉讼人、诉讼代表人、有独立请求权的第三人以及判决承担民事义务的无独立请求权的第三人。②上诉的客体必须是依法允许上诉的判决和裁定。第二审法院的终审裁判以及最高人民法院的第一审裁判，都是不能上诉的裁判，当事人不能对它们提起上诉。③必须在法定期间内提起上诉。我国《民事诉讼法》第 164 条规定，当事人不服第一审判决、裁定而提起上诉的，上诉期间分别为 15 日和 10 日。从裁判送达次日起计算，诉讼参加人各自接受裁判的，从各自的接受日开始计算。

签订委托代理合同，具体要求见收案。

2. 制作民事上诉状。民事上诉状是民事诉讼的当事人不服人民法院作出的第一审未生效的判决、裁定，在法定期限内要求上一级人民法院进行审理，并依法提出撤销或变更原裁判请求的法律文书。民事上诉状是上一级人民法院开始第二审程序的书面依据。如果上诉人仅是表达了上诉的意愿，还未提起上诉，就应当及时制作民事上诉状，经签名或盖章后提交人民法院。

3. 被上诉人制作书面答辩状。第二审民事答辩状是第二审被上诉人针对上诉人提出的上诉请求作出答复，并依据事实与理由进行辩驳的法律文书。第二审答辩状的内容重点主要在于针对上诉人所提出的上诉理由和上诉请求的不实之处进行有理有据地反驳，并阐明被上诉人对第一审判决的认识和主张。民事答辩状经当事人签名或者盖章后提交人民法院。

4. 代理人与人民法院联系。代理人接受委托后应当及时与人民法院取得联系，向案件的审理人员提交委托协议书、授权委托书及律师事务所律师代理函等法律文书，明确代理人在第二审诉讼中的身份和资格，便于人民法院安排和通知开庭时间。

5. 查阅案卷。开庭前，当事人或其代理人应当到人民法院查阅案卷，客观、全面的了解案件的事实情况以及双方当事人在一审诉讼中提供的有关证据材料，分析、判断一审判决、裁定是否正确，并制作阅卷笔录。

如果只是做二审代理工作而没有参加一审诉讼的律师担任二审代理人，势必不了解一审工作，因此除了当事人的介绍外，应及时到法院查阅案卷，针对一审证据是否充分确凿，适用法律是否适当作为阅卷的重点，并复制有关案卷资料，必要时应与一审律师取得联系，尽可能地全面了解一审情况。同时还要注意有未经质证而被作为判决依据的证据也就是程序审、实体审。而且要对一审的判决结果要有一个重新掌握、判断、分析。通过阅卷重新整理材料。

《律师办理民事诉讼案件操作规程》第 103 条规定，律师在查阅一审案卷时，可对以下几方面作重点审查：

（1）一审认定事实是否清楚、完整，有无前后矛盾；

（2）一审证据是否充分、确凿，有无未经质证的证据作为判决裁定的依据；有无不该采信的证据采信了，该采信的却没采信；证据相互之间有无矛盾；

（3）一审认定的事实与判决、裁定的结果是否具备必然的逻辑联系；

（4）一审适用法律是否得当，适用的法律条文与案件性质、主要事实是否一致，有无适用已经废止的行政法规、地方性法规及司法解释；

（5）一审程序有无影响案件正确判决的违法情况。

对当事人在一审中已提出的诉讼请求或反诉请求，原审法院未作审理判决的，或判决结果超出诉讼请求范围的，律师应代当事人请求二审法院调解或发回重审。

6. 调查、收集证据。如果认为案件事实尚未查清，有需要调查的证据应当开展调查取证工作，调查、收集或者申请人民法院调查、收集有关证据，以全面了解案情、掌握证据，为开庭审理做好准备。

代理律师在二审中可以向法院提交一审提交过的证据，也可以提交新的证据。但如果是在法院一审的规定期限内没有出现的证据，除非证明这份证据是在一审审理过程中无法向法院提交或无法取到的证据，或者也无法申请法院去调查、调取的证据，否则不得在二审再提交（因其违反了最高人民法院关于证据的规定）。

7. 参加法庭审理。当事人或其代理人无特殊原因，应当亲自及时参加二审的法庭审理，充分地行使诉讼权利，履行诉讼义务，并发表辩论意见。具体工作要求与一审中原告及其代理人的要求相同。第二审法院依据有关规定不开庭审理的，当事人或其代理人应当及时将调查、收集的证据和整理出来的书面意见提交第二审人民法院，以利于审判人员了解案情、作出二审裁判。

二、上诉状、答辩状的撰写及写作注意事项

民事上诉状和民事答辩状的撰写区别于一审的起诉状和答辩状的是：①围绕一审的诉讼请求和证据，②认真分析一审判决的正确与错误，③不能补充或变更一审诉讼请求，唯发现一审判决认定事实不清，适用法律不当的，可以要求发回一审法院重审。需要注意的是在上诉人或被上诉人第一次使用称谓时用括号注明当事人的一审法律地位，便于第三者阅读，如上诉人（一审第三人）、被上诉人（一审原告）等，参见案例参考。

1. 民事上诉状。民事上诉状是指诉讼当事人，有独立请求权的第三人和被人民法院判决承担法律责任的无独立请求权的第三人在上诉期限内不服第一审判决或裁定，请求上一级人民法院撤销、变更原审判决或裁定而写的司法文书。

上诉状只能由具有法定身份的人提出才具有法律效力。根据我国《民事诉讼法》规定，民事案件的原告和被告，包括民事诉讼中只有一个原告和一个被告的双方当事人，原告或被告有两个以上共同诉讼人和有独立请求权的第三人都可提出上诉，无行为能力的当事人，可由法定代理人提起上诉。

上诉状必须在法定上诉期限内写出并提交上级人民法院才具有法律效力。民事上诉期限有两种：一是对判决提起上诉的期限为 15 日；二是对裁定提起上诉的期限为 10 日。期限从判决书送达后的第 2 日起算。逾期写出和送达的上诉状，不具有法律效力。

诉讼中的上诉制度，体现了人民法院对刑事和民事案件慎重处理的精神，也体现了法律上的平等原则和民主原则。民事上诉状的主要作用是引起第二审程序的发生，即引起第二审人民法院对一审判决或裁定进行全面细致的审查。如一审裁决有误，经二审法院审查，作出正确判决或裁定，可保护当事人的合法权益。如果原审裁决正确，经终审裁决后，可使正确的裁决得以实施，以维护国家法律的尊严。

民事上诉状有以下特征：

（1）民事上诉状必须是民事诉讼当事人及其法定代理人提起的，别人无权提起；

（2）民事上诉状必须是对地方各级人民法院的第一审裁判不服所提起的；

（3）民事上诉状必须依照法定程序和期限，向制作第一审裁判的上一级人民法院提起上诉。

民事上诉状包括标题、上诉人和被上诉人的自然情况、上诉的请求和理由、结尾和附项五个部分。其中，上诉的请求和理由是上诉状的中心内容，因为上诉状重点是讲清上诉的理由，也就是说，要针对原审判决、裁定中的不当之处提出不服的理由。这部分的写作要考虑三个方面：①关于对事实的认定。如果原审裁决在事实的认定上有错误，包括某种行为事实根本不存在、或有重大出入、或缺乏证据等，那就要用确凿的证据说明事实真相，全部或部分地否定原审裁决认定的事实。②关于定性、裁决和适用法律。如果原审裁决在认定事实方面没有出入，而是在认定案件性质、确定罪名以及适用法律作出的处理方面有误，那就要运用法律武器，包括从法律理论上的论证和引用具体的法律依据、指明原审裁决在适用法律方面的错误。③关于诉讼程序问题。如果原审法院在审理案件和最后裁决中，存在违反诉讼程序的错误，包括是否应当回避、是否应指定辩护人、审判方式是否公开、审判组织是否合法等，也应根据有关法律规定，指出其错误。在阐明了上诉理由的基础上提出具体的诉讼请求。如请求二审撤销、变更原裁决，或请求重新审理等。

理由的具体写法，有的先把原判决书（或裁定书）中不妥或错误的原话引出来；有的把原裁决不妥或错误之处概括成一段话，然后有针对性地陈述理由，予以反驳；有的以讲述理由为主，并结合指明原审裁决的不当之处。

代理律师在撰写上诉状时首要的工作是解读一审判决，按法律程序、事实认定、适用法律诸环节去发现一审判决的错误所在，在此基础上撰写上诉状。需要注意的是，第二审案件的审理仅围绕当事人上诉请求的范围进行，除非一审判决违反法律禁止性规定、侵害社会公共利益或者他人利益，当事人没有提出请求的，二审法院不予审查。因此，律师在撰写民事上诉状时，应分析双方的举证和判决的事实认定，分析一审判决的实体上和程序上的法律适用问题（其他撰写要求同起诉状）。若是由当事人自书的上诉状，代理律师在审查时首先要从格式上审查其是否符合要求；其次从内容上是否发现一审判决的错误，上诉请求是否清晰；最后审查是否有新的证据（其他内容要求同一审答辩状的撰写）。

◎ 文书格式

民事上诉状

上诉人：＿＿＿＿＿＿＿（原审原告人或原审被告人的姓名、性别、年龄、民族、籍贯、职业、单位、住址）

被上诉人：＿＿＿＿＿＿＿（原审被告人或原审原告人的姓名、性别、年龄、民族、籍贯、职业、单位、住址）

上诉人因＿＿＿＿＿＿一案，不服＿＿＿＿人民法院于＿＿＿＿年＿＿＿＿月＿＿＿＿日＿＿＿＿字第＿＿＿＿号（民）事判决（或裁定），现提出上诉。

上诉请求：＿＿＿＿＿＿＿＿＿＿＿＿＿＿＿＿＿＿＿＿＿＿＿＿＿＿

上诉理由：＿＿＿＿＿＿＿＿＿＿＿＿＿＿＿＿＿＿＿＿＿＿＿＿＿＿

此致

＿＿＿＿＿＿人民法院（或转送＿＿＿＿＿＿人民法院）

上诉人：＿＿＿＿＿＿＿＿（签章）

＿＿＿＿年＿＿＿＿月＿＿＿＿日

附：1. 上诉状副本＿＿＿＿份；

2. 书证＿＿＿＿件；

3. 物证＿＿＿＿件。

撰写民事上诉状时应注意：

（1）上诉状的写作要注意针对性。针对什么？就是要针对原审裁决。因为当事人就是认为原审裁决不公或不合法才上诉的。为此，在写作上诉状时，要对原审的判决书或裁定书进行仔细研究，把足以影响定罪量刑或裁决的关键问题找出来，然后根据不同的问题采用不同的方法进行反驳，抓住要害，摒弃枝节，揭示实质，讲清理由。

（2）上诉状的写作应以阐述理由为主线。如果原审裁决在认定事实上和上诉人之间并无分歧，自然主要是针对原判的适用法律和诉讼程序方面的不当申述理由。如果原审裁决在认定事实上有错误，当然在上诉状中首先要辨明事实，说明真相。但这种对事实真相的说明，根本目的还是为了阐明理由。事实是阐明理由的根据。所以，书写上诉状要注意处理好事实和理由的关系。

（3）上诉状写作的语言应注意分寸。上诉状是针对原审裁决申述理由的，具有驳论性质。但要摆事实讲道理，不能运用出格的语言伤害原审法院。这与写答辩状是不同的。答辩状当然也得摆事实讲道理。但针对的对象终究有所不同。

○ 示例

民事上诉状

上诉人（原审原告）：方××，男，1952年10月19日生，汉族，舒城县人，个体工商户，住安庆市××××××。

被上诉人（原审被告）：潮××（又名潮×圣），男，1954年9月28日生，汉族，安庆市人，住安庆市迎江区长风乡营盘村安乐组。

被上诉人（原审第三人）：舒×，女，1976年7月14日生，汉族，安庆市人，会计，住安庆市大观区花亭北村9栋102室，现住安庆市××××××。

被上诉人（原审第三人）：任××，男，1972年6月19日生，汉族，舒城县人，家禽加工，住舒城县××××××，现住安庆市××××××。

上诉人方××因债权纠纷一案，不服安庆市××区2010年8月23日（2001）×民一重初字第0001号民事判决，现提出上诉。

上诉请求：

1. 撤销（2001）迎民一重初字第0001号民事判决；

2. 判决被上诉人潮××偿还上诉人方××欠款人民币44 000元；

3. 本案一、二审诉讼费用由被上诉人潮××承担。

事实与理由：

一、原审法院判决认定事实错误

原审法院认定"被上诉人潮××任合伙现金出纳期间存在'欠帐'的事实，而非欠款、被上诉人任××于2007年7月向永强禽业市场经营分公司借款"明显错误。被上诉人潮××借款给他人是个人行为。理由如下：①在安庆市中级人民法院的庭审中，被上诉人潮××承认"被上诉人舒×撕毁的40 000元欠条是自己书写的，欠条的内容为被上诉人舒×欠被上诉人潮××的钱，而不是欠上诉人方××等三人成立的合伙组织的钱"。②上诉人方××等三人成立的合伙组织成员为上诉人方××、宋××、虞××，被上诉人任××是以个人名义向被上诉人潮××借款，经手人也是被上诉人潮××，与合伙组织无关。原审法院无中生有，认为被上诉人"任××于2007年7月向永强禽业市场经营的分公司借款1万元，后陆续还了7000元"，这与被上诉人出具的更改后内容为"移交后欠账人民币44 000元（其中舒×欠条40 000元，任××欠条4000元）"的"欠条"数字不符、自相矛盾，这样的欠条能作为证据使用吗？实在是难以令人信服司法的公正。即使按照原审法院的理解，暂不考虑证据相互矛盾的问题，被上诉人任××向被上诉人潮××借款就是向永强禽业市场经营分公司借款，不知是什么证据证明该事实？试问：该分公司就是上诉人方××等三人的合伙组织吗？被上诉人潮××是该合伙组织的出纳会计，由上诉人方××对其发放工资，什么时候又成了永强禽业经营公司的分公司的会计了？被上诉人潮××是该合伙组织的出纳会计就能证明上诉人方××等三人合伙组织是永强禽业经营公司的分公司吗？上诉人方××等三人的合伙组织是一个未经工商登记的独立、松散型的联合体，不受任何公司的约束，原审法院难道不需要审查吗？永强禽业经营公司设立分公司不需要在工商机关登记吗？这样就能认定被上诉人任××向被上诉人潮××借款就是向永强禽业市场经营的分公司借款了？就能否定被上诉人潮××欠上诉人方××等合伙组织44 000元的事实吗？如此的判决真是让人伤心和无奈。③原审法院审理查明，被上诉人潮××第一次以"潮×圣"名字出具的欠条内容为"移交后欠账人民币44 000元（其中舒×欠条40 000元不在内）"。变更后的欠条内容为"更正欠条：移交后欠账人民币44 000元（其中舒×欠条40 000元，任××欠条4000元）"。该欠条的变更，是上诉人方××当时为了让被上诉人潮××签上自己真实的姓名被迫接受的附加条件。上诉人方××等合伙组织全体成员出具的"证明"证实"……2008年2月4日，在轮岗换位移交工作时潮××（又名潮×圣）短少现金44 000元空缺交不出来，当时潮×圣出具了欠条一张给合伙体。……方××代潮××偿还了所欠的44 000元，合伙体解散时账目已清"。被上诉人潮××在一、二审庭审中均认可这一事实，这也是原审法院已审理查明的事实。因此，不难看出被上诉人潮××出具的欠条是在合伙组织账目清算结束后，欠合伙组织44000元，也就是说既然账目已清算结束，就不存在"欠账"而是"欠款"。再者，被上诉人潮××故意隐瞒自己的真实身份，欠款后逃之夭夭。上诉人方××在被上诉人居所地查找时发现查无此人，然后通过多种渠道、花了很长时间才将其找到，让其出示身份证，才知道其真实姓名，从这一点上也可以看出被上诉人潮××骗钱是有预谋的，人品极差，道德败坏。根据诚实信用原则并结合本案的全过程，也不难看出被上诉人潮×× "欠款"而非"欠账"的事实。因此，被上诉人潮××与被上诉人舒×、任×之间的借款纯属个人行为，原审法院认为"该欠条表明的是被告潮××在担任合伙现金出纳期间存在'欠账'而非欠款"与事实不符。

二、原审法院适用法律错误

原审法院认为"该欠条表明的是被告潮××在担任合伙现金出纳期间存在'欠账'而非欠款……可以认定原告方××与被告潮××并未形成真实的债权债务关系"。不仅与事实不符，更是适用法律错误。理由如下：①所谓债权债务，是指以债之法律关系为标的的涉诉案件。什么是债呢？《民法通则》第84条规定：债是按照合同的约定或者依照法律的规定，在当事人之间产生的特定的权利和义务关系。通说认为，债是特定当事人之间请求为一定给付的民事法律关系。在债的关系中，一方享有请求对方为一定给付的权利，即债权，该方当事人即上诉人方××称为债权人；另一方负有向对方为一定给付的义务，即债务，该方当事人即被上诉人潮××称为债务人。引起债的产生的法律事实主要有以下几种：合同、侵权行为、无因管理、不当得利等。现分析如下：上诉人方××与被上诉人潮××是雇佣合同关系，被上诉人潮××在雇佣活动过程中，上诉人方××将10万元现金交给被上诉人潮××保管，而被上诉人潮××在职务轮岗移交账目时，欠上诉人方××等合伙组织44 000元属于违约，理应承担归还44 000元的违约责任。②被上诉人潮××在任出纳会计时欠款44 000元已是不争的事实，根据合同的相对性原理，被上诉人潮××以他人欠其款为由拒付不能成立。③安庆市中级人民法院（2009）宜民一终字第677号民事裁定书裁定：本院经审理认为"本案中，案外人舒×、任××等人与本案的处理结果有直接的利害关系，是必须参加本案诉讼的当事人，而原审法院没有将其追加为本案的当事人进行诉讼，可能影响案件的正确处理"。裁定撤销安徽省安庆市迎江区人民法院（2009）迎民一初字第119号民事判决；发回安徽省安庆市迎江区人民法院重审。原审法院在重审时已追加了舒×、任××为第三人到庭参加诉讼。如果第三人舒×、任××在本案中不承担责任，原审法院应判决被告潮××给付原告方××欠款44 000元；如果第三人舒×、任××在本案中承担责任，应判决第三人承担责任。总之，不管第三人是否承担责任，都应支持原告的诉讼请求，而不是驳回起诉。

综上所述，原审法院认定事实、适用法律错误，导致判决结果错误。恳请你院撤销（2001）迎民一重初字第0001号民事判决；判决被上诉人潮××偿还上诉人欠款人民币44 000元。

此致
安庆市中级人民法院

上诉人：方××
2010 年 9 月 21 日

2. 答辩状。民事答辩状，是公民、法人或其他组织作为民事诉讼中的被告（或被上诉人），收到原告（或上诉人）的起诉状（或上诉状）副本后，在法定期限内，针对原告（或上诉人）在诉状中提出的事实、理由及诉讼请求，进行回答和辩驳时使用的文书。

○ 文书格式

民事答辩状

答辩人：_____

名称：_____ 地址：_____ 电话：_____

法定代表人：_____ 职务：_____

委托代理人：姓名：_____ 性别：_____ 年龄：_____ 民

族：_____ 职务：_____

工作单位：_____ 住所：_____ 电话：

_____

因_____诉我单位_____一案，答辩如

下：_____

_____

_____。

此 致

_____人民法院

答辩人：_____（盖章）

法定代表人：_____（签章）

_____年_____月_____日

附：1. 答辩状副本_____份。

2. 其他证明文件_____份。

撰写民事答辩状时应注意：

（1）答辩的理由是答辩状的主体部分，答辩理由应陈述起诉书中与事实不符，证据不足，缺少法律依据等问题，并列举有关证据和法律依据。

（2）提出答辩主张，即对原告起诉状或上诉人上诉状中的请求是完全不接受，还是部分不接受，对本案的处理依法提出自己的主张，请求法院裁判时予以考虑。

○ 示例

民 事 答 辩 状

答辩人：天津××电动自行车有限公司

地址：天津市××××××

法定代表人：××董事长

被答辩人：××

地址：北京市××××××

因被答辩人提起产品质量损害赔偿一案，现依据事实和法律答辩如下，请求人民法院依法驳回被答辩人的诉讼请求。

1. 被答辩人主张"该车车筐自行滑落"，显然没有依据。被答辩人所主张的"该车车筐自行滑落"，没有任何证据与之相印证，况且北京市公安局公安交通管理局的交通事故认定书也只是认定"A车行使时，A从车上摔下"，而并没有提到所谓的"车筐自行滑落"，可见，被答辩人所谓的"车筐自行滑落"根本不是事实，所以未被交警所采纳。并且根据常识我们可以认定，应是被答辩人发生交通事故在前，车筐碰撞脱落在后。所以被答辩人的这一陈述没有任何依据。

2. 被答辩人主张"因该车车筐自行滑落致前车轮受阻致原告发生交通事故"，亦显然没有依据。《中华人民共和国道路交通安全法》第73条规定："公安机关交通管理部门应当根据交通事故现场勘验、检查、调查情况和有关的检验、鉴定结论，及时制作交通事故认定书，作为处理交通事故的证据。交通事故认定书应当载明交通事故的基本事实、成因和当事人的责任，并送达当事人。"可见，在交通事故认定书中"应当载明交通事故的基本事实、形成原因"，可是，交通事故认定书并没有提到车筐的任何问题，也就是说交通事故的原因根本与车筐无关！并且被答辩人在驾驶过程中，车后座承载两人，被答辩人的不规范驾驶才是发生交通事故的根本原因。所以被答辩人对于交通事故原因的陈述，亦没有任何依据。

3. 被答辩人在起诉状中称我厂生产的电动自行车为"缺陷产品"，要求销售者和生产者承担赔偿责任，对此我方根本不能予以认同。因缺陷产品致人损害的侵权诉讼中，虽然实行的是严格责任原则，产品的生产者或销售者只就法律规定的免责事由承担举证责任。但受害人仍需就投入流通时的产品存在缺陷、使用缺陷产品所导致的人身伤害和缺陷产品外的其他财产损害、产品缺陷与受害人所受损害之间的因果关系负有举证责任。无论是《中华人民共和国产品质量法》第29条第1款（修订后的条款为第41条第1款），还是《中华人民共和国消费者权益保护法》第35条第2款都规定，产品生产者对消费者承担赔偿责任，要同时具备两个严格的前提条件：①必须是产品存在缺陷；②必须是因产品存在的缺陷造成人身或财产损害。查明的事实不能证明该产品存在缺陷，同时，查明的事实也不能证明陈宝玲的受伤与天津巨大电动自行车有限公司有必然的因果关系。被答辩人要求答辩人赔偿因被答辩人受伤所遭受的损失，没有事实根据和法律依据，应当驳回。

4. 我方保留追究被答辩人损害我厂名誉权的民事责任的权利。

　　此致
北京市××区人民法院

　　　　　　　　　　答辩人：天津××电动自行车有限公司
　　　　　　　　　　　　　　　2009 年×月×日

附：本答辩状副本 3 份。

学习任务二　新证据的提出

一、新证据的界定

　　二审程序中的新证据与一审程序中的新证据是有区别的，应当注意到这种区别。

　　根据《最高人民法院关于民事诉讼证据的若干规定》第 41 条第 2 项"二审程序中的新的证据包括：一审庭审结束后新发现的证据；当事人在一审举证期限届满前申请人民法院调查取证未获准许，二审法院经审查认为应当准许并依当事人申请调取的证据"和第 43 条第 2 款"当事人经人民法院准许延期举证，但因客观原因未能在准许的期限内提供，且不审理该证据可能导致裁判明显不公的，其提供的证据可视为新的证据"的规定，二审的新证据有两种。

　　第一种新证据是"一审庭审结束后新发现的证据"。这种新证据又分为两类：一类是一审庭审结束前已经存在的证据，另一类是一审庭审结束后才产生的证据。对于"一审庭审结束后才产生的证据"，作为新证据是没有争议的，也符合法理，作为律师，我们要善于发现并收集整理、及时提交，提交方式同一审举证，如并入上诉状时，应作新证据的特别提示，以免被当做一审超举证期限的证据，二审法院不予采纳。但对于"一审庭审结束前已经存在的证据"则较为复杂且争议很大。因为"一审庭审结束前已经存在的证据"是超举证期限的证据，为什么作为新发现的证据，是需要举证方说明并期待法官采纳的，作为举证方律师，首先应当证明当事人不是有意藏匿证据、确实是因客观原因无法及时提交；其次应证明不采纳此新证据可能影响公平原则，而公平原则是民事诉讼的基本原则，其举证要求同一审，但要注明二审新证据及作为新证据的理由。对一审申请法院调取未获准许的，作为新证据无争议，作为代理律师，宜在上诉同时向二审法院再次提出调取证据的申请，因为二审法院比一审法院对案件的基本事实有了更为全面的了解和把握，同时，两审法院对看待依职权调查取证问题也存在认识差异，因此，律师应结合具体案情强调二审法院应准许调查取证，促进二审法院为保障公正而支持己方当事人的申请。

第二种新证据是指"当事人经人民法院准许延期举证，但因客观原因未能在准许的期限内提供，且不审理该证据可能导致裁判明显不公的证据"。这种情形，在一、二审中均有。作为律师，我们应把握的是，这类证据是对举证时限制度的排斥，而不是法律允许当事人在举证时"突然袭击"；可以认为，这类证据应当是在当事人提供的证据锁链中居于核心地位，或是法院判决必须据此作出的主要证据，或是本案具体法律关系所涉及的主要事实。

新证据的收集和整理方法参见第五章。

二、提出新证据的注意事项

1. 应当把握新的证据的提出时间。根据《证据规定》第 42 条规定："当事人在一审程序中提供新的证据的，应当在一审开庭前或者开庭审理时提出。当事人在二审程序中提供新的证据的，应当在二审开庭前或者开庭审理时提出；二审不需要开庭审理的，应当在人民法院指定的期限内提出。"

对一审未被采纳的调取证据请求，宜在诉状中表明，并在二审立案后及时书面再提交专门的调取证据的申请。

2. 新的证据必须与一审存在的证据有关联度，必须针对一审判决中认定事实和法律适用上的错误提出，不能无的放矢。

3. 收集或整理证据应当有预案，必须预防不利或者可能无证明力的新的证据。

学习任务三　二审代理中的注意事项

一、第二审诉讼中应该注意的问题

1. 查阅案卷。没有参加一审诉讼的二审代理人，应及时到法院查阅案卷，并复制有关案卷资料，必要时应与一审律师取得联系，尽可能地全面了解一审情况。在查阅一审案卷时，可对以下几方面作重点审查：①一审认定事实是否清楚、完整，有无前后矛盾；②一审证据是否充分、确凿，有无未经质证的证据作为判决裁定的依据；有无不该采信的证据采信了，该采信的却没有采信；证据相互之间有无矛盾；③一审认定的事实与判决、裁定的结果是否具备必然的逻辑联系；④一审适用法律是否得当，适用的法律条文与案件性质、主要事实是否一致，有无适用已经废止的行政法规、地方性法规及司法解释；⑤一审程序有无影响案件正确判决的违法情况。

2. 查询二审合议庭对本案是书面审理还是开庭审理。

（1）对书面审理的，及时提交代理词；对二审法院通知询问的，及时准备好举证并在询问时提交或强调；对开庭审理的，同一审一样准备代理大纲。

二审采用书面审理的案件是二审法院认为事实清楚的案件。《最高人民法院关于民事经济审判方式改革问题的若干规定》第37条规定："第二审人民法院在审理上诉案件时……对事实清楚、适用法律正确和事实清楚，只是定性错误或者适用法律错误的案件，可以在询问当事人后迳行裁判。"

二审法院决定采用书面审理时，律师的工作有阅卷、参与询问和提交代理词。作为上诉人的代理律师，首先，应当注意己方当事人在上诉状中是否主张事实争议；其次，律师在阅卷时应认真分析一审案卷是否存在事实争议；再次，律师在参与法庭询问己方当事人时，当事人回答法庭询问是否有否定一审判决的事实认定。在上述任何一个环节中律师发现有事实争议的，应当书面向二审合议庭提出开庭审理的要求，并要求当事人把这项要求记入二审法院的询问记录中。

对采取书面审理的二审案件，律师的代理词应是针对具体案件的定性和适用法律展开，无须做无谓的铺垫。当然，代理人反对二审书面审理的代理词为例外。

对于二审认为不需要开庭的案件，律师如果认为书面审理难以起到必要的作用时，可以与审判员交换意见或申请开庭审理。如果二审程序有可能不开庭审理的，律师应详细全面撰写代理词。

（2）对开庭审理的二审案件，认真撰写代理词，做好出庭前的准备工作。《最高人民法院关于民事经济审判方式改革问题的若干规定》第37条规定："第二审人民法院在审理上诉案件时，需要对原证据重新审查或者当事人提出新证据的，应当开庭审理……"

二审开庭审理时，律师的准备与一审相同，一般应当有根据上诉状（答辩状）及其举证而展开准备的二审代理大纲。由于经历过一审审理，是否仅仅重申一审庭审和一审判决所支持的观点和依据，作为被上诉人的律师需要有充分的考虑。

由于受二审的审理时限所限，代理律师应及时整理代理词（代理词格式与一审代理词相同）。

3. 对当事人在一审中已提出的诉讼请求或反诉请求，原审法院未作审理判决的，或判决结果超出诉讼请求范围的，应当请求二审法院调解或发回重审。

4. 在二审时，原审原告或有独立请求权的第三人增加诉讼请求，或原审被告提出或增加反诉请求，应当建议二审法院调解或发回重审。

5. 应根据一审情况，及时做好证据补救工作，尽量收集支持本方主张，反驳对方主张的新证据。

6. 二审期间发现新的重要证据，或者有理由说明作为一审判决依据的主要证据不能成立，或者出现其他可能直接影响案件结果的情况，可建议二审法院开庭审理。

二、风险提示

1. 代理二审最大的风险是二审法院对律师代理关系的确定和认可。由于法院没有收取律师委托代理手续（律师事务所函、授权委托书）的确定程序，因此，案件进入二审程序时，应保持与二审立案庭和业务庭的联络，保障代理关系不被善意的遗忘。

2. 必须认真查阅一审案卷和二审新的证据。二审是一级审判，同时也是终审程序，不能受思维惯性影响，过于相信自己一审代理时的充分和切实，应当投入足够的时间和精力，充分研究对方当事人主张和理由可能产生的变化。

3. 注意与当事人沟通好二审中的调解方案。

○ 示例

代 理 词[1]

审判长、审判员：

北京××律师事务所依法接受被上诉人的委托，委托我担任上诉人诉被上诉人中国××艺术团（以下简称"艺术团"）舞蹈作品《千手观音》署名权纠纷案二审的诉讼代理人，出庭参与诉讼活动。现就本案争议事实，发表如下代理意见：

一、上诉人没有创编过任何舞蹈，不能对《千手观音》的创作要素及过程进行阐述，她创编舞蹈的说法缺乏基本的可信度

1. 上诉人没有创编过任何舞蹈作品。上诉人在 2000 年 7 月被中国××艺术团聘为排练老师前是北京××歌舞团的二级舞蹈演员，刚从××艺术学院两年制表演专业研究生班毕业，在此之前从未创编过任何舞蹈作品。到此时本案二审止，也没有创编或发表任何舞蹈作品。上诉人作为舞蹈演员在没有任何创编舞蹈的经验、经历前提下，突然称其独立创编了享誉世界的舞蹈精品《千

─────────────

〔1〕 该代理词引自中华全国律师协会编：《律师执业基本技能》，北京大学出版社 2007 年版，第 442～447 页。

手观音》，实在让人难以置信。

2. 上诉人被聘的职责和身份是排练老师，与舞蹈《千手观音》的创编工作无关。基于上诉人在北京××歌舞团是舞蹈演员，该团时任副团长的李×推荐给被上诉人聘请她为排练老师，协助被上诉人排练舞蹈，她没有创作舞蹈《千手观音》的职责和资格。上诉人从未创编过任何舞蹈，中国××艺术团不可能把为赴美演出创编舞蹈如此重要的政治任务委托给一个毫无创作经验、没有任何舞蹈作品，并且素不相识的年轻舞蹈演员来完成。在自2000年7月至本案诉讼前上诉人一直也是认可其排练者身份，并无异议，她提供的证据（原告证据19）也证明其以排练老师身份自居。在《千手观音》自2000年××剧院首演，到2004年雅典运动会演出首度震惊世界，4年时间里，上诉人从未主张过她是创编者。但当《千手观音》在中央电视台播出后享誉海内外时，上诉人起诉主张她是唯一的作者，其意图一目了然。

3. 上诉人对《千手观音》的创作主题、动作特点和音乐、舞美、服装、灯光一无所知。上诉人在本案中自称是堪称中国舞蹈极品的《千手观音》的作者，却几乎不能提供创作素材来源，对于《千手观音》的创作思路、创作主题、舞蹈的动作特点，她竟然也不能进行一般性的阐述。并且，对于舞蹈元素中的音乐、舞美、服装、灯光等主要元素竟然一无所知，甚至与部分主创人员根本不认识，也从未与其他主创人员有任何沟通、交流，她创编《千手观音》的说法是不可信的，也是可笑的。

4. 上诉人对舞蹈创编的基本规律的错误陈述印证了其根本不懂舞蹈创作的一般常识，更表明她根本没有创编过任何舞蹈。上诉人在上诉状及庭审中称"舞蹈创作的基本规律是，舞蹈创作必须在排练厅中，当着演员的面进行"，这与她对于《千手观音》创编过程的阐述也是相矛盾的。

舞蹈创作与其他艺术创作一样，并非是在排练厅面对舞蹈演员的肢体来进行的，就如同让文学家写战争或科幻小说并非是对其亲身经历的场面进行记录，画家尤其是国画大师并非是对眼前的静物的呆板素描一样。所谓舞蹈创作，就必须在经过长期的素材积累和构思后，在背离他人的独处的精神极度放松的状态下，编导用自身的身体来反复判断、反复体验、反复推敲，创编舞蹈动作、动作与动作的链接，以及确定舞蹈的节奏和韵律，创作是必须"心中有丘壑"的，编导设计的动作早已在自身的肢体上烂熟。所以，根据舞蹈创作的一般规律，舞蹈编导应该在没有任何干扰的环境下进行创作，面对着众多的舞蹈演员"等米下锅"般的即兴创编舞蹈是不可能的，尤其是要面对着12位演员即兴创作严谨的中国古典观音舞蹈更是绝无可能。只有排练老师的本职工作是必须在排练厅里面对着演员进行的。

　　按照上诉人所述的舞蹈创编规律，编导就不可能创作出舞蹈作品，因为，如果编导离开演员就不会创编动作，那肯定不是舞蹈编导，仅仅只能面对演员工作，更说明不是舞蹈教员，而是排练老师。在舞蹈界很少听说创编舞蹈就是常年聘请舞蹈演员在眼前摆姿势，这是她作为排练老师对舞蹈创作的一种凭空猜想罢了。因为上诉人根本不是编导，不懂舞蹈创作，也根本没有创编过舞蹈，因此她如此陈述所谓舞蹈创作规律就不足为奇了。

　　二、上诉人提供的相关证据是伪证，不能用以证明其创编了舞蹈《千手观音》

　　1. 上诉人提供的相关证据，证明了两种自相矛盾的舞蹈创作"事实"，她创作舞蹈的说法显然是虚构的、不真实的。上诉人在其《关于千手观音舞蹈作品的创作过程》（原告证据18）阐述到，2006年6月底，她"没有刻意看过任何敦煌的图片，就是面对着这尊小佛像（八臂观音），开始作起《千手观音》舞蹈创作初期的案头工作"。并且，"经过几天的苦思冥想，主题已定，表现形式已有，在这个时候，舞蹈创作可就要往实处落"，在据试排不到一个星期的时间里，她"开始根据人数画起了调度图"。为此，她还提供了据称在2006年6月底至7月初所绘制的"《千手观音》舞蹈作品的案头和排练草图"（原告证据1），以证明其创编舞蹈。以上证据表明，上诉人是在正式排练之前，在没有舞蹈创作经验，没有面对舞蹈演员情况下，几乎无须任何素材，在"空想"状态下，不到一个星期就创作完成舞蹈精品《千手观音》。如上诉人前面所述为真，则上诉人堪称舞蹈界的"奇才"。

　　然而，上诉人在本案的上诉状，以及在本案的庭审中以舞蹈编导自居时，多次宣称"舞蹈创作的一般规律是要面对舞蹈演员，必须在排练厅完成舞蹈创作"。并且，上诉人提供的7位聋人演员的证词，均证明上诉人于2006年7月底到8月底的一个月里在排练厅即兴创编了舞蹈《千手观音》。

　　上诉人陈述的两个截然不同版本的所谓创作舞蹈事实、不同的创作完成时间和自相矛盾的创作规律，足以说明她创编舞蹈的证据是不真实的，她创编舞蹈的说法完全是虚构的。

　　2. 上诉人提供的她创编舞蹈的"直接"证据《案头手稿和排练草图》，没有基本的真实性。上诉人提供的所谓舞蹈草图没有注明绘制时间和绘制人，不能证明是由上诉人于2000年7月原创绘制。上诉人称她绘制的草图和创编舞蹈的时间为2000年7月，并在草图中标明了领舞"××华"的位置，证据的画面整洁、干净，可以看出并非是所谓手稿或草图，并且，中国××艺术团在2000年8月才确定"××华"为领舞，图中画的是《千手观音》2000年8月底的舞蹈定型动作，因此，上诉人用来证明她2000年7月创编舞蹈的草图是为本案诉讼补画而成，上诉人出具的是伪证，此在一审中上诉人、上诉人的代理人已对此予以承认。

正是在上诉人一审中承认 2000 年 7 月创编舞蹈的证据是伪证的事实后，在本案二审中，她刻意修正其关于舞蹈创编的过程的事实陈述，谎称其在 2000 年 8 月~9 月在排练厅创编了《千手观音》，并虚构了一个"舞蹈创作必须在排练现场进行"的创作规律。

3. 上诉人提供的 7 个证人证言缺乏合法性和关联性，且是评论性语言，不能作为本案的定案证据。上诉人提供的 7 份演员的证言，是她"创编"舞蹈的间接证据，但都缺乏证明力。首先，7 份证言系在上诉人的授意和逼迫下出具，该证据缺乏合法性（见被上诉人提供的韩××、朱××的证言）；其次，7 个证人没有出庭进行质证，证人在证词中主观评判认定上诉人"创编"了舞蹈，不符合证据规则；最后，演员不参加创作会，不知道主创人员的具体分工，而她们在证言中描述亲眼所见的正是上诉人 2000 年 8 月在排练舞蹈的场景，并不是创编舞蹈的过程。就如同语文老师在课堂面对学生教授诗词短文，而文学作品则是他人在他处写就的，而绝不是语文老师在课堂上即兴创作的。因此，聋人舞蹈演员就好比学生，他们只是看见排练老师示范舞蹈动作，并不了解舞蹈动作的创编者是谁。

综上，上诉人主张其为舞蹈《千手观音》的唯一作者，对此应当负有举证责任，但她没有任何直接、原始的证据证明，是她接受中国××艺术团委托来创编该作品，是她提出该作品的创意和构思，是她完成了该作品舞蹈设计的动作。而她提供所谓创编舞蹈的证据之间自相矛盾，漏洞重重，应是伪证，不能作为本案的定案依据。

三、被上诉人有充足的证据证明，是被上诉人完成创编舞蹈《千手观音》程序的整个环节，根据排练进度，分段将舞蹈动作教给排练老师上诉人和王××，由上诉人和王××给舞蹈演员示范排练

1. 被上诉人完成创编舞蹈《千手观音》程序的整个环节，从工作内容上不难看出，他无疑是舞蹈《千手观音》的作者。被上诉人自 12 岁开始从事舞蹈艺术，17 岁开始从事舞蹈创作，有 30 余年的舞蹈创作经历。被上诉人所创作的舞蹈作品除《千手观音》外，还有其他舞蹈作品多达 400 余部，有着很深厚的舞蹈创作背景和素养，他创作出《千手观音》也是厚积薄发的必然结果。

早在 1996 年前，被上诉人在山西的一次采风，云冈石窟的石雕、五台山的 17.7 米的千手观音铜雕、太原市中心文庙崇善寺的千手千眼泥雕，均启发了被上诉人的创作观音舞的灵感。此后 4 年中，被上诉人逐步完成了观音舞

蹈的素材积累和明晰了舞蹈创作构想。

被上诉人接受中国××艺术团邀请，从 2000 年 5 月至 7 月初期间，将其积累和构思了三四年之久的观音舞蹈的创作付诸于行动，着手进行正式创编观音舞蹈，基本完成主体动作和画面的设计。2000 年 7 月初，被上诉人和赴美晚会的总撰稿赵××曾反复斟酌新创观音舞蹈的名称，最终由被上诉人将其定名为《千手观音》。

在 2005 年 7 月下旬，被上诉人作为舞蹈《千手观音》编导，就舞美、灯光、服装等创作问题，多次向舞美设计师张×，服装设计师宋×，灯光设计师沙×和王×阐述和明确了其舞蹈构想、美学特征、动作特点及主要的舞蹈画面，并分别向各元素主创人员有针对性下达不同的设计要求。

由于音乐在舞蹈中具有至关重要的作用，有"舞乐不分家的说法"，并且，舞蹈的结构必须与音乐的结构一致。被上诉人对《千手观音》音乐创作的时间长度、音乐结构、音乐风格提出了详细要求，总导演李×当场作了详细的笔记，并向作曲王×同志作了具体的部署。

被上诉人基本完成了编舞后，作为编导，按照舞蹈业界的惯例，委托李×找一个有舞蹈基础的专职排练老师，李×推荐了刚从学院进修班毕业的上诉人。经被上诉人审定，正式指定老师王××和上诉人共同负责给 12 位演员排练被上诉人创编的作品《千手观音》，由于王××既会手语，又学习过舞蹈，因此，她在本案中是全面了解舞蹈创编排练过程的重要证人。

被上诉人多次亲自到排练厅给演员排练，不断修改，不断创作新的画面和动作，直至最后定稿。

到 2000 年 8 月底，经过近 40 余天的封闭创编和排练，舞蹈《千手观音》首次在 21 世纪剧院舞台合成均是由被上诉人调度决定，被上诉人通过合成又对舞蹈各元素进行了相应的调整，从而完成了舞蹈《千手观音》创作的全过程。

舞蹈编导的完整工作内容是从素材积累、创意构思、编舞排练到组织实施、合成修改，要全程负责，并且作为舞蹈的编导和作者，还必须负责舞蹈的音乐、舞美、服装、灯光等元素的总体构思、设计，因此，从以上的工作内容的各个环节不难看出，被上诉人是舞蹈《千手观音》的作者无疑。而对比上诉人工作则只是参与协助被上诉人负责排练的一个环节工作而已，没有对舞蹈有实质性的创作。

2. 被上诉人根据排练进度，分段落将舞蹈动作和排练方法教给排练老师上诉人和王××，由上诉人和王××给聋舞蹈演员示范排练。在指定上诉人和王××为舞蹈《千手观音》排练老师后，在赴美演出晚会封闭创作驻地的空军指挥学院的别墅二楼、一楼和餐厅，由于舞蹈的排练必须分段进行，被上诉人就根据排练进度，当着赵×、李×、王××等同志的面，按音乐的一个八拍或两个八拍分段将他创编的舞蹈动作教给了上诉人和王××，并绘图说明。再由上诉人和王××示范讲解给舞蹈演员，进行舞蹈的排练。整个舞蹈的排练过程，基本是排练完一小段舞蹈动作，被上诉人再教上诉人和王××一小段新的舞蹈动作。并且，在每排练一小段舞蹈后，被上诉人也会亲自到排练厅给演员修改排练，并对已有的一段舞蹈动作进行相应审查确定后，再进入下一小段舞蹈的传授和排练。如编导一次性将七八分钟的舞蹈完整地教给排练老师，排练老师是不可能一次记下来的，也是不符合舞蹈实际排练惯例的，况且面对的是业余演员，舞蹈基础较差，一小段舞蹈需要反复排练好几天。

综上，被上诉人作为舞蹈《千手观音》的编导，完成了舞蹈创作程序整个环节的工作，他是《千手观音》的唯一作者。上诉人作为一名舞蹈演员，从未创编过任何舞蹈作品，仅是在舞蹈付诸实施中担任了排练老师的工作，没有对舞蹈有实质性的创作，不是《千手观音》的创编者。上诉人在本案中提供她创编《千手观音》的证据均是自相矛盾的伪证，不能作为本案定案的依据。

因此，请求人民法院依法驳回原告的诉讼请求。

××律师事务所

庞××律师

××年×月×日

实务训练

【实训项目】

上诉人（原审原告）：王某

被上诉人（原审被告）：李某

2008年6月16日，王某与李某签订房屋租赁协议一份。该协议约定：由王某租用李某的房屋，每月租金为2200元，租期从2008年9月1日至2009年7月31日止。2008年年底李某以王某未按时足额交付租金为由，要求王某搬离其房屋。王某不同意搬出，2009年1月底，李某办理了该房屋的停电停水手续，导致王某无法在该房屋内居住。承租人王某遂于2009年2月向法院起诉，要求继续履行合同。

李某答辩并提出反诉称，王某未按约定的时间及金额足额交付租金，并擅

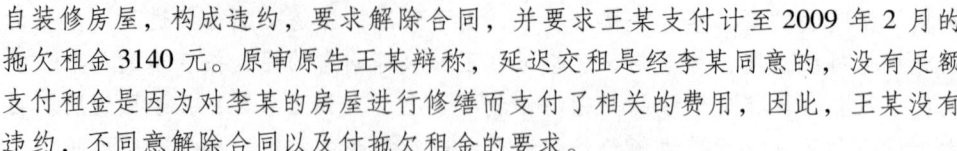
自装修房屋，构成违约，要求解除合同，并要求王某支付计至 2009 年 2 月的拖欠租金 3140 元。原审原告王某辩称，延迟交租是经李某同意的，没有足额支付租金是因为对李某的房屋进行修缮而支付了相关的费用，因此，王某没有违约，不同意解除合同以及付拖欠租金的要求。

一审法院判决如下：

1. 解除王某与李某于 2008 年 6 月 16 日签订的房屋租赁协议。

2. 王某应当在本判决发生法律效力 3 日内向李某支付拖欠的租金 1600 元（计至 2009 年 2 月 28 日），并从 2009 年 3 月 1 日起至实际交还房屋时止按合同约定的标准每月向李某支付租金 2200 元。

3. 驳回王某的诉讼请求。

4. 驳回李某的其他诉讼请求。

王某不服一审判决提起上诉，认为上诉人没有违约，一审法院适用法律错误，应适用《城市房屋租赁管理办法》（已失效）第 19 条、第 24 条的规定。根据该规定，只有迟交房租 6 个月，出租人才可解除合同。被上诉人李某辩称：上诉人声称被上诉人同意上诉人迟交租金、减少租金不是事实，被上诉人是根据双方签订合同的约定解除合同的，上诉人所称《城市房屋租赁管理办法》的规定，与双方签订的合同相比不足以否定双方签订合同的效力。

二审法院认为，原审判决认定事实清楚，适用法律正确，上诉人上诉理由不成立，依法应予驳回。据此，判决如下：

1. 驳回上诉，维持原判。

2. 二审受理费 576 元，由上诉人负担。

【训练目的及要求】

通过实训，使学生学会运用法律和事实，掌握提起上诉应具备的条件和方式；能针对一审裁判认定事实和适用法律情况，分析整理提起上诉应提供的证据材料，确定上诉的请求，并制作上诉状。熟练处理相关上诉的诉讼活动。

【训练方法】

参训学生 4~8 名为一组，分角色扮演。由 2~4 名学生分别模拟上诉人及其诉讼代理人，1~2 名学生模拟被上诉人及其诉讼代理人，1~2 名学生模拟法官。

【相关工作任务】

任务一：分析审查一审裁判，判断是否属于可提起上诉的法律文书。

步骤 1：审查案件一审基本情况，审查该法律文书能否提起上诉，审查该案是否属于在法定期限内上诉；

步骤 2：分析判断一审裁判是否合理正确，是否存在可能影响公正裁判的情形。

　　任务二：收集整理二审相关证据材料。

　　步骤1：调查收集整理二审相关证据材料，了解或调查是否有新的证据；

　　步骤2：组织二审材料和思路，确定上诉请求和上诉的事实与理由。

　　任务三：整理证据目录，提起上诉。

　　步骤1：向有管辖权的法院提起上诉；

　　步骤2：按照格式和要求，向法院提交上诉状（答辩状），进行上诉代理；

　　步骤3：按照有关规定缴纳诉讼费用。

思考与练习

1. 代理人在二审中需要做些什么工作？

2. 二审中的新证据包括哪些？在提交新证据时应当注意什么？

3. 撰写民事上诉状和答辩状时应注意些什么？

第八单元 终审判决后的代理工作

学习目标：
- 了解终审判决后代理的主要工作内容和技巧；
- 掌握执行程序中代理的工作内容、流程和注意事项；
- 掌握再审程序中代理的工作内容、流程和注意事项。

导入案例

2006 年 3 月 21 日晚，患儿鄂某在家不慎向前摔倒，当时无不适反应，次日上午出现恶心及呕吐，便来到某医院就诊。儿科医生黄某诊后说没什么事，可能是消化不良，便开出酵母片及维生素 B6 两种药让患儿服用。但患儿服用后仍然出现呕吐、发热，又于 23 日凌晨 1 时再次就诊。当时患儿出现烦躁不安、呕吐物含血、高热、无尿，全身皮肤青紫，意识逐渐不清等症状。在此期间患儿亲属多次找医务人员报告病情，但均未给予相应的应急处理，6 时患儿死亡。死后，尸检病理诊断报告的死亡原因为：机械肠梗阻引发肠坏死，导致广泛炎症浸润所致。患儿亲属以诊疗行为误诊、误治、导致患儿死亡为由，向区人民法院提出医疗损害赔偿的诉讼。

一审法院认为，原告鄂某（即于某之女）在被告某医院就医死亡，经鉴定不构成医疗事故，故医疗机构不承担赔偿责任。依据《民事诉讼法》第 64 条、《医疗事故处理条例》第 49 条第 2 款的规定，于 2006 年 12 月 13 日作出 (2006) ×民初字第×号民事判决书，驳回原告鄂某、于某的诉讼请求。原告对此判决不服，向中级人民法院提出上诉。终审法院经审理认为，上诉人无证据证实被上诉人诊疗过程中存在过错，原审驳回其诉讼并无不当。依照《民事诉讼法》第 153 条第 1 款第 1 项之规定，于 2007 年 4 月 12 日作出 (2007) ×中字第×号民事判决书，驳回上诉，维持原判。上诉人对终审法院判决不服，于 2009 年 5 月 7 日，向中级人民法院申请再审。

除了最高人民法院的一审判决，以及当事人放弃上诉后的一审判决外，其他的终审判决都是二审判决。面对终审判决，首先应当考虑的是如何执行的问题。而执行程序虽是民事诉讼程序的一部分，但与判决前的其他程序有很大的不同。随着民事执行制度的不断完善，民事案件的执行力度也在不断加大。

此外，如果当事人无法接受其判决的结果，虽然已经没有其他的标准程序，但仍旧可以根据事实与法律，通过申请再审或申诉等方式，去努力维护自己的合法权益。

学习任务一　执行程序中的代理

民事执行程序是指人民法院的执行组织针对发生法律效力的法律文书确定的给付内容依法采取强制措施，迫使义务人履行义务时所依据的程序。执行程序是民事诉讼活动的最后阶段，与判决前的其他程序有很大的不同。根据我国《民事诉讼法》的规定，民事执行的启动方式有两种：申请执行和移送执行。其中，申请执行是指因被执行人拒不履行生效法律文书中确定的义务，申请执行人为了实现自己的合法权利，而申请人民法院强制执行生效法律文书的行为。

一、代理申请执行

申请执行，是指当事人向人民法院递交要求人民法院依法强制被申请人履行法律文书确定的义务的申请的行为。由于民事权利属于可以放弃的权利，故当事人不申请执行，法院原则上不主动依职权启动执行程序。

（一）申请执行的条件

当事人向法院申请执行，要符合下列条件：

1. 据以执行的法律文书已经发生法律效力，并具有执行的内容。

2. 法律文书规定的履行期限已经届满，义务人仍未履行。

3. 执行申请应在法定期限内提出。《民事诉讼法》第239条规定，申请执行的期间为2年。当事人逾期提出申请的，法院原则上应不予受理，如期间的耽误是因不可抗拒的事由或者其他正当理由，当事人可以向法院申请顺延期间，是否准许由法院决定。

4. 必须向有执行管辖权的人民法院提出申请。当事人申请执行应向法院递交申请书。

（二）撰写申请执行书

当事人申请执行，应当向人民法院提交申请执行书。申请执行书内容包括：①申请执行人、被申请人的基本情况；②申请请求；③申请执行的理由、事项、标的及申请执行人所了解的被执行人的财产状况。申请书应写明执行根据的名称、字号、申请执行的理由、被执行人的经济状况（包括可执行的财

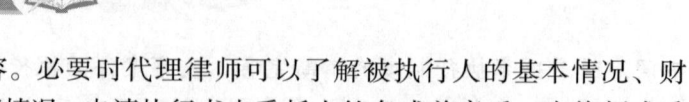

产及其他线索）等内容。必要时代理律师可以了解被执行人的基本情况、财产状况以及案件的审理情况。申请执行书由委托人签名或盖章后，由律师或委托人在法定期限内向有管辖权的人民法院提出申请。

○ **文书格式**

申请执行书

申请人：＿＿＿＿＿＿＿＿＿（写明姓名、性别、年龄、民族、籍贯、职业或工作单位和职务、住址）

被申请人：＿＿＿＿＿＿＿＿＿（写明姓名、性别、年龄、民族、籍贯、职业或工作单位和职务、住址）

申请人与被申请人之间因＿＿＿＿＿＿＿＿＿＿一案，业经＿＿＿＿＿人民法院（或仲裁委员会）于＿＿＿＿年＿＿＿月＿＿＿日作出（　　　）＿＿＿＿字第　　号一审（或终审）民事判决，（或仲裁委员会于＿＿＿＿年＿＿＿月＿＿＿＿日作出（　　　）字第＿＿＿＿号民事判决书（或裁决、调解），被申请人拒不遵照判决（或裁决、调解）履行。为此，特申请你院给予强制执行。

事实和理由：

＿＿＿＿＿＿＿＿＿＿＿＿＿＿＿＿＿＿＿＿＿＿＿＿＿＿＿＿＿＿＿＿＿＿

＿＿＿＿＿＿＿＿＿＿＿＿＿＿＿＿＿＿＿＿＿＿＿＿＿＿＿＿＿＿＿＿＿＿。

此致

＿＿＿＿＿＿人民法院

申请人：＿＿＿＿＿＿＿（签名或盖章）

＿＿＿＿＿＿年＿＿＿＿月＿＿＿日

附：1. 生效法律文书（如判决书、调解书、公证书、裁决书）＿＿＿＿＿份。

2. 被执行人的财产状况和证据。

（三）向法院提交的材料

提出执行申请时，代理人应向人民法院提供下列文件和证件：

1. 申请执行书。

2. 生效法律文书副本。即作为执行依据的法律文书的副本。

3. 申请执行人的身份证明。公民个人申请的，应当出示居民身份证；法人申请的，应当提交法人营业执照副本和法人代表身份证明；其他组织申请

的，应当提交营业执照副本和主要负责人身份证明。

4. 继承人或权利承受人申请执行的，应当提交继承或承受权利的证明文件。

5. 应当提交的其他文件或证件。如申请执行仲裁机构的仲裁裁决，应当向人民法院提交有仲裁条款的合同书或仲裁协议书；申请执行国外仲裁机构的仲裁裁决的，应当提交经我国驻外使领馆认证或我国公证机关公证的仲裁裁决书中文版本。

申请执行人可以委托代理人代为申请执行。委托代理的，应当向法院提交委托人签字或盖章的委托书及所在律师事务所的函，写明委托事项或代理人的权限。委托代理人代为放弃、变更民事权利，或代为进行执行和解，或代为收取执行款项的，应当有委托人的特别授权。

执行法院对符合上述执行条件的申请，应当在收到申请书 7 日内予以立案，对于不符合上述条件的申请，应当在 7 日内裁定不予受理。

二、明确执行的方法与手段

只有具有给付内容的判决才具有执行力。判决的执行力是指以判决为执行根据，通过法院司法执行权予以强制执行的效力。

给付内容不同，执行的方法和手段也不同。根据《民事诉讼法》第二十一章的规定，我国民事执行的具体措施有以下几种：

（一）查询、冻结、划拨被申请执行人的存款

查询是指人民法院向银行、信用合作社等单位调查询问或审查追问有关被申请人存款情况的活动。

冻结是指人民法院在进行诉讼保全或强制执行时，对被申请执行人在银行、信用合作社等金融单位的存款所采取的不准其提取或转移的一种强制措施。人民法院采取冻结措施时，不得冻结被申请执行人银行账户内国家指明用途的专项资金。但被申请执行人用这些名义隐蔽资金逃避履行义务的，人民法院可以冻结。

冻结被申请执行人存款的最长期限为 6 个月，需要继续冻结的，应在冻结到期前向银行、信用合作社等办理冻结手续，否则，逾期不办理，视为自动解除冻结。

划拨是指人民法院通过银行或者信用合作社等单位，将作为被申请执行人的法人或其他组织的存款，按人民法院协助执行通知书规定的数额划入申请执行人的账户内的执行措施。划拨存款可以在冻结的基础上进行，也可以不经冻结而直接划拨。

人民法院采取查询、冻结、划拨措施时，可直接向银行营业所、储蓄所及

信用合作社提出，无须经其上级主管单位同意。外地人民法院可以直接到被申请执行人住所地、被执行财产所在地的银行、信用合作社查询、冻结和划拨存款，无须经当地人民法院同意或者转办手续。当地银行、信用合作社必须协助办理，不得以扣收到期贷款或贷款利息等任何理由拒绝和搪塞。拒绝协助的，人民法院可以依照《民事诉讼法》的规定予以罚款，建议监察机关或者有关机关给予纪律处分。

（二）扣留、提起被申请执行人的收入

《民事诉讼法》第243条规定："被执行人未按执行通知履行法律文书确定的义务，人民法院有权扣留、提取被执行人应当履行义务部分的收入。但应当保留执行人及其所扶养家属的生活必需费用。人民法院扣留、提取收入时，应当作出裁定，并发出协助执行通知书，被执行人所在单位、银行、信用合作社和其他有储蓄业务的单位必须办理。"在执行实践中，扣留、提取被申请执行人的收入是人民法院经常使用的一种执行措施。扣留和提取是紧密相连的两个执行措施，扣留是临时性措施，是将被申请执行人的收入暂扣下，仍留在原来的单位，不准其动用和转移，促使其在限定的期限内履行义务。如超过期限仍不履行的，即可提取该项收入交付申请执行人。

（三）查封、扣押、拍卖、变卖被申请执行人的财产

被申请执行人未按执行通知履行义务，人民法院有权查封、扣押、拍卖、变卖被申请执行人应当履行义务部分的财产。

查封是一种临时性措施，是指人民法院对被申请执行人的有关财产贴上封条，就地封存，不准任何人转移和处理的执行措施。

拍卖是人民法院以公开的形式、竞争的方式，按最高的价格当场成交，出售被申请执行人的财产。

变卖是指强制出卖被申请执行人的财产，以所得价款清偿债务的措施。人民法院在执行中需要变卖被申请执行人财产的，可以交由有关单位变卖，也可以由人民法院直接变卖。由人民法院直接变卖的，变卖前，应就价格问题征求物价等有关部门的意见，变卖的价格应当合理。

人民法院扣留、提取的存款和收入，拍卖、变卖被申请执行人财产所得的金钱，应及时交付申请执行人，并结束执行程序。

（四）搜查被申请执行人隐匿的财产

在执行过程中，还会出现被申请执行人不仅逾期不履行法律文书确定的义务而且还将财产转移起来，拒绝向人民法院交代自己真实的财产状况等情况。针对这些情况，《民事诉讼法》第248条第1款规定："被执行人不履行法律文书确定的义务，并隐匿财产的，人民法院有权发出搜查令，对被执行人及其

住所或者财产隐匿地进行搜查。"

　　在搜查中，如发现有应依法查封或者扣押的财产时，执行人员应当依照《民事诉讼法》的规定查封、扣押。如果来不及制作查封、扣押裁定的，可先行查封、扣押，然后在 48 小时内补办。

　　（五）强制被申请执行人交付法律文书指定交付的财物或者单据

　　人民法院的判决书、裁定书、调解书以及应由法院执行的其他法律文书指定一方当事人交付财物或者票证的，执行人员应在做好被申请执行人思想工作的基础上，传唤双方当事人到庭或到指定场所，由被申请执行人将法律文书交付的财物或票证直接交付申请执行人签收。被申请执行人不愿当面交付的，也可以将应付的财物或票证先交给执行人员，由执行人员转交。对当事人以外的公民个人持有该项财物或票证的，人民法院应通知其交出。经教育仍不交出的，人民法院就依法强制执行并可按照《民事诉讼法》第 110 条的规定予以罚款，还可以向监察机关或者有关单位建议，给予其纪律处分。有关单位持有该项财物或票证的，人民法院应向其发出协助执行通知书，由有关单位转交。有关单位和个人持有法律文书指定交付的财物或者票证，因其过失被毁损或灭失的，人民法院可责令持有人赔偿。拒不赔偿的，人民法院可按被申请执行财物的实际价值或者票据的实有价值裁定强制执行。

　　（六）强制被申请执行人迁出房屋或者退出土地

　　强制迁出房屋或退出土地，是指人民法院执行机构强制搬迁被申请执行人在房屋内或特定土地上的财物，腾出房屋或土地，交给申请执行人的一种执行措施。

　　（七）强制执行法律文书指定的行为

　　这是一种特殊的强制措施，由人民法院执行人员按照法律文书的规定，强制被申请执行人完成指定的行为。

　　（八）强制加倍支付迟延履行期间的债务利息和支付迟延履行金

　　加倍支付迟延履行期间的债务利息是指被申请执行人的义务是交付金钱，在依法强制其履行义务交付金钱的同时，对他拖延履行义务期间的债务利息，要在原有债务利息上增加一倍，按银行同期贷款最高利率计付，从判决、裁定和其他法律文书指定交付日届满的次日起计算，直至其履行义务之日止。另一种情况是指被申请执行人未按判决、裁定和其他法律文书指定的期间履行非金钱给付义务的，因为拖延履行已给申请执行人造成损失，故应当支付迟延履行金。迟延履行金的数额可以由人民法院根据案件的具体情况另行决定。

　　人民法院依照《民事诉讼法》第 253 条发出的执行通知，除责令被申请执行人履行法律文书确定的义务外，并应通知交纳迟延履行期间的债务利息或者迟延履行金。在这两种措施中，既有给申请执行人补偿损失的部分，也有对被申请执行人制裁的部分。

（九）强制办理有关财产权证照转移手续

《民事诉讼法》第251条规定："在执行中，需要办理有关财产权证照转移手续的，人民法院可以向有关单位发出协助执行通知书，有关单位必须办理。""有关财产权证照"是指房产证、土地证、山林所有权证、专利和商标证书、车辆执照等不动产或特定动产的财产权凭证。在执行过程中，有些财产被执行后改变了权利人，只有办理了财产权证的转移手续才算彻底完成执行任务。人民法院的执行人员在办理这些证照转移手续时，须向有关单位发出协助执行通知书，说明具体要求，通知有关单位协助办理，有关单位有协助办理的义务。

学习任务二　申请再审或申诉

再审程序是指人民法院对已经审结的案件，以及发生法律效力的判决书、裁定书认为确有错误的，而再次进行审理所使用的法定审判程序。再审程序是对有重大瑕疵的确定判决进行救济的程序，是具有补救性质的纠错程序。

在我国《民事诉讼法》中，有关再审程序的内容都在审判监督程序中规定。因此，通说认为再审程序就是审判监督程序。再审包括人民法院决定的再审、当事人申请的再审和人民检察院提出的再审。其中，当事人申请再审，是指当事人对已经发生法律效力的判决、裁定、调解书认为确有错误，请求人民法院对案件再次审理并加以改判的诉讼行为。从司法实践来看，原裁判是否有错误主要通过当事人申请再审发现，法院通过对再审申请进行审查后判断是否应当提起再审。因此，可以说当事人申请再审是再审程序的重要组成部分，在再审程序中具有十分重要的作用。

此外，案外人也有权申请再审。案外人对原判决、裁定、调解书确定的执行标的物主张权利，且无法提起新的诉讼解决争议的，可以申请再审。

一、解读终审判决书，审查案件是否符合法定的申诉条件

（一）解读终审判决书

终审判决书即第二审民事判决书。第二审民事判决书，是第二审人民法院根据当事人的上诉，依照第二审程序对没有发生法律效力的第一审民事判决进行审查后作出的书面决定，一经作出，立即发生法律效力。

代理律师接到当事人的委托时，首先要详细解读二审判决书及相关材料，

对整个案件的事实和法律适用有基本的了解，从判决书中发现二审判决中存在的实体和程序方面存在的问题，以便作出是否提出申诉的判断，并为申诉寻找充足的理由。此外，认真解读终审判决书也有利于律师在申诉中提供证据。《证据规定》第9条第1款第4项规定，已为人民法院发生法律效力的裁判所确认的事实，除当事人有足够的证据可以推翻以外，当事人无须举证证明。解读判决书主要围绕着审判的程序、判决认定的事实和判决适用的法律三个方面进行。

（二）审查案件是否符合再审的法定条件

根据民事诉讼法规定，当事人申请再审必须符合下列条件：

1. 申请再审的对象必须是已经发生法律效力的判决、裁定、调解书。不是所有生效的判决都可以申请再审，申诉和申请再审的范围包括已经生效的判决书、调解书和不予受理、驳回起诉的裁定书。《民诉意见》规定下列案件不得申请再审：①按照督促程序、公示催告程序、企业法人破产还债程序审理的案件。②依照审判监督程序审理后维持原判的案件。③当事人对已经发生法律效力的解除婚姻关系的判决，不得申请再审。但当事人就离婚案件中的财产分割问题申请再审的，如涉及判决中已分割的财产，人民法院应依照《民事诉讼法》第200条的规定进行审查，符合再审条件的，应立案审理；如涉及判决中未作处理的夫妻共同财产，应告知当事人另行起诉。

2. 必须具有法定的事实和理由。根据《民事诉讼法》第200条的规定，对生效的判决、裁定申请再审，必须具有下列情形之一：

（1）有新的证据，足以推翻原判决、裁定的。根据《最高人民法院关于适用〈中华人民共和国民事诉讼法〉审判监督程序若干问题的解释》（以下简称《审判监督程序解释》）的相关规定，"新的证据"是指：①原审庭审结束前已客观存在，庭审结束后新发现的证据。②原审庭审结束前已经发现，但因客观原因无法取得或在规定的期限内不能提供的证据。③原审庭审结束后原作出鉴定结论、勘验笔录者重新鉴定、勘验，推翻原结论的证据。④当事人在原审中提供的主要证据，原审未予质证、认证，但足以推翻原判决、裁定的，应当视为新的证据。

（2）原判决、裁定认定的基本事实缺乏证据证明的。

（3）原判决、裁定认定事实的主要证据是伪造的。

（4）原判决、裁定认定事实的主要证据未经质证的。

（5）对审理案件需要的证据，当事人因客观原因不能自行收集，书面申请人民法院调查收集，人民法院未调查收集的。

（6）原判决、裁定适用法律确有错误的。适用法律确有错误是指：①适用的法律与案件性质明显不符的。②确定民事责任明显违背当事人约定或法律规定的。③适用已经失效或尚未施行的法律的。④违反法律溯及力规定的。⑤违反法律适用规则的。⑥明显违背立法本意的。

（7）违反法律规定，管辖错误的。

（8）审判组织的组成不合法或依法应当回避的审判人员没有回避的。

（9）无诉讼行为能力人未经法定代理人代为诉讼或应当参加诉讼的当事人因不能归责于本人或其诉讼代理人的事由，未参加诉讼的。

（10）违反法律规定，剥夺当事人辩论权利的，但依法缺席审理，依法进行判决、裁定的除外。

（11）未经传票传唤，缺席判决的。

（12）原判决、裁定遗漏或超出诉讼请求的。

（13）据以作出原判决、裁定的法律文书被撤销或变更的。

（14）对违反法定程序可能影响案件公正判决、裁定的情形，或审判人员在审理该案件时有贪污受贿、徇私舞弊、枉法裁判行为的，人民法院应当再审。违反法定程序是指除上述第4、7~12项之外的其他违反法定程序，可能导致案件裁判结果错误的情形。"审判人员在审理该案件时有贪污受贿、徇私舞弊、枉法裁判行为"，是指该行为已经相关刑事法律文书或纪律处分决定确认的情形。

《民事诉讼法》第201条规定，当事人对生效的调解书申请再审应具备的事实和理由，是当事人有证据证明调解违反自愿原则或调解协议的内容违反法律。

3. 必须向有管辖权的人民法院申请再审。《民事诉讼法》第199条规定，当事人申请再审，可以向上一级人民法院提出，当事人一方人数众多或者当事人双方为公民的案件，也可以向原审人民法院申请再审。当事人越级向上级法院申请再审的，不构成申请再审案件。当事人坚持越级向上级法院申请的，可以按照申诉案件进行审查，符合《民事诉讼法》第198条规定的"确有错误"条件的，可以裁定进入再审。当事人向无管辖权的法院申请的，法院应当先进行释明工作，及时告知当事人向有管辖权的法院提出申请。

4. 必须在法定的期限内申请再审。根据《民事诉讼法》第205条的规定，当事人申请再审，应当在判决、裁定发生法律效力后6个月内提出；有本法第200条第1项、第3项、第12项、第13项规定情形的，自知道或者应当知道之日起6个月内提出。

二、接受委托

律师可以接受当事人的委托，代理当事人提出再审申请，申请再审应在判决书、裁定书、调解书发生法律效力后2年内进行。

律师接受委托后，要根据再审案件的特点审查委托人、委托事项是否符合再审条件，律师可以针对新修订的《民事诉讼法》第 200 条规定注意对照是否符合标准。

　　根据《律师办理民事诉讼案件操作规程》第 135 条规定，下列案件律师不得代理申请再审：①判决解除婚姻关系的案件；②按照督促程序、公示催告程序、企业法人破产还债程序审理的案件；③依照审判监督程序审理后维持原判的案件。

三、查阅卷宗，撰写并递交民事再审申请书（或申诉状）及相关材料

　　民事申诉状，是指民事诉讼当事人及其法定代理人，对人民法院已发生法律效力的判决、裁定认为确有错误，而向人民法院提交的，请求对该案重新审理的法律文书。

　　现行《民事诉讼法》中并没有当事人在人民法院所作判决、裁定生效以后提出申诉的规定，而是规定当事人可以在法定期限内申请人民法院再审，申请再审时所提交的是民事再审申请书，而非民事申诉状。但是，根据我国《宪法》第 41 条规定，中华人民共和国公民对任何国家机关和国家工作人员的违法失职行为，有向有关国家机关提出申诉的权利。有关国家机关对公民的申诉，必须查清事实，负责处理。根据《宪法》赋予公民的申诉权，公民对人民法院所作生效判决、裁定不服，有权向人民法院提出申诉。这种诉讼领域内的申诉权是基于国家根本大法的规定，其性质属于公民的民主权利。而民事申诉状是民事诉讼当事人及其法定代理人依据《宪法》行使申诉权的表现。

　　民事申诉状与民事再审申请书都是当事人因不服人民法院已发生法律效力的判决、裁定而提交的，要求人民法院重新审理该案的申请文书，其目的都在于维护自身合法权益，纠正已生效裁判中的错误。但是，二者毕竟是两种不同的法律文书，其不同之处在于：①提交申请书的依据不同。申诉状是基于当事人具有宪法赋予的申诉权这种公民基本民主权利而提出的；而再审申请书则是基于《民事诉讼法》赋予当事人的申请再审权而提出的。②对申请书提出的法定期限规定不同。申诉状一般应是在申请再审期限过后，即判决、裁定生效 2 年之后提出；再审申请书则是必须在有关判决、裁定发生法律效力之后 2 年内提出。因此，当事人及其法定代理人对生效判决、裁定不服，而在其生效后 2 年之内提出的申请都应以民事再审申请书形式提交；而在申请再审期限过后，要求对该案重新审理的，都应以申诉状形式提出。③提交法院不同。申诉状可以向作出生效判决、裁定的人民法院及其任何上级人民法院提交；而再审申请书只能向作出生效判决、裁定的人民法院及对其负有审判监督职能的上一级人民法院提交。

○ 文书格式

民事再审申请书

　　申请人：（写明基本情况）

　　申请人对人民法院 ＿＿＿＿＿＿ 年 ＿＿＿＿＿＿ 月 ＿＿＿＿＿＿ 日（＿＿＿＿＿＿）＿＿＿＿ ＿＿＿＿ 字第 ＿＿＿＿＿＿ 号 ＿＿＿＿＿＿ 不服，申请再审。

　　请求事项：（写明申请人要求人民法院解决的具体问题）

　　事实和理由：（主要阐述申请人认为原裁判认定的事实、适用法律法规不当之处，以及所作出的判决结果不公之处等）

　　　　此致

＿＿＿＿＿＿＿＿人民法院

　　　　　　　　　　　　　　　　　　　　　　申请人：＿＿＿＿＿＿

　　　　　　　　　　　　　　　　＿＿＿＿＿＿年＿＿＿＿＿＿月＿＿＿＿＿＿日

　　附：原一、二审判决书（裁定书）复印件各一份及相关证据材料

民事申诉状

　　申诉人：＿＿＿＿＿＿＿＿（写明基本情况，如姓名、性别、民族、住址、工作单位、职务、联系电话等。同时应交待申诉人在民事诉讼中的地位）

　　被申诉人：＿＿＿＿＿＿＿＿（写明基本情况，同上）

　　案由：＿＿＿＿＿＿＿＿＿＿＿＿＿＿＿＿＿（写明申诉的案件名称，作出生效判决、裁定的人民法院的名称、判决、裁定编号及制作日期，并表明对该裁判不服，提出申诉）

　　请求事项：＿＿＿＿＿＿＿＿＿＿＿＿＿＿＿＿＿（概括写出请求人民法院解决什么问题，从原则上说明要求达到的目的）

　　事实与理由：＿＿＿＿＿＿＿＿＿＿＿＿＿＿＿＿＿（明确而具体地写出生效判决、裁定的错误，针对指出的错误，全面、客观、准确地陈述案件的有关事实，具体列出有关人证、物证、书证以及要害的证据线索；也可以先简要阐述案情，然后依据事实指出原裁判的错误。根据有关法律条款的规定，在归结事实的基础上，简要剖析生效裁判在认定事实方面的不准确，在适用法律方面的不妥或在诉讼程序方面的不当，从而推出合理合法的请求事项）

　　　　此致

＿＿＿＿＿＿＿人民法院

　　　　　　　　　　　　　　　　　　　　　　申诉人：＿＿＿＿＿＿

　　　　　　　　　　　　　　　　＿＿＿＿＿＿年＿＿＿＿月＿＿＿＿日

　　附：生效判决书、裁定书及相关证据材料。

律师代当事人递交申诉状和再审申请的同时，可向法院提出中止执行的申请。

四、进行再审代理

人民法院审理再审案件，如果是按一审程序进行的，律师从事诉讼代理的规则与一审规则相同，如果是按二审程序进行的，则与二审规则相同。

 **实务训练**

【实训项目一】

甲公司与乙公司因买卖合同产生纠纷，并将纠纷提交广州市仲裁委员会进行仲裁。仲裁庭裁决由甲公司向乙公司支付违约金60万元。裁决生产后，甲公司未在裁决书确定的期限内履行义务，乙公司遂委托律师向甲公司所在地的某区人民法院申请强制执行。

【训练目的及要求】

通过训练，使学生能够判断符合申请执行的条件，并代理当事人办理申请执行的相关事宜。

【训练方法】

参训学生9人一组，由1名学生模拟申请人、1名学生模拟申请人代理律师，1名学生模拟被申请人，1名学生模拟被申请人代理律师，1名学生模拟案外人，1名学生模拟案外人代理律师，3名学生模拟法官。

【相关工作任务】

任务一：审查是否符合申请执行的条件，提交相关材料。

步骤1：接受委托；

步骤2：审查是否符合申请执行条件，确定是否提出执行申请；

步骤3：代书执行申请书，提交相关材料；

步骤4：预交申请执行费；

步骤5：向人民法院提供所了解的被执行人的财产或线索决定是否受理案件。

任务二：审查执行申请并强制执行。

步骤1：法院对执行申请进行审查；

步骤2：受理案件，向被执行人发出执行通知，责令其在指定的期限内履行义务；

步骤3：展开执行调查；

步骤 4：强制执行。

任务三：接受被申请执行人的委托，代理和解。

步骤 1：接受被申请人的委托；

步骤 2：代理和解。

任务四：接受案外人的委托，代理提出执行异议。

步骤 1：接受案外人的委托；

步骤 2：代理提出执行异议。

【实训项目二】

唐某与张某 2001 年在某乡政府领取结婚证后，唐某外出打工期间认识王某，遂萌生了与王某结婚的念头。为了达到离婚目的，唐某告诉妻子张某：王某以怀孕要挟他与其结婚，如妻子能"顾全大局"，谎称夫妻二人是同居关系，到法院解除婚姻关系，他就能摆脱困境，这既可以搪塞王某，又不影响两人合法夫妻关系的存在。张某接受了唐某的意见。2008 年 4 月，某区法院判决解除双方婚姻关系。判决生效后，唐某与王某结婚，并领取结婚证。张某得知自己被欺骗后，遂委托了律师方某向法院申请再审。

【训练目的及要求】

结合案例和相关知识，通过训练，使学生能够初步判断已生效裁判是否确有错误，并能初步审查是否符合申请再审的条件；能够针对已生效裁判的错误归纳整理申请再审的事实与理由，梳理相关证据材料；熟悉申请再审申请书的内容，并能进行制作；会办理申请再审的相关手续。

【训练方法】

参训学生分为 5 组，每组学生围绕案件的申诉分别扮演案件中的张某、张某和唐某的代理律师、法官等角色，制作申请书以及相关材料，模拟申诉的全过程。

【相关工作任务】

任务一：分析审查判断是否符合申请再审的条件。

步骤 1：审查申请人是否符合申请再审的主体资格；

步骤 2：审查已经生效的裁判或调解书是否属于法律和司法解释允许申请再审的裁判文书；

步骤 3：审查是否在申请再审的法定期限内；

步骤 4：审查是否属于再审的法定事由。

任务二：整理归纳申请再审的事实与理由，撰写再审申请书。

步骤 1：针对裁判的错误，整理归纳申请再审的事实与理由以及再审诉讼请求；

步骤2：撰写再审申请书；

步骤3：收集、整理申请再审时需要提交的其他相关材料。

任务三：向法院提起再审申请。

步骤1：向有管辖权的法院提起再审申请；

步骤2：按照有关规定缴纳诉讼费用。

思考与练习

1. 代理人在民事执行程序中的主要工作有哪些？

2. 申请执行应当具备哪些条件？如何制作执行申请书？

3. 什么是再审程序？当事人申请再审需要具备哪些条件？

4. 代理人在再审程序中的主要工作是什么？

第九单元　常见民事诉讼案件的代理

学习目标：

- ●了解代理婚姻纠纷的一般思路，掌握离婚纠纷中孩子的抚养确定及财产的分配原则；
- ●了解道路交通事故的概念、类型，掌握处理道路交通事故的赔偿规则；
- ●了解医疗损害责任的概念、特点，理解各种医疗损害责任的构成要件及归责原则；
- ●掌握学生伤害事故的处理原则；
- ●了解工伤事故的概念、特点和性质，掌握工伤保险待遇的标准及条件。

导入案例

李某与王某于2010年6月6日结婚，王某于2011年9月生育一女。由于双方性格差异较大，婚后夫妻经常吵架，家庭不睦。现双方打算离婚，都争着要求抚养孩子；另外，双方结婚时，婚房是双方父母出钱但登记在李某名下，没有其他共同财产。如果离婚，本案应如何处理？假设双方通过协议的方式离婚，约定小孩由女方王某抚养，但离婚后王某外出打工，将孩子交由其母抚养，李某能否通过诉讼要回对孩子的抚养权？

学习任务一　婚姻纠纷

婚姻分为婚姻的缔结、存续和解除，婚姻的缔结和存续期间是不需要律师介入的，律师在婚姻领域的业务主要存在于当事人婚姻出现危机和婚姻关系的解除过程中，也就是通常所说的离婚。

在法院，离婚案件是最重要的民事案件类型，从数量上看，离婚案件位居民事案件首位，一般占民事案件总数的30%~40%，有时甚至达40%以上。因此，对律师而言，代理离婚案件是无法回避的问题。离婚有协议离婚、诉讼离婚等方式，本文侧重介绍诉讼离婚。

一、代理离婚案件的一般思路

（一）引导当事人正确理解离婚自由

中国有个传统说法叫"宁拆十座庙不拆一桩婚"。在提供法律咨询和代理服务过程中，在是否离婚的问题上，应由当事人和委托人自己作出决断，代理人不能代替当事人作决定。《婚姻法》规定了婚姻自由，婚姻自由包含结婚自由和离婚自由，提起离婚诉讼是法律赋予公民的权利，但涉及具体的当事人则必须谨慎地行使这项权利，婚姻发生了问题，是否一定要通过离婚才能解决，需要提醒当事人慎重考虑。离婚是解决夫妻矛盾的极端做法，且一个问题的解决又将产生新的问题。

1. 子女问题。当事人如果有了子女，离婚受到伤害最严重的是子女。一个不完整的家庭，将给子女带来严重的负面影响，在其成长过程中也会面临较多的困难和挫折。

2. 再婚问题。有的人可能会说离婚后自己单身，其实这是自欺欺人的说法。更多的人有条件时将考虑重组家庭，但有过一次婚变便有了"二婚"这个名份，其选择面窄了许多。俗话说家家有本难念的经，这从一个侧面说明没有矛盾的家庭是不存在的。一般而言，婚姻的稳定程度是随着原婚、二婚、三婚等依次递减的，以致有人进入离了再结、结了再离的恶性循环中。

衡量一个婚姻有无解体的必要，从法律上讲，还是比较简单的，但如果还有维持的可能，如果当事人不愿面对离婚后的困难，如果不愿给子女带来伤害，那么在选择是否离婚的关键时刻就必须慎重，不要轻言放弃。对于代理人而言，通过工作可以挽救的家庭如果在我们的手中解体，虽不能说是罪过，但可以说是不负责任。

（二）不要与异性当事人相处过密

代理人办理离婚案件，难免接受异性当事人的委托，代理人因与异性当事人相处过密或注意不够，引起纠纷、受到伤害的案例已发生多起。办案难免要和异性委托人相处，为了避免不必要的麻烦，与异性委托人保持适当的距离显得十分必要。代理人最好不要与异性委托人在工作场所外单独相处，不要与异性委托人有代理业务以外的接触，不然惹祸上身在所难免。

（三）对感情是否破裂的认定

《婚姻法》第32条第1款规定："人民法院审理离婚案件，应当进行调解；如感情确已破裂，调解无效，应准予离婚。"因而，如何认定感情是否破裂是判决离婚与否的关键。判断夫妻感情是否确已破裂，是从婚姻基础、婚后感情、离婚原因、夫妻关系的现状和有无和好的可能等方面综合分析。根据

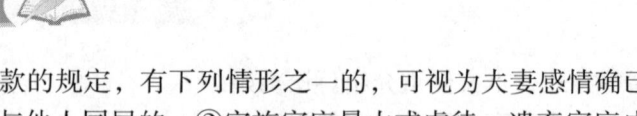

《婚姻法》第 32 条第 3 款的规定，有下列情形之一的，可视为夫妻感情确已破裂：①重婚或有配偶者与他人同居的；②实施家庭暴力或虐待、遗弃家庭成员的；③有赌博、吸毒等恶习屡教不改的；④因感情不和分居满 2 年的；⑤其他导致夫妻感情破裂的情形。

其他导致夫妻感情破裂的情形参照《最高人民法院关于人民法院审理离婚案件如何认定夫妻感情确已破裂的若干意见》的相关规定。

二、离婚后孩子抚养权的归属、抚养费的承担和探视问题

在婚姻家庭案件的审判实践中，如果判决夫妻双方离婚，在双方没有达成一致意见的情况下，财产分割和子女抚养就是离婚案件中亟待解决的两大问题。相比财产分割的问题，子女抚养权的确定显得更为棘手。

离婚后父母子女关系不变，仅变更了父母对子女的抚养形式，即子女只能随父母一方生活，他方以给付抚养费及享有探望权来行使其抚养教育子女的权利和义务。但因离婚后子女随何方生活，直接关系到子女的权益，也是双方争议较大的问题。处理时，必须从有利于子女健康成长的原则出发，把维护子女利益放在首位，再结合父母双方的抚养能力和抚养条件，妥善解决。

（一）子女抚养权归属的原则性规定

未成年子女的抚养权是大部分离婚夫妻首先要考虑的问题，那么如何确定抚养权呢？

根据我国《婚姻法》以及最高人民法院相关的司法解释，对于夫妻离婚如何确定子女抚养权，归纳起来有以下几个原则：

1. 以"最有利于孩子成长"为原则，充分考虑离婚后夫妻双方工作状况、经济收入、居住条件等具体情况，充分考虑生活环境的变化对子女的成长是否有利等因素。

2. 哺乳期内的子女，以随哺乳的母亲抚养为原则。法院审判实践中一般会判两周岁以下子女随母亲生活，但母亲有严重疾病或有抚养条件但不尽抚养义务等原因的除外。

3. 10 周岁以上的未成年子女具备一定的辨别能力，其由谁抚养，要充分尊重子女自己的选择。

4. 在有利于保护子女利益的前提下，父母双方协议轮流抚养子女的，可允许双方轮流抚养子女。

轮流抚养在我国是一种抚养子女的新方式，如根据具体情况，由母亲抚养 1 年，父亲抚养 1 年，子女轮流随父母一方共同生活。轮流抚养子女，使子女能与父母双方均保持较为密切的父母子女关系，在感情上和生活上既能得到父爱，又能得到母爱，有利于子女的身心健康。但其不利之处在于使子女的生活不够稳定。因此，父母双方协议轮流抚养子女的，必须以有利于保护子女利益为前提。

5. 离婚诉讼过程中当事人均拒绝抚养子女的，法院应作出裁定。在离婚诉讼过程中，当事人除了争养子女外，还存在相互推诿，均拒绝抚养子女的情况。《最高人民法院关于人民法院审理离婚案件处理子女抚养问题的若干具体意见》（1993年11月3日法发［1993］30号）第20条规定："在离婚诉讼期间，双方均拒绝抚养子女的，可先行裁定暂由一方抚养。"

离婚诉讼中，如何确定孩子的抚养权，除适用以上几个原则外，当事人还要多方搜集证据，尽量让法院有理由相信由其抚养对孩子成长更有利。夫妻离婚，孩子是无奈和被动的，也是最容易受伤害的，所以要尽量减少对孩子的伤害，不要在孩子面前恶言相向，不要在孩子面前大打出手，要充分考虑子女的感受，离婚以后仍然是孩子的至亲，要履行双方抚养义务，要充分保护子女的利益，要多为子女的健康成长着想，千万不能为了自己的私利而牺牲孩子美好的前途。

（二）子女抚养费的数额如何确定

离婚后，父母对于子女仍有抚养和教育的权利义务，一方抚养子女，另一方应负担子女抚养费的一部分或全部，负担费用的多少和期限的长短，由双方协议；协议不成时，由人民法院判决。在实务中，离婚后子女通常由一方抚养，另一方给付抚养费。未与子女共同生活的一方给付抚育费的数额如何确定，相关法律有具体的规定：

1. 关于子女生活费和教育费的协议或判决，不妨碍子女在必要时向父母任何一方提出超出协议或判决原定数额的合理要求。《最高人民法院关于适用〈中华人民共和国婚姻法〉若干问题的解释（一）》规定，《婚姻法》第21条所称"抚养费"，包括子女生活费、教育费、医疗费等费用。

2. 子女抚育费的数额，可根据子女的实际需要、父母双方的负担能力和当地的实际生活水平确定。有固定收入的，抚育费一般可按其月总收入的20%～30%的比例给付。负担两个以上子女抚育费的，比例可适当提高，但一般不得超过月总收入的50%。无固定收入的，抚育费的数额可依据当年总收入或同行业平均收入，参照上述比例确定。有特殊情况的，可适当提高或降低上述比例。例如，双方收入悬殊很大，一方负担较重，或生活难以维持，另一方就应适当提高比例，收入少的一方则可相应地降低比例。

3. 抚育费给付的期限。一般至子女18周岁为止。尚未独立生活的成年子女有下列情形之一，父母又有给付能力的，仍应负担必要的抚育费：①丧失劳动能力或虽未完全丧失劳动能力，但其收入不足以维持生活的；②尚在校就读的；③确无独立生活能力和条件的。《最高人民法院关于适用〈中华人民共和国婚姻法〉若干问题的解释（一）》第 20 条规定："婚姻法第 21 条规定的'不能独立生活的子女'是指尚在校接受高中及其以下学历教育，或者丧失或未完全丧失劳动能力等非因主观原因而无法维持正常生活的成年子女。"

4. 抚养费的支付方式。在确定了非直接抚养子女一方应当给付的抚育费数额后，应当根据父母双方的经济情况确定子女抚养费的给付办法：抚育费应定期给付，有条件的可一次性给付。对一方无经济收入或者下落不明的，可用其财物折抵子女的抚育费。

（三）法律如何规定探望权

《婚姻法》第 38 条规定，离婚后，不直接抚养子女的父或母，有探望子女的权利，另一方有协助的义务。行使探望权利的方式、时间由当事人协议；协议不成时，由人民法院判决。父或母探望子女，不利于子女身心健康的，由人民法院依法中止探望的权利；中止的事由消失后，应当恢复探望的权利。

探望权，又称探视权、会面交往权，是指父母离婚后，非直接抚养子女的一方与其未成年子女进行会面、探视、看望、通信或者其他交往的权利。这里所谓"其他交往的权利"包括电话交谈、寄送照片、度假旅行或向直接抚养一方询问子女近况等的情形。

探望权是我国《婚姻法》修正后新增的一项父母权利。在理解探望权时，应注意把握以下几点：

1. 探望权是与直接抚养权相对应的一项法定权利。父母离婚后，子女由一方直接抚养，与此同时，不直接抚养子女的另一方依法享有对子女的探望权。因此，其与直接抚养权同时产生，并依直接抚养权的确定而确定。

2. 探望权的权利主体为未直接抚养子女的父母一方。根据《婚姻法》的规定，父母与子女之间的关系不因父母离婚而消除，父母离婚后仍有抚养和教育子女的权利和义务。而离婚后与子女分居的一方如要履行法定的抚养、教育子女的义务，除了承担抚养费以外，探视子女就成为基本的必经途径。

3. 探望权的义务主体——直接抚养子女的一方，不但负有不妨碍对方行使探望权的不作为义务，而且还负有协助的义务。为了保障非直接抚养子女一方的探视权的实现，必须要求直接抚养子女的一方予以协助，这种协助义务一般包括：本着方便探望人探望的原则，与非直接抚养一方协商合理探望的时间、地点、方式等，或按照人民法院的裁判协助探望。

4. 探望权的行使不得损害子女的身心健康。未直接抚养子女的一方对子女的探望，既是《婚姻法》赋予其的一项权利，同时也是子女的权利，这种探望权是一种义务性权利，其行使不得损害子女的身心健康。如果父或母探望子女，不利于子女身心健康的，可由人民法院中止其探望权。

三、财产分割

（一）夫妻共同财产的界定

我国《婚姻法》第 39 条规定："离婚时，夫妻的共同财产由双方协议处理；协议不成时，由人民法院根据财产的具体情况，照顾子女和女方权益的原则判决。夫或妻在家庭土地承包经营中享有的权益等，应当依法予以保护。"据此规定，离婚对财产分割的范围，仅指夫妻共同财产，而夫妻个人财产、子女财产、其家庭成员财产均不再分割之列。

我国《婚姻法》没有对夫妻共同财产进行定义，而是采取列举式的规定。根据《婚姻法》第 17 条第 1 款的规定："夫妻在婚姻关系存续期间所得的下列财产，归夫妻共同所有：①工资、奖金；②生产、经营的收益；③知识产权的收益；④继承或赠与所得的财产，但本法第 18 条第 3 项规定的除外；⑤其他应当归共同所有的财产。"

其他应当归共同所有的财产，从立法角度讲，该条属于概括性规定，其目的是为了涵盖《婚姻法》第 17 条未列举的其他应属于夫妻共同财产的范围。最高人民法院为了避免司法实践中滥用该条款，作出司法解释。《婚姻法解释二》第 11 条规定："婚姻关系存续期间，下列财产属于《婚姻法》第 17 条规定的'其他应当归共同所有的财产'：①一方以个人财产投资取得的收益；②男女双方实际取得或者应当取得的住房补贴、住房公积金；③男女双方实际取得或者应当取得的养老保险金、破产安置补偿费。"

基此，《婚姻法》及其《婚姻法解释二》通过列举方式明确了夫妻共同财产的范围。只有在该范围内的财产，并且是在夫妻关系存续期间取得的才属于夫妻共同财产，才能进行分割。

（二）夫妻共同财产的分割程序及分割原则

1. 分割程序。首先，要明确夫妻共同财产的范围。确定夫妻共同财产的范围，要以当事人提供为前提，法院不主动调查确定。夫妻财产分割仅限于夫妻之间的共同财产，所以，在分割财产前，如果是"小家庭"与"大家庭"一起共同生活，还未分家的，那首先要进行分家析产，严格分清夫妻间共同财产、个人财产及大家庭共同财产，将夫妻间的共同财产区分出来。其次，进行夫妻共同财产分割。在分割夫妻间共同财产时，应遵循先调解，调解不成再判决，即应先由当事人双方协商，拿出分割方案，再由法院进行审查确认；如果离婚双方协商不成的，法院应先提出分割方案，尽量使当事人能在互谅互让的基础上，达成财产分割协议。如果还是达不成调解协议的，再进行依法判决。

2. 分割原则。《婚姻法》第 39 条规定了婚姻法分割财产的基本原则："离婚时夫妻的共同财产由双方协议处理；协议不成时，由人民法院根据财产的具体情况，照顾子女和女方权益的原则判决。夫或妻在家庭土地承包经营中享有的权益等，应当依法予以保护。"该条规定还不全面，在分割财产时，无论是当事人协商，还是人民法院判决，除了依此条规定，还必须把握其他一些原则。具体而言，有如下原则需要把握：

（1）男女平等原则。《婚姻法》第2条第1款规定："实行婚姻自由、一夫一妻、男女平等的婚姻制度。"第13条规定："夫妻在家庭中地位平等。"第17条第2款规定："夫妻对共同所有的财产，有平等的处理权。"具体而言，男女平等原则体现在夫妻财产关系上，就是双方对夫妻共同财产有平等的所有权，离婚时男女双方有平等分割夫妻共同财产的权利，对共同的债务负有平等的清偿义务，分割夫妻共同财产不受收入多少、不因男女性别而有差异。

（2）照顾子女和女方权益的原则。《婚姻法》第2条第2款规定："保护妇女、儿童和老人的合法权益。"第39条第1款规定："离婚时，夫妻的共同财产由双方协议处理；协议不成时，由人民法院根据财产的具体情况，照顾子女和女方权益的原则判决。"具体而言，因父母离婚必定对未成年子女今后的生活带来一定的负面影响，为使子女能健康的成长，有一个相对较好的生活环境，在夫妻分割共同财产时给直接抚养未成年子女的一方适当多分一些财产，符合法律的规定。对于妇女，由于受经济、传统观念的影响，在我国妇女独立谋生能力和经济收入，与男子相比均有一定的差距。同时妇女一般在家中抚养子女、照顾老人，其虽未创造太多的财产，但其为家庭所付出的精力要远远大于对方，因此分割夫妻财产时对其应给予一定的照顾。

（3）有利于生产和生活原则。在分割夫妻共同财产时，应当注意从有利于生产和生活的原则出发，不能损害财产的效用和实际价值。如对生产资料等可以分给有经营知识和能力的一方，然后由该方给付另一方一半的补偿，对于生活必需品应当考虑双方和子女的生活需要，分给需要的一方等。

（4）不得损害国家、集体和他人利益原则。作为离婚原双方当事人，在分割夫妻共同财产不得将国家、集体和他人所有的财产作为夫妻共同财产加以分割。同时在协议离婚分割财产时不得借分割夫妻共同财产而逃避共同债务；也不得借分割夫妻共同财产，逃避应承担的赡养、抚养义务等。

（三）夫妻财产分割的具体问题

随着社会市场经济的不断发展，国民物质生活水平不断提高，现在家庭财产的范围、构成及数量都发生了很大变化，呈现财产构成向多元化方向发展、财产数额显著增加、投资性财产在家庭财产中所占比例呈增大趋势。相当一部分家庭财产中除了传统意义上的储蓄存款、房屋等，还包括在一些企业的出资或者股份等。而一旦处理可能会涉及到夫妻以外的其他利害关系人的权益问题时，司法实践中遇到的问题也很多，对这类型的夫妻共同财产，在分割时，仍要遵循以上的程序与原则，再根据个案具体处理，下面就财产分割中常见的几个疑难问题作一些分析。

1. 投资性财产分割。根据《婚姻法解释二》第 15 条规定："夫妻双方分割共同财产中的股票、债券、投资基金份额等有价证券以及未上市股份有限公司股份时，协商不成或按市价分配有困难的，人民法院可以根据数量按比例分配。"据此，在进行投资性财产分割时应注意下列几个方面：

（1）争议的股票、债券等有价证券及其他股份必须是夫妻共同财产。因为这一类财产在现实生活中一般在一方名下，很少直接记载在夫妻双方名下，所以在司法实践中必须先分清是个人财产还是夫妻共同财产，然后才能依法分割。

（2）这类财产的分割比较复杂，司法实践应尽量争取当事人双方协商解决，只有在双方分歧较大、协商不成时才由人民法院判决分割。

（3）对于法律法规限制转让的股票或者股份人民法院不宜进行分割，因为当事人手中的一些股份依据法律规定尚不能转让。比如《公司法》第 142 条规定："发起人持有的本公司股份，自公司成立之日起 3 年内不得转让。公司公开发行股份前已发行的股份，自公司股票在证券交易所上市交易之日起 1 年内不得转让。公司董事、监事、高级管理人员应当向公司申报所持有的本公司的股份及其变动情况，在任职期间每年转让的股份不得超过其所持有本公司股份总数的 25％；所持本公司股份自公司股票上市交易之日起 1 年内不得转让。上述人员离职后半年内，不得转让其所持有的本公司股份。公司章程可以对公司董事、监事、高级管理人员转让其所持有的本公司股份作出其他限制性规定。"因此，如果夫妻共有财产中的股份，属于法律规定上述情形及其他依法不能自由转让的股份，必须按照有关法律办理。

2. 房产的分割。

（1）按揭房产的分割。按揭房产特别是一方婚前按揭购置房产，婚后共同还贷并且尚未结清贷款的房产的处理，是实践中遇到的比较多也最棘手的问题。《婚姻法解释三》第 10 条规定，夫妻一方婚前签订不动产买卖合同，以个人财产支付首付款并在银行贷款，婚后用夫妻共同财产还贷，不动产登记于首付款支付方名下的，离婚时该不动产由双方协议处理。依前款规定不能达成协议的，人民法院可以判决该不动产归产权登记一方，尚未归还的贷款为产权登记一方的个人债务。双方婚后共同还贷支付的款项及其相对应财产增值部分，离婚时应根据婚姻法第 39 条第 1 款规定的原则，由产权登记一方对另一方进行补偿。

（2）婚后父母为子女购买房产的处理。婚后由一方父母出资为子女购买的不动产，产权登记在出资人子女名下的，可按照婚姻法第18条第3项的规定，视为只对自己子女一方的赠与，该不动产应认定为夫妻一方的个人财产。由双方父母出资购买的不动产，产权登记在一方子女名下的，该不动产可认定为双方按照各自父母的出资份额按份共有，但当事人另有约定的除外。

（3）以一方父母的名义购买的房改房的处理。婚姻关系存续期间，双方用夫妻共同财产出资购买以一方父母名义参加房改的房屋，产权登记在一方父母名下，离婚时另一方主张按照夫妻共同财产对该房屋进行分割的，人民法院不予支持。购买该房屋时的出资，可以作为债权处理。

3. 土地承包经营权的分割。《婚姻法》第39条第2款规定："夫或妻在家庭土地承包经营中享有的权益等，应当依法予以保护。"《农村土地承包法》第6条规定："农村土地承包，妇女与男子享有平等的权利。承包中应当保护妇女的合法权益，任何组织和个人不得剥夺、侵害妇女应当享有的土地承包经营权。"第30条规定："承包期内，妇女结婚，在新居住地未取得承包地的，发包方不得收回其原承包地；妇女离婚或者丧偶，仍在原居住地生活或者不在原居住地生活但在新居住地未取得承包地的，发包方不得收回其原承包地。"因此，夫妻在共同承包经营的土地上从事养殖业和种植业，在离婚时有收益的一般应对半分割。没收益的，对于土地承包经营权，应当平均分割给夫妻个人享有，以保证夫妻双方都有田耕。

四、夫妻共同债务的认定和处理

我国《婚姻法》规定：离婚时，原为夫妻共同生活所欠的债务，应当共同偿还。共同财产不足清偿的，或财产归各自所有的，由双方协议清偿；协议不成的，由人民法院判决。

认定婚姻关系存续期间的债务是个人债务还是共同债务，主要有两个标准：夫妻有无共同举债的合意以及夫妻是否分享了债务所带来的利益，夫妻共同债务一定是出于或源自为了夫妻（家庭）共同生活。

根据相关的司法解释，以下几个方面的债务应认定属于共同债务：①因日常生活所欠的债务；②因生产经营活动所欠的债务；③夫妻一方或双方治疗疾病所欠的债务；④因抚养子女所欠的债务；⑤因赡养老人所欠的债务。

夫妻一方婚前以个人名义所欠的债务，以夫妻一方自己承担为原则，但如果该债务用于婚后共同生活消费使用的，比如购置结婚用品等，应认定该债务转化为夫妻共同债务。

夫妻对婚姻关系存续期间的共同债务应当承担连带清偿责任。这种连带责任不因离婚协议或法院裁判文书对夫妻财产做出分割处理而改变。

夫妻双方可以对共同债务的承担达成协议，但这种协议不能对抗债权人，债权人可以主张已经离婚的夫妻承担连带责任，夫妻一方清偿债务后，可以根据协议或法院裁判的文书所确定的原则和内容向对方追偿。

五、离婚过错赔偿

我国《婚姻法》规定，重婚、有配偶者与他人同居；实施家庭暴力或虐待、遗弃家庭成员等情形导致离婚的，无过错方有权请求损害赔偿。

一方重婚或有配偶者与他人同居等行为侵犯的是另一方的配偶权。离婚时另一方要求赔偿的，此类赔偿是一种精神补偿，属于精神抚慰金范畴。

实施家庭暴力或虐待、遗弃家庭成员的行为侵犯的是另一方的人身权和财产权。在提起离婚前，应当先有意识地搜集相关证据。比如，在存在家庭暴力的情况中，一方对另一方施暴后，留下的伤痕照片、报警电话记录或派出所笔录、居委会的证言、病历、验伤单据、证人证言等，都可以作为证据进行使用。

学习任务二　道路交通事故

◎ 导入案例

王某系某事业单位司机。2010 年 7 月 8 日，王某为单位从外地运输印刷品，深夜返回途中，驾车进入高速公路行驶。由于其过度疲劳，注意力分散，未注意前方车辆为变换车道而降低行驶速度，导致两车追尾，王某受轻伤。王某在未采取任何措施的情况下离开现场，到医院治疗。被追尾车辆的驾驶者宋某及乘车人赵某开启危险报警闪光灯，并在车辆行驶方向后方 100 米处设置警告标志后，在现场守候，等待交警前来处理。几分钟后，刚参加过朋友聚会的张某酒后驾车，以每小时 110 公里的高速同向驶来，冲入事故现场，与王某的车发生剧烈撞击。张某当场死亡。两辆车皆严重毁坏。守候在现场的宋某和赵某受重伤，造成了一起重大交通事故。本案应如何处理？

近年来，随着我国经济的发展、城市化进程的加快和普通百姓生活水平的提高，我国的机动车保有量不断上升，有关机动车交通事故案件在法律实务中占到了愈来愈大的比例。据相关统计数据，道路交通事故案件占我国法院受理的侵权案件约 1/3，有的地方法院占一半以上。针对这种情形，如何代理好道路交通事故案件，如何维护被代理人的利益成了代理人必须研究的课题。

一、道路交通事故及相关概念

（一）道路交通事故的概念

关于道路交通事故的概念，在学理上没有一个固定统一的界定。各国往往在道路交通法或者在机动车保险法规中作出不同的规定。道路交通事故基本概念通常是指人、车在街道、公路等道路上发生造成人身伤亡或财产损失且与交通活动有关的事故；凡车辆、人员在特定的道路通行过程中，由于当事人违反交通法规和一般通行原则或依法应该承担责任的行为而造成人身伤亡和财产损失的交通事件均为交通事故。在《中华人民共和国道路交通安全法》中，则将其定义为：道路交通事故是指车辆在道路上因过错或者意外造成的人身伤亡或者财产损失的事件。其中，道路是指公路、城市道路和虽在单位管辖范围但允许社会机动车通行的地方，包括广场、公共停车场等用于公众通行的场所。车辆包括机动车和非机动车。机动车是指以动力装置驱动或者牵引，上道路行驶的供人员乘用或者用于运送物品以及进行工程专项作业的轮式车辆。非机动车是指以人力或者畜力驱动，上道路行驶的交通工具以及虽有动力装置驱动但设计最高时速、空车质量、外形尺寸符合有关国家标准的残疾人机动轮椅车、电动自行车等交通工具。《道路交通安全法》第58条规定，残疾人机动轮椅车、电动自行车在非机动车道内行驶时，最高时速不得超过15公里。

既然法律规定明确了道路交通事故的概念，那么对应其概念，就有了一个道路外交通事故的概念，什么是道路外交通事故呢？车辆在道路以外通行时发生的事故，公安机关交通管理部门接到报案的，参照本法有关规定办理。

（二）道路交通事故类型

道路交通事故侵害属于整个侵权行为类型之一种，根据不同的分类标准可以将交通事故作各种划分。下面只介绍与交通事故归责原则密切相关的两种分类。

1. 根据造成交通事故主体的不同，可分为如下几种类型：机动车与非机动车、行人间伤害；机动车之间的伤害；非机动车驾驶人和行人相互之间的伤害。前两种交通事故侵害的共同特征是交通事故的一方主体至少有一方为机动车，而第三种交通事故侵害的发生则没有机动车的参与，之所以纳入道路交通法的调整范围，是因为其发生在交通道路上，从而与道路交通管理和规制有关。

2. 根据造成交通事故的责任人主观意识不同，可将交通事故分为故意事故侵害型、过失事故侵害型和无过错事故侵害型。故意事故侵害型是指利用机动车作为侵害工具，以故意伤害他人为目的而造成的交通事故。例如，某甲故意开车撞击行人乙而发生的交通事故即是，此种情形在整个交通事故侵害中，所占数量极少，是为特例；而过失事故侵害型是指事故的责任人因为违反道路交通规章或者违反合理人的注意义务造成交通事故伤害的情形，大部分交通事故属于此种类型；最后一种是指交通事故的发生并不归于事故任何一方的过错，例如正常行驶的汽车溅起路面上的冰块，该冰块不幸击中了另一相向而行的汽车司机，从而引起交通事故的情形即属此类。这种类型事故的发生数量仅次于过失事故类型的数量，但是，在司法实践中交警部门在作出交通事故责任认定时，往往根据一定的公平原则而将责任进行了主观地划分，即将此种类型的交通事故转化成为过失事故类型了。

（三）处理道路交通事故涉及的法律法规

道路交通事故的发生往往涉及较多的法律关系，因此，涉及的法律法规也较多。作为代理人只有在熟练掌握了相关规定的内容后，才能顺利地处理好道路交通事故案件。

1. 侵权法方面，有《民法通则》、《侵权行为法》、《道路交通安全法》、《最高人民法院执行〈民法通则〉的若干意见》、《道路交通安全法实施条例》、交通事故案件处理所在地地方性法规、最高人民法院关于人身损害赔偿和精神损害赔偿两司法解释等。

2. 保险法方面，有《保险法》、《机动车交通事故强制保险条例》、最高人民法院关于实施修改后的《保险法》的司法解释等；中国保监会有关机动车保险方面的部门规章、批复、答复、通知；中国保险行业协会《机动车互碰规则和理赔实务》等。

3. 其他实体法方面，《物权法》中涉及机动车交付或所有权变动的规定；《刑法》中关于机动车交通肇事的规定及最高院相关司法解释；公安部《道路交通事故处理程序》、《机动车登记办法》、《人身伤残评定标准》、《交通事故受伤人员误工日确定标准》；最高院及相关业务庭室的有关批复、答复；各地上一年度《国民经济和社会发展统计公报》（该公报往往在每年的2、3月份在当地官方报纸上公布，时间要比公安交警部门下发的时间要早）或道路交通事故赔偿标准；卫生部《道路交通事故受伤人员诊疗指南》、《国家基本药品目录》；交通事故案件受理法院所在地省高院、中院的相关会议纪要或指导性文件等。

4. 程序法方面，如《民事诉讼法》、《最高院刑事附带民事诉讼司法解释》、最高院《民事证据若干规定》等。

上述法律规定，是办理一件交通事故侵权案件，特别是一件相对复杂的交通事故侵权案件所应该准备、了解、收集的。它们为代理人处理交通事故案件提供较为充分的法律、数据依据，游刃有余的法律适用及考虑空间。

二、道路交通事故的赔偿规则

《侵权责任法》第 48 条规定，机动车发生交通事故造成损害的，依照《道路交通安全法》的有关规定承担赔偿责任。《道路交通安全法》第 76 条规定，机动车发生交通事故造成人身伤亡、财产损失的，由保险公司在机动车第三者责任强制保险责任限额范围内予以赔偿。超过责任限额的部分，按照下列方式承担赔偿责任：①机动车之间发生交通事故的，由有过错的一方承担责任；双方都有过错的，按照各自过错的比例分担责任。②机动车与非机动车驾驶人、行人之间发生交通事故，非机动车驾驶、行人没有过错的，机动车一方承担赔偿责任；有证据证明非机动车驾驶人、行人有过错的，根据过错程度适当减轻机动车一方的赔偿责任，机动车一方没有过错的，承担不超过 10% 的赔偿责任。交通事故的损失是由非机动车驾驶人、行人故意碰撞机动车造成的，机动车一方不承担责任。

《道路交通安全法》第 76 条的规定就是处理道路交通事故的基本规则，那么这个 76 条的规定，到底是什么样的规定呢？总结一下，有五个规则。

1. 保险优先。这就是说，机动车都要投强制保险，那么首先是强制保险的赔偿。强制保险不足的部分，用《侵权责任法》的规定来赔偿，这是第一点。

2. 过错推定原则或过错责任。《侵权责任法》在确定交通事故责任的时候，要适用的归责原则有两个，第一个归责原则就是机动车造成非机动车驾驶人或者是行人人身损害的，用过错推定原则。第二个归责原则是，其他造成财产损害或者是机动车相互之间造成损害的，适用过错责任原则。

3. 过失相抵。机动车一方有过失，非机动车一方也有过失的，这时候实行过失相抵。但应当注意的是，由于实行优者危险负担规则，因此，在按照过错程度和原因力规则确定了机动车一方的责任后，应当适当增加，以不超过10% 为妥。例如双方责任为同等责任，则机动车一方应当承担不超过 60% 的责任。

4. 机动车一方没有过错的情形。机动车一方没有过错，非机动车驾驶人或者行人过错是造成损害的全部原因，那么在这种情况下，不免除机动车一方的责任，那么他承担多少呢？在 10% 以下承担赔偿责任。

5. 非机动车驾驶人或者行人故意引起损害的，机动车一方不承担赔偿责任。对此，新修订的《道路交通安全法》第 76 条规定为"故意碰撞机动车"，其范围过窄，应当凡是非机动车驾驶人或者行人故意引起的交通事故损失，都应当免除机动车一方的责任。

导入案例分析

此次事故事实上是一起连环交通事故。第一起事故是由于王某违反《中华人民共和国道路交通安全法》关于过度疲劳影响安全驾驶，不得驾驶机动车的禁止性规定造成的。王某应当对第一起交通事故负主要责任，但第一起交通事故造成的人身和财产损失不大，属于一般交通事故，不足以构成犯罪。第二起交通事故发生时，王某已离开事故现场，其车辆亦处于静止状态，事故主要是由于张某酒后驾车造成的。王某的违章行为对于第二次交通事故只能是一个间接原因，与第二次交通事故的发生没有直接、必然的联系。虽然王某未在事故发生后依法采取应急处置措施，但经宋某等人的补救后，王某不作为的违法行为与第二起事故的关系链已被斩断，不应依此认定王某对后来发生的第二起严重交通事故负主要责任。所以，第一次交通事故应当由王某负主要责任，第二起交通事故应当由酒后驾车的张某负主要责任。

三、索赔的对象的确定

（一）交通事故案件涉及的法律关系

厘清交通事故侵权案件中可能涉及的多个法律关系，是正确处理道路交通事故案件赔偿的关键，同时才能有效维护当事人的合法权益。

1. 侵权法律关系。因过错或者意外造成的人身伤亡或者财产损失的交通事故，除了少数存在运输合同关系外，应该定性为侵权法律关系。

2. 是雇佣关系，还是职务行为。机动车发生交通事故，第一责任人首先是肇事司机，这些司机有的本身就是实际车主，其承担责任毋庸置疑。有的则是由实际车主雇佣，或由车辆登记单位委派，履行职务的司机。因为司机的原因，发生了交通事故，根据《最高人民法院关于审理人身损害赔偿案件适用法律若干问题的解释》第9条的规定，如果是个人与个人之间的雇佣关系，还得考虑司机是重大过错，还是一般过错；是要求司机与雇主承担连带赔偿责任，还是直接要求雇主承担赔偿。根据《最高人民法院关于审理人身损害赔偿案件适用法律若干问题的解释》第8条："法人或者其他组织的法定代表人、负责人以及工作人员，在执行职务中致人损害的，依照民法通则第121条的规定，由该法人或者其他组织承担民事责任……"《民法通则》第121条："国家机关或者国家机关工作人员在执行职务中，侵犯公民、法人的合法权益造成损害的，应当承担民事责任"的规定，司机系履行职务发生交通事故，应由委派单位承担赔偿责任。《侵权责任法》对此也有规定。

另外，《侵权责任法》第35条又规定了一个"劳务关系"的概念："个人之间形成劳务关系，提供劳务一方因劳务造成他人损害的，由接受劳务一方承担侵权责任……"

3. 强制保险合同关系。由于现在机动车上路，办理交强险是一必备程序，所以一旦出现交通事故，应该首先提醒建议受害人获取、留存对方机动车投保交强险的信息或证据（交强险保单等）。这是代理人接待交通事故案件当事人，尤其是受害人时的一项必不可少的工作内容，这方面很重要。即使没有办理强制险，对方肇事机动车系无证、套牌、强制险过期车辆等具体情况，也是有必要掌握的。

之所以对此法律关系进行强调的意义在于，要求对方机动车承担的是《道路交通安全法》第76条规定的法定优先赔偿之责。这里还需要关注的是，要了解肇事机动车在机动车中是有责还是无责，因为其赔偿的各项限额是不同的。

4. 商业保险合同法律关系。现在机动车一般在投有交强险的同时，还投有其他商业险种，这些商业险种（主要为第三者责任险）也是受害人获得赔偿的必要保障。因此，在代理受害人时，也应提醒其注意获取、留存对方机动车投保商业险的信息或证据（如商业险保单）。以做到能获得法院一并处理商业险的判决为最好；不能获得法院判决，则可以预先进行保全。这对当事人最后获得赔偿是一个好的办法。

有时会出现机动车交强险在这个保险公司投，商业险在那个公司投，牵引车头、后挂车厢在不同公司投保的情况，也要引起注意。

5. 挂靠合同关系。从事物流的大型货车一般必须按照交通行业管理部门的需要，挂靠在一个汽车服务公司名下，车辆的行车证也以该公司的名义登记。车辆的实际车主和挂靠公司之间一般签有一份《挂靠合同》，明确双方的权利和义务。一般情况下是机动车每月给挂靠公司交100~200元的管理费，汽车服务公司负责为该挂靠车辆代为办理投保、交各项管理费等手续，但约定出了交通事故则由实际车主自己负责处理。但在诉讼中，该挂靠公司也常常被诉至法院。目前，法院针对挂靠公司应否承担责任，出现了三类判决：①以利益支配，实际归属为依据，判令挂靠公司不承担责任；②在收取管理费的范围内，判令挂靠公司对实际车主承担补充赔偿责任；③以挂靠合同不能约束善意第三人，只能以登记为准确定车辆所有人或类似理由，判决挂靠公司和实际车主或肇事司机承担连带责任。因此，搞清楚肇事机动车有没有挂靠单位，也是十分有必要的。

6. 其他法律关系。如继承和被继承关系，如实际车主死亡，继承人有可能被追加为被告（也有可能成为共同原告）；实际车主是否存在合伙购买车辆的人，还要考虑合伙人之间的法律关系；车辆是否为分期付款购买；肇事时是不是借用、租赁、承包经营、擅自驾用、送交修理期间；受害人是免费搭乘肇事车辆，还是与肇事机动车存在旅客运输合同法律关系等。对此，新颁布的《侵权责任法》对其中一部分有了明确的规定。其他部分，还需要具体情况具体对待。

(二) 索赔对象的确定

在代理一起交通事故案件时，只有厘清了上述法律关系，才能清楚地选择案件的当事人、责任主体，选择对委托人最有利的解决案件的途径，设计可退可进的诉讼方案，收到良好的结案效果。道路交通事故发生后，受害人要向责任方进行索赔，由于实际中车辆驾驶人员与车辆所有人存在各种关系，故应根据个案的实际情况予以确定。

1. 租赁、借用车辆出事故由使用人赔偿。过去，借用车辆出事故由出借者和使用人二者承担连带责任，因此出借者承担的法律风险巨大。

实际上机动车出借后车辆所有人与使用人发生分离，所有人没有占有和操控车辆，无法预测和控制车辆运行风险带来的损害，因此车辆所有人承担连带赔偿责任有失公平。《侵权责任法》第49条规定："因租赁、借用等情形机动车所有人与使用人不是同一人时，发生交通事故后属于该机动车一方责任的，由保险公司在机动车强制保险责任限额范围内予以赔偿。不足部分，由机动车使用人承担赔偿责任；机动车所有人对损害的发生有过错的，承担相应的赔偿责任。"此条规定明确了在借用情况下发生交通事故的，交强险赔偿不足部分由车辆使用人承担赔偿责任，所有人不承担连带赔偿责任。但是，在车辆所有人对事故发生有过错，比如没有审查使用人有无驾驶资格、未告知使用人提供的车辆是否适驾，明知借用人系酒后驾驶等情况下仍然将车辆出借，则承担与其过错相应的赔偿责任，但不是与使用人承担连带责任。

2. 转让未办理过户登记情况下，由最终受让人承担赔偿责任。实际生活中，转让机动车并已经交付，但由于种种原因未办理过户登记手续甚至是连环转让机动车的情况屡见不鲜。2001年《最高人民法院关于连环购车未办理过户手续，原车主是否对机动车发生交通事故致人损害承担责任的批复》规定：连环购车未办理过户手续，因原车主既不能支配该车的运营，也不能从该车的营运中获得利益，故原车主不应对机动车发生交通事故致人损害承担责任。但是，连环购车未办理过户手续的行为，违反有关行政管理法规的，应受其规定的调整。《物权法》规定，动产物权设立和转让，自交付时生效。机动车所有权的转移在交付时就已经生效，未登记只是缺少公示，在交易中不得对抗善意第三人。因机动车转让后，原车主对车辆不享有支配权，也不从中获益，如要

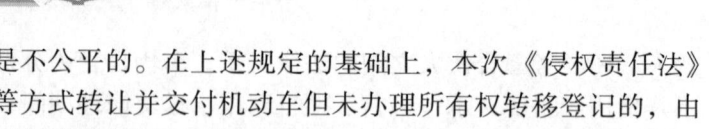

求其承担责任，显然是不公平的。在上述规定的基础上，本次《侵权责任法》规定，当事人以买卖等方式转让并交付机动车但未办理所有权转移登记的，由保险公司在机动车强制保险责任限额内予以赔偿，不足部分由受让人承担。这里的转让包括了赠与、继承等。

3. 肇事逃逸交强险要赔，机动车不明或者该机动车未参加强制保险，需要支付被侵权人人身伤亡的抢救、丧葬等费用的，由道路交通事故社会救助基金垫付。机动车投保了交强险，但在肇事后驾驶员逃逸，保险公司要不要赔？《侵权责任法》第53条规定："机动车驾驶人发生交通事故后逃逸，该机动车参加强制保险的，由保险公司在机动车强制保险责任限额内予以赔偿……"此条规定明确了保险公司的赔偿责任，即交通肇事逃逸交强险要赔。同时规定，机动车不明或者该机动车未参加强制保险，需要支付被侵权人人身伤亡的抢救、丧葬等费用的，由道路交通事故社会救助基金垫付。道路交通事故社会救助基金垫付后，其管理机构有权向交通事故责任人追偿。

4. 以买卖等方式转让拼装或者已达到报废标准的机动车，发生交通事故造成损害的，由转让人和受让人承担连带责任。拼装和已达到报废标准的机动车，由于其不能达到机动车上路行驶的安全标准，上路行驶后极易造成其他机动车、非机动车驾驶人和行人的损害。《侵权责任法》第51条旨在制裁非法拼装车辆，防止其再次进入市场和使用报废标准的机动车的行为，强化保护被侵权人的权利。"转让人"是最初拼装人和最初使用报废标准的机动车的人，"受让人"是最终的受让人，他们承担的责任是连带责任。

5. 盗窃、抢劫或者抢夺的机动车发生交通事故造成损害的，由盗窃人、抢劫人或者抢夺人承担赔偿责任。《机动车交通事故责任强制保险条例》第22条规定，被保险机动车被盗抢期间肇事的，保险公司在机动车交通事故责任强制保险责任限额范围内垫付抢救费用，并有权向致害人追偿。《侵权责任法》第52条参照这一规定，由直接使用人承担责任，盗窃人、抢劫人或者抢夺人向被侵权人承担损害赔偿责任。保险公司在机动车交通事故责任强制保险责任限额范围内垫付抢救费用，并有权向致害人追偿。

6. 好意同乘时发生交通事故的索赔对象。好意同乘是指在车辆所有人好意并无偿地邀请、允许同乘或在车辆所有人并不知情的情况下搭乘该车。此情况下，驾驶人虽然没有获得利益，但仍负有保证安全驾驶的义务，发生事故应承担有限的民事赔偿责任。如乘车人明知司机饮酒、无驾照，可以减轻或免除驾驶人的责任。

7. 挂靠车辆发生交通事故的索赔对象。被挂靠单位收取管理费或其他费用，获得利益的，以挂靠人和被挂靠单位为索赔对象。被挂靠单位没有获得利益的，以挂靠人为索赔对象。

四、赔偿项目

《侵权责任法》第 16、22 条明确确定的人身损害赔偿项目包括医疗费、护理费、交通费、误工费、残疾生活辅助具费、残疾赔偿金、丧葬费、死亡赔偿金和精神损害赔偿等九项。

1. 医疗费。医疗费是指受害人在遭受人身伤害之后接受医学上的检查、治疗与康复训练必须支出的费用。医疗费的赔偿，应以治疗医院的诊断证明和医疗费的单据为凭。医疗费的赔偿数额，按照一审法庭辩论终结前实际发生的数额确定。医疗费的项目大致有以下几种：①挂号费，包括医院门诊挂号费、专家门诊挂号费等。②医药费，即购买药品所支付的费用，例如购买消炎药品所支付的费用。③检查费，包括为治疗所需的各种医疗检查费用，如血液检查费用、透视费用、CT 费用、B 超费、彩超费等。④治疗费，即受害人接受治疗所支付的费用，例如换药、打针、理疗、手术、化疗、矫形、整容等费用。⑤住院费，即患者住院治疗所需支付的费用。⑥其他医疗费用，如进行器官移植的费用、聘请专家会诊的费用等。

在代理实务中，往往由于被侵权人情绪激动或法律意识淡薄，其擅自转院、私自购药或不配合医疗机构及其医务人员诊疗而产生的医疗费用，会因侵权人及其代理人的抗辩而得不到赔偿。所以，被侵权人既要妥善保存医疗费收款凭证，积极配合诊疗，未经医疗机构许可，不擅自转院、私自购药，以免由此产生的医疗费得不到法院的支持。

需要提供的证据有：诊断证明、处方、收款凭证、住院治疗还要有医院的住院治疗的明细清单及病历，病历需复印并加盖医疗机构的公章。赔偿义务人对治疗的必要性和合理性有异议的，应当承担相应的举证责任。

2. 护理费。护理费是指医疗机构或鉴定机构根据受害人受伤的程度及自理能力而确定的是否需要护理，需要多长时间的护理，需要几人的护理而产生的费用。因此，护理费的有无首先取决于医疗机构和鉴定机构的意见。如果没有医疗机构或鉴定机构的意见，司法实践中法院予以支持的可能性较小，除非在受害人的伤势明显需要人护理而医疗机构或鉴定机构不予出具护理证明的情况下，法院会依据受害人的实际情况予以判定。

护理费用的计算通常分为两种情况：①受害人的亲属、朋友或雇个人来护理，如果护理人员有收入的，参照误工费的规定计算，其相应的证明与受害人的误工费相同；护理人员没有收入或者雇佣护工的，参照当地护工从事同等级别护理的劳务报酬标准计算。②受害人聘请的专门从事护理业务公司的护理人员，这种情况下，需要提供该公司开具的发票。最好找正规的有护理经营项目的公司，以避免产生不必要的矛盾。

护理期限应计算至受害人恢复生活自理能力时止。受害人因残疾不能恢复生活自理能力的，可以根据其年龄、健康状况等因素确定合理的护理期限，但最长不超过 20 年。

受害人定残后的护理，应当根据其护理依赖程度并结合配制残疾辅助器具的情况确定护理级别，这个需要由有资质的司法鉴定机构来鉴定。

在代理实务中，被侵权人住院期间产生的护理费一般没有争议，被侵权人出院后是否需要护理，需要几人护理，需要护理多长时间，需要几级护理，当事人往往各执一词。当事人如有争议，可以共同委托有资质的司法鉴定机构对护理期限和护理依赖程度进行鉴定。

需要提供的证据有：护理的诊断证明、误工证明、个人所得税缴纳凭证、护理公司发票等。

3. 交通费。根据被侵权人及其必要的陪护人员因就医或者转院治疗实际发生的费用计算。交通费应当以正式票据为凭，有关凭据应当与就医地点、时间、人数、次数相符合。交通费包括公交、地铁、出租车、火车、轮船和飞机票等。

在代理实务中，因交通费数额较小，当事人往往对交通费的主张和抗辩不够重视，作为代理人应当围绕交通费与就医地点、时间、人数和次数举证、质证。如交通费中的飞机票和长途火车、汽车票，代理人应当就其必要性、合理性发表意见。在生活中还有一种情况就是受害人出事后，虽然伤得不重，但其远在外地亲戚、朋友乘坐火车，甚至飞机来看望，小则二三人，多则十余人甚至更多，连吃带住还有的带玩，是一笔不小的费用，在这种情况下多数法院是不会支持的。

需要提供的证据有：车票、病历。

4. 误工费。误工费是指受害人因为受伤治疗、休养而不能正常上班导致的收入上的损失。其证据为：①误工时间：根据受害人接受治疗的医疗机构出具的诊断证明（假条）确定。受害人因伤致残持续误工的，误工时间可以计算至定残日前一天。②误工证明：要由受害人单位开具误工证明，该证明要明确受害人为其单位的工作人员，因交通事故休假的天数及在上述休假期间内收入的损失。如果受害人的月收入水平高于个人所得税的起征标准，法院通常还要要求受害人提供其休假前的个人所得税缴纳的凭证。个人所得税缴纳的凭证，可以到其单位所在地的地税所，持本人身份证调取。

而对于受害人无固定收入的，则应由受害人举证其最近 3 年的平均收入计算；受害人不能举证证明其最近 3 年的平均收入状况的，可以参照受诉法院所在地相同或者相近行业上一年度职工的平均工资计算。对于没有固定收入的个体户、自由职业者、私营企业主、待业青年和雇工，举证却异常艰辛。代理人应当充分搜集证据（如营业执照、税务登记证、相同或者相近行业最近 3 年的平均收入状况或城镇最低生活保障金等），最大限度维护被侵权人合法权益。

需要提供的证据有：诊断证明、休假证明、误工证明、个人所得税缴纳凭证、最近 3 年平均收入证明、相同或相近行业上一年度职工平均工资证明等。

5. 残疾生活辅助具费。残疾生活辅助具费是指因伤致残的被侵权人为补偿其遭受创伤的肢体器官功能、辅助其实现生活自理或者从事生产劳动而购买、配制的生活自助器具所需费用。残疾生活补助器具主要包括：①肢残者用的支辅器、假肢及其零部件，假眼、假鼻、内脏拖带、矫形器、矫形鞋、非机动助行器、代步工具（不包括汽车、摩托车）、生活自助具、特殊卫生用品；②视力残疾者使用的盲杖、导盲镜、助视器、盲人阅读器；③语言、听力残疾者使用的语言训练器、助听器；④智力残疾者使用的行为训练器、生活能力训练用品。

在代理实务中，根据被侵权人的伤情，可以参照残疾生活辅助器具配制机构的意见确定相应的合理费用标准。残疾生活辅助器具的更换周期和赔偿期限参照配制机构的意见确定。残疾生活辅助器具的选用应以国内生产、中档价位为主，以国外进口、高档价位为辅。

需要提供的证据有：诊断证明、辅助器具发票。

6. 残疾赔偿金。残疾赔偿金实际是对受害人因伤构成残疾而导致的收入上的损失的赔偿。

要确定残疾赔偿金首先要由有资质的鉴定机构来对受害人进行鉴定，以确定受害人丧失劳动能力的程度或者伤残等级。为了避免不必要的麻烦，受害人可以在起诉后向管辖法院申请委托鉴定，法院会按照法定程序确定鉴定机构。

残疾赔偿金的计算方法：根据被侵权人丧失劳动能力程度或者伤残等级，按照受诉法院所在地上一年度城镇居民人均可支配收入或者农村居民人均纯收入标准，自定残之日起按 20 年计算。但 60 周岁以上的，年龄每增加 1 岁减少 1 年；75 周岁以上的，按 5 年计算。被侵权人因伤致残但实际收入没有减少，或者伤残等级较轻但造成职业妨害严重影响其劳动就业的，人民法院可以对残疾赔偿金作相应调整。

在代理实务中，提供的证据主要是司法鉴定书。除此之外，代理人主张农村户籍的被侵权人应当充分搜集其在城市居住一年以上（如居住证、暂住证、房屋租赁合同和买卖合同等）、有固定的工作（如工作证、工资卡、工资条和劳动合同等）和稳定的收入（如收入证明、完税凭证和社保缴纳证明等）等

证据，使农村户籍的被侵权人"享受"与城镇户籍居民同等的残疾赔偿金"待遇"。

7. 丧葬费。丧葬费是指侵害自然人的生命权致使被侵权人死亡的，被侵权人的亲属对死亡的被侵权人进行安葬所产生的丧葬费用的支出。一般用于逝者服装、整容、遗体存放、运送、告别仪式、火化、骨灰盒、骨灰存放等。按照受诉法院所在地上一年度职工月平均工资标准，以6个月总额计算。

在代理实务中，由于丧葬费数额较少，当事人对丧葬费的争议不大，但当事人往往对丧葬费的具体项目可能有异议。

8. 死亡赔偿金。死亡赔偿金按照受诉法院所在地上一年度城镇居民人均可支配收入或者农村居民人均纯收入标准，按20年计算。但60周岁以上的，年龄每增加1岁减少1年；75周岁以上的，按5年计算。

在代理实务中，由于城镇户籍的被侵权人和农村户籍的被侵权人的死亡赔偿金数额相差一倍甚至数倍，当事人会因差额过大难以协商调解。作为代理人，应充分搜集被侵权人在城镇居住一年以上、有固定的工作和稳定的收入的证据，最大限度维护当事人的合法权益。

需要提供的证据有：死亡证明、暂住证、工作证明、居住证明。

9. 精神损害赔偿。精神损害赔偿是民事主体因其人身权利受到不法侵害，使其人格利益和身份利益受到损害或遭受精神痛苦等无形损害，要求侵权人通过财产形式的赔偿等方法，进行救济和保护的民事法律制度。

精神损害赔偿是根据侵权人的过错程度、侵害的手段、场合、行为方式等具体情节、侵权行为所造成的后果、侵权人的获利情况、侵权人承担责任的经济能力、受诉法院所在地平均生活水平以及被侵权人对损害事实和损害后果的发生有无过错等因素来确定的。

在代理实务中，什么情况下法院会支持交通事故精神损害赔偿呢？通常是受害人的伤情已构成了伤残或导致死亡。那么赔偿的标准是多少呢？大多数地区的法院一般是根据受害人的伤残等级从2000元~5万元不等，造成死亡的是5万元~10万元。

10. 财产直接损失。交通事故财产直接损失是指交通事故直接造成财物损毁的实际价值，包括车辆、财物、道路、设施和牲畜等。由直接经济损失引起和牵连的其他损失是间接经济损失。交通事故财物损失的赔偿，根据《民法通则》第117条第2款规定："损坏国家的、集体的财产或者他人财产的，应当恢复原状或者折价赔偿。"交通事故财物损失的赔偿，是因交通事故损坏的车辆、物品、设施等，应当修复，不能修复的，折价赔偿。牲畜因伤失去使用价值或者死亡的，折价赔偿。当事人对实际价值有争议的，由当事人委托具有资格的评估机构进行财产损失评估。因此，对交通事故财物的损失，应当首先采用恢复原状的方式承担责任，如果财产不能修复的，再折价赔偿。所谓折价赔偿，就是按照被损坏财产实际减少的价值进行赔偿。如果原物的价值全部丧失的，以原物的原有价值进行赔偿，如果原物恢复原状后，价值减少的，则要计算出实际减少的价值进行赔偿。

需要提供的证据有：事故认定书、发票。

11. 车辆减值损失。车辆由于交通事故造成了损坏，虽然经过修理，但其整体的安全性、操控性都有所下降，这样就造成了其价值的减损。

对于车辆减值的损失，其数额的确定是要通过有资质的鉴定机构予以评估，所以我们通常的做法是在立案时，同时提出车辆减值鉴定申请。

需要提供的证据有：司法鉴定书。

12. 车辆停运损失费。车辆停运损失费是指在道路交通事故中发生车辆的损害，如果受害人是以被损车辆用于货物运输或者旅客运输经营活动，则在被损车辆修复期间，受害人因无法进行正常的货物运输或者旅客运输经营而造成经济收入的减少，或日停运损失，由相关事故责任人对该损失进行的赔偿。

根据《最高人民法院关于道路交通事故中的财产损失是否包括被损车辆停运损失问题的批复》规定："在交通事故损害赔偿案件中，如果受害人以被损车辆正用于货物运输或者旅客运输经营活动，要求赔偿被损车辆修复期间的停运损失的，交通事故责任者应当予以赔偿。"根据上述规定，交通事故受害人所遭受的间接损失即车辆停运损失，也有权利要求事故责任人予以赔偿。根据直接财产损失赔偿的规定，这一赔偿也应当以车辆停运期间实际发生的损失为限。其计算方法与直接财产损失的计算方法相同。

需要提供的证据有：营运证、运输合同。

《最高人民法院关于审理人身损害赔偿案件适用法律若干问题的解释》（简称《人身损害赔偿解释》）确定的住宿费、住院伙食补助费、必要的营养费、被扶养人生活费，以及因康复护理、继续治疗实际发生的必要的康复费、护理费、后续治疗费、受害人亲属办理丧葬事宜支出的交通费、住宿费和误工损失等其他合理费用等 10 项赔偿项目未被列入《侵权责任法》的赔偿项目，而被《侵权责任法》第 16 条以"等"字概括。

值得注意的是，被扶养人生活费这一具有中国特色的赔偿项目将随着《侵权责任法》的正式施行而退出历史舞台（2012 年 10 月 26 日修改的《国家赔偿法》却有被抚养人生活费之规定）；最高人民法院于 2010 年 6 月 30 日发布了《关于适用〈中华人民共和国侵权责任法〉若干问题的通知》，该通知第 4 条规定：人民法院适用《侵权责任法》审理民事纠纷案件，如受害人有被抚养人的，应当依据《最高人民法院关于审理人身损害赔偿案件适用法律工若干问题的解释》第28条的规定，将被抚养人生活费计入残疾赔偿金或死亡赔偿金。对于该条的适用在实践中存在较大分歧。《人身损害赔偿解释》和《最高人民法院关于确定民事侵权精神损害赔偿责任若干问题的解释》（简称《精神损害赔偿解释》）确定的精神损害抚慰金被《侵权责任法》以"精神损害赔偿"替代；《人身损害赔偿解释》确定的"残疾辅助器具费"被《侵权责任法》以"残疾生活辅助具费"替代。

学习任务三 医疗损害责任

○ 导入案例

2010年9月20日，原告李严因腹部疼痛到被告处就诊，入院后诊断为慢性胆囊炎急发、胆囊结石。被告于2010年9月21日在全麻下为原告进行"腹腔镜胆囊切除术"。由于被告违反手术操作规程，致使原告术后出现全身皮肤、粘膜黄染，原告于2010年10月8日到甘肃省人民医院就诊，被诊断为"梗阻性黄疸、肝外胆管缺损"。2010年10月15日，甘肃省人民医院为原告进行"胆总管成型、胆总管ROX－EN－Y吻合术"。术中见肝呈胆汁淤积表现，见胆总管有一约1cm缺损，上端有一枚金属夹，胆总管上端至左右肝管汇合处约0.5cm，内经约0.4cm，遂将上端金属夹取出。2010年10月26日出院，出院复诊计划："随诊"。原告到Y县中医院及甘肃省人民医院共计支付医疗费及检查费37 528.5元。事后经原、被告协商，被告支付原告医疗费32 275元。2010年12月6日，原告委托司法鉴定中心对原告伤残等级进行评定，其结论为："被鉴定人李严的伤残等级为七级伤残。"原告支付鉴定费1000元。现要求被告再赔偿原告各项损失共计178 784.25元（其中医疗费5253.5元，住院伙食补助费1080元，营养费540元，陪护费5000元，交通费540元，误工费3740.43元，残疾赔偿金71 126.32元，被抚养人生活费20 784.37元，精神损害抚慰金50 000元，后续治疗费20 000元，鉴定费1000元）。

近年来，随着公众维权意识的不断增强，基于医患关系而产生的医疗损害赔偿纠纷案件一直是社会各界关注的热点问题之一。同时，由于医疗损害赔偿纠纷案件是由高技术高风险特点的医疗行为引起，以及目前有关医疗损害赔偿法律的不完善，导致该类案件一直是人身损害赔偿案件中的难点。分清理顺医疗损害赔偿纠纷民事责任的承担将有助于正确处理医疗纠纷，依法平等保护医患双方的合法权益，实现社会的公平与正义。

一、医疗损害责任改革的背景

《侵权责任法》实施前，关于医疗损害救济的方法，可归纳成三个双轨制构成的二元化医疗损害救治机制。

1. 案由双轨制。在现在的法院受理的医疗损害责任当中，有两种情况：一是经过医疗事故鉴定的，叫做医疗事故责任。二是没有经过医疗事故鉴定，而是由司法机构鉴定的医疗过错，这种叫做医疗过错责任。法院在受理案件的时候，作为两种案件来受理，这是第一个双轨制。

2. 赔偿责任的双轨制。如果确定了是医疗事故责任，就按照《医疗事故处理条例》规定承担赔偿责任，其赔偿标准很低。如果没有鉴定成医疗事故责任，而是医疗过错责任，则适用人身损害赔偿的标准，这个标准很高。如果是一个确定了的医疗事故责任，以云南省 2009 年的标准计算，大概赔偿不会超过 7 万块钱，但是要按照《人身损害赔偿司法解释》的标准，就会赔偿到 20 多万元，差距悬殊非常大。

3. 鉴定的双轨制。鉴定的双轨制，是指医学会组织医疗事故责任鉴定和司法鉴定机构组织医疗过错责任鉴定。最高人民法院曾将医疗纠纷分为两类：一类是医疗事故纠纷，另一类是非医疗事故纠纷。前者适用《医疗事故处理条例》，后者适用《民法通则》及相关法律和司法解释的有关规定。医疗事故纠纷由医学会组织医疗事故责任鉴定，非医疗事故纠纷由司法鉴定机构组织医疗过错责任鉴定。在医疗损害赔偿纠纷案件中，两条轨道并行适用。其中的鉴定双轨制是责任认定的基石，因而成为双轨制的核心。但是，因其在司法实践中所体现的赔偿金额的巨大差异，导致医患在鉴定机构的选择上历来争执不下，很多案件久拖不决或者反复鉴定，不仅浪费了社会资源，妨碍了诉讼程序的进展，也影响了法律权威，加剧了社会不满。

国务院 2002 年颁布的《医疗事故处理条例》规定，医疗机构及其医务人员在医疗活动中，违反医疗卫生管理法律、行政法规、部门规章和诊疗护理规范、常规，过失造成患者人身损害的事故构成医疗事故。由于《医疗事故处理条例》与《最高人民法院关于参照〈医疗事故处理条例〉处理医疗纠纷民事案件的通知》使用医疗纠纷案件的处理在法律适用、赔偿标准和鉴定方面都处于二元化状态，而二元化的格局非常不利于医疗纠纷的解决，因此，2009 年 11 月 26 日全国人大常委会通过并颁布《中华人民共和国侵权责任法》，废弃医疗事故这一概念，统一采用医疗损害责任概念表述医疗过错行为导致的人身损害。

二、医疗损害责任的界定和种类

（一）什么是医疗损害责任

医疗损害责任是指医疗机构及其从业人员在医疗活动中，未尽相关法律、法规、规章和诊疗技术规范所规定的注意义务，在医疗过程中发生过错，并因这种过错导致患者人身损害所形成的民事法律责任。此义务为《侵权责任法》第54条所规定：患者在诊疗活动中受到损害，医疗机构及其医务人员有过错的，由医疗机构承担赔偿责任。

医疗损害责任是一种民法意义上的侵权责任，侵权责任以侵权者在民事行为中存在过错为前提。因此，医疗损害责任同样也是以医疗机构及其从业人员在医疗行为中存在医疗过错为前提。

（二）医疗损害责任的三种类型

1. 医疗技术损害责任。医疗技术损害责任是指医疗机构及医务人员在医疗活动中，违反医疗技术上的高度注意义务，具有违背当时的医疗水平的技术过失，造成患者人身损害的医疗损害责任。这种医疗损害责任的构成必须具备医疗技术过失的要件，即违背当时医疗水平的疏忽和懈怠，造成患者人身损害，因而应当承担侵权责任。

医疗技术损害责任的法律特征是：①构成医疗技术损害责任以具有医疗过失为前提。医疗技术损害责任以存在医疗过失为构成前提，以此与医疗产品损害责任相区别。如果医疗机构以及医务人员认为自己不存在医疗过失，就不构成医疗技术损害责任。②医疗技术损害责任的过失是医疗技术过失。医疗技术损害责任构成中所要具备的过失，是以违反当时的医疗水平所确定的医疗机构及医务人员所应当承担的诊疗义务为标准，是违反医学上或者技术上应尽的高度注意义务的疏忽或者懈怠，因此与医疗伦理过失不同。所谓与当时的医疗水平相应的诊疗义务就是医务人员的高度注意义务。③医疗技术过失的认定方式主要是原告证明。医疗技术过失采取原告证明的方式。受害患者一方不仅要证明医疗违法行为、损害事实的存在以及因果关系要件的成立，还必须证明医疗机构及医务人员具有医疗技术过失。只有在特殊情况下，在受害患者一方已经证明到一定程度或者在《侵权责任法》第58条规定的情况下，才可以推定医疗机构及医务人员具有医疗技术过失。④医疗技术损害责任的损害事实只包括人身损害事实。在医疗技术损害责任构成中，损害事实只包括受害患者的人身损害事实，不包括其他民事权益的损害。

医疗技术损害责任的类型有：①诊断过失损害责任。诊断过失损害责任是常见的医疗技术损害责任，最典型的诊断过失就是误诊。一般认为，只有当根本未进行一些基本的诊断程序或者在进一步的治疗过程中，未对初始的诊断发现并加以审查时，才能构成误诊，并导致赔偿责任。判断误诊的标准是：一个理性的医师在疾病诊断中，作出了不符合医疗时的医疗水平的对患者疾病的错误判断，而一个理性的医师通常是不可能出现这样的错误，就是诊断过失。②治疗过失损害责任。医疗机构及医务人员在治疗中，未遵守医疗规范、规章、规程，未尽高度注意义务，实施错误的治疗行为，造成患者人身损害的，即为医疗过失损害责任。例如，脊椎穿刺行为本身就具有一定的危险，只有当这种方式没有必要或者在施行过程中有错误，并且造成了患者的人身损害时，才能认定为治疗过失，构成治疗过失的医疗技术损害责任。③护理过失损害责任。医护人员在护理中违反高度注意义务，造成患者人身损害，也构成医疗技术损害责任。④感染传染损害责任。医疗机构承担的是治病救人的高尚职责，在医疗机构内部，必须管控感染，防止感染、传染。如果医疗机构以及医务人员未善尽高度注意义务，出现院内感染或者传染，造成患者感染新的疾病损害其生命健康的，应当承担医疗过失损害责任。⑤孕检生产损害责任。在妇产科医疗机构中，由于孕检未能检出胎儿畸形，导致"错误出生"的医疗损害责任出现。这种医疗技术损害责任是指在妇产科医院中，对胎儿状况的检查存在医疗疏忽或者懈怠，应当发现胎儿畸形而未发现，直至胎儿出生后才发现畸形从而造成损害的医疗技术损害责任。⑥组织过失损害责任。医疗机构在医疗组织中，违反医院管理规范，疏于履行及时救助义务，或者延误治疗时间等，构成组织过失损害责任。

导入案例分析

公民的身体健康权应受法律保护。本案中，原告因病到被告处就诊，被告为原告进行"腹腔镜胆囊切除术"时未严格按照手术操作程序，导致原告"梗阻性黄疸，肝外胆管缺损"的行为侵害了原告的身体健康权，被告存在医疗过错，理应承担相应的民事赔偿责任。最后法院判决 Y 县中医院赔偿原告医疗费 37 528.5 元，住院伙食补助费 1080 元，营养费 540 元，护理费 1377.1元，误工费 3740.43 元，残疾赔偿金 23 840.8 元，被抚养人生活费 7192.77元，交通费 260 元，鉴定费 1000 元，共计 76 559.6 元，除去已支付的 32 275元及统筹支付的 2875.52 元外，再支付原告李严 41 409.08 元。

2. 医疗伦理损害责任。医疗伦理损害责任是指医疗机构及医务人员从事各种医疗行为时，未对病患充分告知或者说明其病情，未提供病患及时有用的医疗建议，未保守与病情有关的各种秘密，或未取得病患同意即采取某种医疗措施或停止继续治疗等，而违反医疗职业良知或职业伦理上应遵守的规则的过失行为，医疗机构所应当承担的侵权赔偿责任。医疗伦理损害责任表现形式就是医疗机构及医务人员违反了医疗良知，医生的良知和医疗的伦理，医疗的职业道德，医生的职业道德。进一步说，其实就是医生违反告知义务。《侵权责任法》第55条规定得特别明确，医务人员在诊疗活动中应当向患者说明、告知。一般情况下的告知和特殊情况下的告知要求都是不一样的，不能向患者告知的时候，要向患者的家属告知，这个是告知义务。医生负有告知义务，患者享有知情权和自我决定权。如果医生根本就没有告诉患者，这不就侵害了患者的知情权吗？医生现在不仅不告诉患者，而且医生自己就做决定怎么去治疗了，医生不是侵害了患者的自我决定权吗？这样一种违反医疗伦理责任的情况，就叫医疗伦理过失。

医疗伦理损害责任的法律特征是：①构成医疗伦理损害责任以具有医疗过失为前提。医疗伦理损害责任也以具备医疗过失为构成前提，以此与医疗产品损害责任相区别。如果医疗机构以及医务人员没有过失，就不构成这种医疗损害责任。②医疗伦理损害责任的过失是医疗伦理过失。医疗伦理损害责任所要具备的过失是医疗伦理过失，以此与医疗技术损害责任相区别。医疗伦理过失与医疗技术过失不同，此时医疗机构及医务人员不是违反当时的医疗水平所确定的高度注意义务，而是违反医疗良知和医疗伦理，违反告知义务、保密义务等伦理性义务。③医疗伦理过失的认定方式是过错推定。医疗伦理过失与医疗技术过失的认定方式不同，认定医疗伦理过失不是采取证明的方式，而是采取推定的方式。只要受害患者一方已经证明了医疗违法行为、损害事实以及因果关系的要件之后，法官就可以直接推定医疗机构及医务人员具有医疗伦理过失。④构成医疗伦理损害责任不仅包括患者的人身损害而且包括其他民事权益损害。在医疗伦理损害责任构成中，不仅包括受害患者人身受损害事实，还包括患者的其他民事权益受损害的事实，并且更主要的不是人身损害而是其他民事权益的损害，例如知情权、自我决定权、隐私权等的损害是医疗伦理损害责任损害事实的常态。

医疗伦理损害责任的类型有：①违反信息告知损害责任。违反信息告知损害责任是指医疗机构未对患者充分告知或者说明其病情，未对患者提供及时有用的医疗建议的医疗损害责任。承担这种医疗损害责任的前提是医疗机构及医务人员违反的是医疗良知和医疗伦理，没有善尽对患者所负的告知义务、说明义务、建议义务等积极提供医疗信息的义务，侵害了患者的知情权。②违反患者同意损害责任。违反患者同意损害责任是指医疗机构及医护人员违反其应当尊重患者自主决定意愿的义务，未经患者同意即积极采取某种医疗措施或者消极停止继续治疗的医疗损害责任。这种医疗损害责任类型，违反的也是医疗良知和医疗伦理，不经患者同意就采取积极行为或者消极行为，侵害患者的自我决定权。③违反保密义务损害责任。由于医患关系的特殊性，医生掌握着患者的患病情况、病史情况以及其他的个人重要信息，这些都是患者的重大隐私信息，医生及相关知情人员负有保密义务。《侵权责任法》第62条规定："医疗机构及其医务人员应当对患者的隐私保密。泄露患者隐私或者未经患者同意公开其病历资料，造成患者损害的，应当承担侵权责任。"④违反管理规范损害责任。违反管理规范损害责任是指医疗机构违反行政管理规范，造成受害患者的身份权等权利损害的医疗损害责任。在医疗过程中造成这种患者受到损害的，不能不认为构成医疗损害责任。这种侵权行为违反的是管理规范，造成的尽管不是人身损害事实，但违反了医疗良知和医疗伦理，使受害患者的身份权受到损害，同时，承担责任的也是医疗机构，认定为医疗损害责任是完全有道理的。

医疗伦理损害责任的赔偿，主要的方式是精神损害抚慰金的赔偿，当然也包括造成财产损失的赔偿。赔偿规则是：①如果违反告知或者保密等义务造成患者人身损害，能够确定违反告知或者保密等义务的医疗行为与损害后果具有因果关系的，应当承担人身损害赔偿责任。②如果违反告知或者保密等义务，没有造成患者人身损害，仅仅是造成了知情同意权、自我决定权、隐私权、身份权等精神性民事权利损害的，则应当承担的赔偿责任是精神损害抚慰金赔偿，但这种赔偿通常是象征性的赔偿。

3. 医疗产品损害责任。医疗产品损害责任是指医疗机构在医疗过程中使用有缺陷的药品、消毒药剂、医疗器械以及血液及制品等医疗产品，因此造成患者人身损害，医疗机构或者医疗产品生产者、销售者应该承担的医疗损害赔偿责任。

医疗产品损害责任既是医疗损害责任，又是产品责任，是兼有两种性质的侵权行为类型，是医疗损害责任中的一个基本类型。由于医疗产品损害责任具有产品责任性质，因此应当适用无过错责任原则，以更好地保护患者的合法权益。

医疗产品损害责任的构成要件包括：

（1）医疗产品须为有缺陷产品。构成医疗产品损害责任的首要条件是医疗产品具有缺陷。医疗产品包括四种：一是药品；二是消毒药剂；三是医疗器械；四是血液及血液制品。

（2）须有患者人身损害事实。构成医疗产品损害责任，须将医疗产品应用于患者，并由于医疗产品存在缺陷，造成了患者的人身损害。

（3）须有因果关系。医疗产品损害责任中的因果关系，是指医疗产品的缺陷与受害人的损害事实之间存在的引起与被引起的关系，医疗产品缺陷是原因，损害事实是结果。确认医疗产品责任的因果关系，要由受害人证明。

三、医疗损害责任的归责原则和举证责任

三种不同的医疗损害责任的类型，适用三种不同的归责原则。

1. 医疗技术损害责任适用过错原则。《侵权责任法》第54条规定："患者在诊疗活动中受到损害，医疗机构及其医务人员有过错的，由医疗机构承担赔偿责任。"上述法律条文规定，医方医疗行为中必须存在医疗过错，并因此过错导致医疗损害的，才会承担侵权赔偿责任，此为《侵权责任法》实施以后，医疗损害诉讼案件中医方承担赔偿责任的前提。

2. 医疗伦理损害责任适用过错推定原则。《侵权责任法》第55条规定："医务人员在诊疗活动中应当向患者说明病情和医疗措施。需要实施手术、特殊检查、特殊治疗的，医务人员应当及时向患者说明医疗风险、替代医疗方案等情况，并取得其书面同意；不宜向患者说明的，应当向患者的近亲属说明，并取得其书面同意。医务人员未尽到前款义务，造成患者损害的，医疗机构应当承担赔偿责任。"

没有尽到告知义务而直接推定有过错，这就是过错推定原则。除此之外，《侵权责任法》第58条规定："患者有损害，因下列情形之一的，推定医疗机构有过错：①违反法律、行政法规、规章以及其他有关诊疗规范的规定；②隐匿或者拒绝提供与纠纷有关的病历资料；③伪造、篡改或者销毁病历资料。"

在上述三种情况下，患方不需要证明医方医疗行为中存在医疗过错，只需要证明医方存在上述情况时，人民法院就应当推定医方存在医疗过错。

3. 医疗产品损害责任适用无过错责任。《侵权责任法》第59规定："因药品、消毒药剂、医疗器械的缺陷，或者输入不合格的血液造成患者损害的，患者可以向生产者或者血液提供机构请求赔偿，也可以向医疗机构请求赔偿。患者向医疗机构请求赔偿的，医疗机构赔偿后，有权向负有责任的生产者或者血液提供机构追偿。"上述法律条文规定，在医疗行为只要医方使用不合格医疗产品导致患方人身损害的，不论其医疗行为中是否存在医疗过错，都应当承担赔偿责任。

根据医疗损害责任归责原则的分析，举证责任的区分，也是比较明确的，即凡是推定的，则为举证责任倒置；凡是没有推定的，则为原告举证。《侵权责任法》规定，由患者就医疗机构的过错承担举证责任，如患者不能证明医疗机构有过错或违反法律、行政法规、规章以及其他有关诊疗规范的规定，就要承担举证不能的不利后果。

四、医疗损害责任的赔偿标准

过去的《医疗事故处理条例》规定的医疗事故的赔偿非常低，与《人身损害赔偿解释》相比悬殊非常大。《侵权责任法》第 16 条规定："侵害他人造成人身损害的，应当赔偿医疗费、护理费、交通费等为治疗和康复支出的合理费用，以及因误工减少的收入。造成残疾的，还应当赔偿残疾生活辅助具费和残疾赔偿金。造成死亡的，还应当赔偿丧葬费和死亡赔偿金。"也就是说，《侵权责任法》不管是普通的人身损害赔偿，还是医疗损害责任，适用统一的赔偿标准，不再适用《医疗事故处理条例》的相关规定。具体赔偿的标准及注意事项参考前一节的相关内容。

学习任务四　学生伤害事故责任

导入案例

黄某是某小学五年级男生。2012 年 10 月 15 日下午，该校五、六年级的学生由体育老师黄某组织上体育课。课前，黄老师宣布参加乒乓球等项目比赛的同学进行训练，其余学生自由活动，同时要求学生不要去玩单双杠，不要影响其他学生训练。由于黄某不是参加比赛的运动员，便与几位同学擅自去玩单杠。黄某因身高不够，几次跳起没能抓住单杠，便爬上单杠旁边的砖墙，跳过去抓单杠，但因没抓着而跌落在地上，摔伤右手，造成严重骨折致 7 级伤残，并花去医疗费等相关费用 66 316 元。事后，黄某认为自己受伤虽自己有过错，但是在学校上体育课时受伤，学校负有一定的管理责任。于是黄某将学校告上法院，要求依法赔付其受伤致残造成的经济损失。

近年来，学生校园伤害事故频繁出现，不仅给社会造成很多的不安定因素，而且对学校的教学、管理等造成重大影响，对校园正常教学秩序和管理秩序造成冲击。因此，加强对这种事故及其责任的研究，在法律上提出妥善的处理原则和办法，对提高教学管理秩序，加强对学生的法律保护，都具有重要的意义。

应当注意的是，学生伤害事故本身就是一种侵权行为的类型，研究学生伤害事故更要从侵权行为法的角度进行研究，使之在处理这种事故的时候，能够依照侵权行为法的基本规则进行。

一、学生伤害事故的概念及其范围

学生伤害事故是指中小学校在校学生以及幼儿园在读儿童在学校或者幼儿

园就读期间，参加学校或者幼儿园组织的教育教学活动中，受到人身伤害或者死亡以及对他人造成人身伤害或者死亡，学校应当承担相应民事责任的事故。

理解上述概念，需要把握学生伤害事故的以下特点：

1. 学生是指中小学校在校学生以及幼儿园的在读儿童。学生是学生伤害事故的受害主体，是应当受到救济的人。我国目前涉及学生伤害事故的法律法规主要有：《民法通则》、《侵权责任法》、《最高人民法院关于贯彻执行〈中华人民共和国民法通则〉若干问题的意见（试行）》、《最高人民法院关于审理人身损害赔偿适用法律若干问题的解释》和《学生伤害事故处理办法》等。从上述法律法规的立法本意来看，法律确定学生伤害事故概念，其立意不在于保护一般的学生，而是着意保护在校学习的未成年人，以及被在校学习的未成年人侵害权利的其他人。因此，首先，学生就是在学校学习的在校生，学生伤害事故必须是在校生发生的人身伤害事故，即在校就读的学生。其次，学生所在的学校，应是中小学校以及幼儿园，不包括电视、函授、网校等学校。

因而，界定"学生"概念的时候，应当从这一基本立意出发进行考虑。学生伤害事故的学生，应当是中小学和幼儿园在读的未成年学生和儿童。其中，中小学的未成年学生是学生伤害事故责任的主要保护对象；幼儿园的儿童虽然不是学生，但是由于其是未成年人，且在国家规定进行幼儿教育的幼儿园中就读，应当视为学校学生；中小学校中已经成年的学生，不是学生伤害事故的主体，但是考虑到学生伤害事故以及中小学生的特点，可以准用确定学生伤害事故处理办法的有关规定。至于大学学生，既不是义务教育的对象，又都是成年人，没有特别加以保护的必要，不应包含在学生伤害事故的概念之中。

2. 学生伤害事故发生的范围，应当限于学校、幼儿园的教育教学活动之中。学校的基本活动，就是教育和教学活动。但是需要指出的是，教育和教学活动的范围究竟应当有多宽，还要有明确的说明。在现实中发生纠纷的，很多就是在这个问题上有分歧意见。首先，教育教学活动应当是学校组织的，一般发生在校园，但是学校在校外组织的这类活动，也应当包括在内，因而学生伤害事故不局限在校园。其次，学生参加学校的教育教学活动，应当采用"门至门"的原则，就是学生从进校门到出校门期间参加的学校教育教学活动，其例外的情况是，学校组织的校外的活动不在此限；有学校或者幼儿园的接送班车的，应当以班车的门为限，包括上下车的安全保护。在一个案例中，幼儿园班车在送幼儿回家的时候，停车不当，接送的老师疏于注意，幼儿在下班车的时候，造成伤害。这属于"门至门"规定的范围，是幼儿园的责任范围之内的事故。

3. 事故的种类，包括学生本人的人身伤害事故和死亡事故，以及学生造成的他人的人身伤害事故和死亡事故。侵权行为法重视对学生安全的保护，同时也重视学生实施侵权行为对他人权利造成损害的人身伤害事故的救济。而且，后一种情况不能说与学校无关，而是学校也要承担相应的民事责任的事故。因此，事故的种类，包括学生本人的人身伤害事故、死亡事故以及学生造成的他人的人身伤害事故、死亡事故。

至于造成学生财产损害的事故，以及学生造成他人财产损害的事故，其处理办法应当与学生伤害事故的处理办法是一致的，但是既然说的是学生伤害事故，就不包括这种财产损害的事故，因而可以不将它包括在其中。

二、学生伤害事故责任的性质

《最高人民法院关于审理人身损害赔偿案件适用法律若干问题的解释》第7条之规定，从理论和实务上对学生伤害事故的学校义务究竟是监护义务还是保护义务作出了明确规定。教育机构的义务只是依法负有对未成年人的教育、管理和保护义务，而不是《民法通则》的监护人的责任。

之所以这样理解，是因为以下几点原因：首先，中小学校与在校学生的关系的基本性质是依据《教育法》成立的教育关系，而不是依据《民法通则》成立的民事关系。《教育法》是中小学校与在校学生发生法律关系的基础。学校与学生发生法律关系，不是依据合同，而是依据《教育法》。这种法律关系属于准教育行政关系，既区别于纯粹的教育行政关系，也区别于民事法律关系，是学校对学生的教育、管理和保护的法律关系。教育、管理和保护构成这一法律关系的基本内容，学校对学生有教育、管理的权力，同时对学生有保护的义务；学生有接受教育、接受管理的义务，享有受到保护的权利。其次，认定学校在未成年学生入校以后产生监护权，没有任何法律对此作出规定，这样认定没有足够的法律根据。监护权的成立，要么是法定，要么是指定，舍此没有监护权产生的根据。认为学校对未成年学生有监护权，既不是法定监护，又不是指定监护，如何认定学校对未成年学生有监护权？从监护权的转移来看，需要有转移的手续，即在当事人之间订立监护权转移的合同，而该合同是根本不存在的。最后，学校对学生未尽教育、管理和保护的义务，对损害的发生应当承担法律责任。

因此，可以确认中小学校与在校学生之间的法律关系的性质是教育法律关系。学校为未成年学生的人身伤害以及造成他人伤害承担民事责任的基础，就是学校依照《教育法》取得的对学生的教育、管理和保护的权力与义务。学校未尽这种义务，就应当承担民事责任。

三、学生伤害事故人身损害赔偿责任的归责原则

归责原则是指行为人侵权致他人损害的情况下，根据何种标准和原则确定行为人的侵权民事责任，它解决的是侵权责任由谁承担的问题。在我国的民事立法理论中，侵权行为归责原则有三种，即过错责任原则、过错推定原则和无过错责任原则。

（一）无民事行为能力学生适用过错推定原则

《侵权责任法》第38条规定："无民事行为能力人在幼儿园、学校或者其他教育机构学习、生活期间受到人身损害的，幼儿园、学校或者其他教育机构应当承担责任，但能够证明尽到教育、管理职责的，不承担责任。"根据《民法通则》的规定，无民事行为能力人是10周岁以下的人。那么不满10周岁的无民事行为能力人，在幼儿园、学校或者其他教育机构学习生活期间，受到人身损害，幼儿园、学校或者其他教育机构应当承担侵权责任，但能够证明尽到教育管理职责的，不承担责任。这个规则就是过错推定原则。即只要小孩不满10周岁，其在幼儿园、学校或者其他教育机构学习生活期间受到他人损害，受到人身损害，就首先推定幼儿园、学校、教育机构有过错，没有尽到教育管理职责，要承担赔偿责任。此时为举证责任倒置，幼儿园、学校或者其他教育机构主张已经尽到教育管理职责，其要负举证责任证明自己已经尽到教育管理职责，就不承担侵权责任。不能证明自己没有尽到教育管理职责的，推定成立，应该承担侵权责任。应当注意的是，采用推定的形式确认校方有过错，给学校加大了责任。

（二）限制民事行为能力学生适用过错责任原则

《侵权责任法》第39条规定："限制民事行为能力人在学校或者其他教育机构学习、生活期间受到人身损害，学校或者其他教育机构未尽到教育、管理职责的，应当承担责任。"根据上述规定，第39条适用的就是过错责任原则，即有过错的，就要承担责任。所谓过错责任原则，是指当事人的主观过错是构成侵权行为的必备要件的归责原则。在判断教师是否违反对学生负有的教育、管理和保护的特定注意义务，即是否构成过失时，应采用客观标准，即根据具体的时间、地点、条件，判断该教师当时的行为与一个具有正常判断能力的普通教师相比是否正确合理。当教师的行为达不到"合理的普通教师"的标准时，就构成过失。

（三）学校的补充责任

《侵权责任法》第40条规定，无民事行为能力人或者限制民事行为能力人，在幼儿园、学校或者其他教育机构学习、生活期间受到幼儿园、学校或者其他教育机构以外的人员人身损害的，就是第三人造成学生损害的，由侵权人承担责任。无行为能力人和限制民事行为能力人在学校期间受到第三人的损害，不是学校的责任，要由侵权人直接承担责任。但是幼儿园、学校或者其他教育机构没有尽到管理职责的，应当承担相应的补充责任。第三人侵权，第三人负责，第三人负责的赔偿不够，学校有过错，学校要承担补充责任，这个补充是一个相应的补充责任。

（四）学生伤害事故能否适用无过错责任

学生伤害事故不是无过错责任。对学生伤害事故责任不应认定为无过错责任有的原因有两点：①没有法律根据。按照《民法通则》第106条第3款的规定，确定一项民事责任适用无过错责任，必须有法律的明文规定。法律没有明文规定为无过错责任的，不得适用无过错责任原则认定民事责任。在现行的法律规定中，没有规定学生伤害事故责任为无过错责任，因而不得适用无过错责任原则处理学生伤害事故。②学校承担责任的基础，是其对学生的教育、管理和保护职责。承担责任的条件，就是学校一定要未尽这种职责，具有不注意的过失。没有这种过失，学校就不承担民事责任。

四、学生伤害事故中学校过错的判断标准

校园伤害事故的赔偿一般适用过错责任原则和过错推定原则。在过错责任原则下，实行"谁主张谁举证"的原则。要想让学校承担相应的赔偿责任，就必须证明学校在伤害事故中有一定的过错。这就涉及学校过错的判断标准问题。

学校过错的判断标准主要是看学校是否尽到了相应注意义务，即根据通常的预见水平和能力，学校应该预见到潜在危险或认识到危险结果而没有注意，或没有采取避免危害结果的措施。

具体而言，可从以下几个方面判断学校是否违反了注意义务：

1. 学校的校舍、场地、其他公共设施，以及学校提供给学生使用的学具、教育教学和生活设施、设备不符合国家规定的标准或有明显不安全因素，造成的学生人身伤害事故。

2. 学校的保卫、防火、宿舍及公共设施管理等方面的安全管理制度有明显疏漏，或者管理混乱、存在重大安全隐患，未及时采取补救措施，造成的学生人身伤害事故。

3. 学校教师或其他工作人员在履行职责过程中违反有关的工作要求、操作规程、职业道德及其他有关规定，造成的学生人身伤害事故。

4. 学校教师或其他工作人员在工作期间或负有组织、管理学生的职责期间擅离工作岗位，或虽在工作岗位，但对学生特别是未成年学生，未按规定尽到必要的管理、告知或制止义务，造成的学生人身伤害事故。

5. 学校组织学生参加具有风险性教育教学活动或校外集体活动，未对学生进行必要的安全教育或未在可预见的范围内采取必要的防范措施，造成的学生人身伤害事故。

6. 统一提供给学生的食品、药品、饮用水等不符合国家或行业制定的有关标准与要求，学校知道或应当知道，造成的学生人身伤害事故。

7. 教师或其他工作人员患有精神病及其他可能对学生人身安全造成危害的身心疾病，或已经有明显征兆，学校未采取必要防范措施，造成的学生人身伤害事故。

8. 学校知道或应当知道学生有特异体质或特定疾病，不宜参加某种教育教学活动，而未给予相应注意，造成的学生人身伤害事故。

9. 学生在校期间突发疾病或受伤，学校发现但未及时采取措施，致使因延误而造成不应发生的后果的。

10. 学校违反有关规定，组织或安排未成年学生从事不宜未成年人参加的劳动、体育运动或集体活动，造成的学生人身伤害事故。

11. 学校未将学生擅自离校、学校作息时间变更等与未成年学生人身安全有关的信息及时通知其监护人，致使未成年学生因脱离监护而发生危险，造成的学生人身伤害事故。

12. 学校未依法履行职责，造成学生人身伤害事故的其他情形。

导入案例分析

原告黄某在上体育课时违反学校管理制度，不听从老师的要求，在没有体育老师组织和指导的情况下，擅自并且不按规定要求去抓单杠以致受伤，黄某应负该事故的主要责任。被告校方（体育老师）虽在上体育课时对学生提出不要去玩单双杠的要求，但校方并未在可预见的单杠区内采取必要的安全措施，以致学生受伤，校方应承担一定的责任。依照《民法通则》和《学生伤害事故处理办法》等法律规定，黄某造成损失的 66 316 元由学校负责赔偿 20%，即 13 263 元，其余由原告黄某自负。

五、非学校责任事故

非学校责任事故是指虽然学生伤害事故是在学校期间或者与学校的教育教学活动有关的活动中发生，但不是因为学校的过错，而是由学生、学生的监护人以及有过错的第三人具有过错，应当承担的责任事故。这种非学校责任事故分为三种。

1. 学生及其监护人责任事故。学生及其监护人责任事故是指学生伤害事故的发生，学校没有过错，而是由于学生自己的过失，或者是由于其监护人没有尽到监护责任而造成的，损害应当自己负担的事故责任。这里的监护人，应当是亲权人以及其他监护人，统一称作法定代理人更为妥当。

（1）学生违反学校纪律与规章制度，实施按其年龄和认知能力应当知道具有危险或可能危及他人的行为，造成的学生人身伤害事故。

（2）学生行为具有危险性，学校、教师已经予以有效的告诫、纠正，但学生不听劝阻、拒不改正，造成的学生人身伤害事故。

（3）学生有特异体质，或患有危险性或传染性的疾病，学生本人或其监护人知道，而未告知学校，造成的学生人身伤害事故。

（4）未成年学生的身体状况、行为或情绪异常等与其人身安全有关的信息，其监护人知道或已经学校告知，但未履行相应的监护职责，造成的学生人身伤害事故。

（5）学生或未成年学生监护人的其他过错，造成的学生人身伤害事故。

这些事故的责任，应当由学生的监护人或者其教育费、生活费提供者负担。

2. 第三人责任事故。第三人责任事故是指学生伤害事故的发生，不是由于学校的过错，而是由于第三人的过错行为所引起，应当由第三人承担民事责任的事故责任。

在实践中，学校组织学生参加活动，由于提供场地、设备、交通工具、食品及其他消费与服务的经营者或学校以外的活动组织者的过错，而造成学生伤害事故的，应当由有过错的第三方承担相应的责任。

3. 学校职责范围外的学生伤害事故。学校职责范围外的学生伤害事故是指在学校管理职责范围外所发生的学生人身伤害事故，学校不承担责任的情形。

下列情形发生的学生人身安全事故，属学校管理职责范围外发生的其他学生人身安全事故：

（1）在学生自行上学、放学、返校、离校途中发生的学生人身伤害事故。

（2）住校学生自行外出或擅自离校期间发生的学生人身伤害事故。

（3）在放学后、节假日或假期等学校放假期间，学生自行滞留学校或到校活动期间发生，学校行为无明显不当的学生人身伤害事故。

（4）学生自杀、自伤，且学校行为无明显不当的。

（5）学生突发疾病，学校根据可能及时采取了救护措施的。

（6）因学校教师或其他工作人员与其职务无关的个人行为，或学生、教师及其他个人故意实施的违法犯罪行为造成，且学校行为无明显不当的学生人身伤害事故。

（7）其他在学校管理职责范围外发生的学生人身安全事故。

这些事故的发生，都是学校管理职责范围之外发生的学生伤害事故，学校免除责任。

六、学生伤害事故赔偿办法

学生伤害事故赔偿责任是人身伤害赔偿，应当按照《侵权责任法》关于人身损害赔偿的规定，承担赔偿责任。

赔偿的主要项目是：

1. 医疗费。指为使受伤害学生恢复健康而支付的必要医疗费用。医疗费的赔偿计算，按照实际支出确定。

2. 营养费。根据医院的诊断证明或司法鉴定认定，为获得恢复健康确实需要增加营养的，应当赔偿所需支付的营养费用。营养费的计算，应当根据诊断证明或者司法鉴定认定的数额确定。

3. 误工费。受害的学生父母或者其他监护人因学生伤害确需陪同诊疗或者进行处理，不能参加工作而减少的合法劳动报酬收入，应当赔偿。计算原则，应当按照实际支出计算；最高不得超出全国企业职工日平均工资的 5 倍。无法确定其实际损失数额的，按照其所在省、自治区、直辖市上一年度企业职工日平均工资计算。

4. 护理费。在诊疗期间，按医院意见或司法鉴定认定，需要专人进行陪护，应当赔偿护理费。其计算标准，为实际所需支出的费用。

5. 交通费。学生、学生父母及其他监护人为救治、陪护或因病情需要转院，应当赔偿所支出的往返基本路费，需要住宿的，赔偿住宿费。

6. 因学生伤害事故造成残疾的，除上述的赔偿外，还可要求赔偿下列费用：①残疾用具费。因残疾需要配置必要器具的，赔偿所需的费用。②残疾赔偿金。因丧失全部或部分劳动能力的，赔偿所需的基本生活费。③残疾护理补助费。因残疾需要专人护理的，赔偿所需支出的费用。

7. 学生伤害事故造成死亡的，死亡学生的父母或其他监护人还可要求赔偿下列费用：①丧葬补助费。处理死亡学生丧葬事宜所需的必要费用，应当赔偿。②死亡赔偿金。按照死亡赔偿金的计算方法予以赔偿。

学习任务五　工伤事故

◎ 导入案例

甲公司是一建筑工程公司，现甲将一个建筑工程承包给刘某，而后刘某雇佣赵某到建筑工地干活。赵某在工地施工时，因脚手架坍塌倒地受伤。

赵某受到的事故伤害是否属于工伤？若是工伤，则应由谁来承担工伤保险责任？

工伤事故是一种很常见的人身伤害事故，工伤事故损害赔偿是司法实务中处理工伤事故纠纷的核心问题。

一、工伤事故的概念、特征及性质

1. 工伤事故的概念、特征。"工伤"是国际上通用的术语，它是指劳动者在工作时间、工作场所内、因工作原因所遭受的人身损害，以及罹患职业病的意外事故。这种事故主要是企事业单位中的劳动者在执行工作职责中发生的导致其人身伤亡的事故，是用人单位与劳动者之间发生损害赔偿权利义务的法律事实。"劳动者"是指全民所有制和集体所有制企、事业单位的职工、私营企业和三资企业的工作人员、学徒，接受个人雇佣的非承揽合同性质的劳动者，也可视为"劳动者"。"用人单位"是指全民所有制和集体所有制企、事业、私营企业和三资企业，以及雇佣他人从事劳动的个人，但是不包括依照承揽合同雇佣以及具有承揽合同性质的按照钟点雇用工人的人。

工伤保险是指劳动者因工伤残或者死亡，造成暂行或者永久丧失劳动能力时，劳动者及家属有权根据法律从国家或者社会获得物质帮助的社会保险制度。工伤保险制度是社会经济发展到一定阶段的产物，目前世界各国从保护劳动者利益出发均采用工伤保险制度，通过社会保险使受害人能得到更充分的救济。我国也于 2003 年 4 月 27 日颁布了《工伤保险条例》（于 2010 年进行了修改），我国的工伤保险实行社会统筹，这样既有利于受害人获得充分的救济，又分散了企业的赔偿责任，有利于企业摆脱高额赔付造成的困境，避免因行业风险过大导致竞争不利，另外有利于劳资关系的和谐，避免劳资冲突和纠纷。

2. 工伤事故的性质。关于工伤事故的性质，在学界尚有争论，一种观点认为工伤事故是一种劳动保险关系，因为我国《劳动法》和《工伤保险条例》均明确了工伤事故的工伤保险性质。另一种观点认为工伤事故是侵权行为关系。还有一种观点认为工伤事故具有工伤保险和侵权行为的双重性质。我国民法理论实务界大都认为工伤事故是侵权行为。

然而，现实中的工伤有的是侵权行为，有的则不是侵权行为，如职工在工作中因自己操作不慎造成的伤害，则不属于侵权行为，不能基于侵权来要求用人单位赔偿。因此工伤事故不同于侵权，在上述情况下应认定工伤事故为工伤保险。笔者认为，认定工伤事故属于工伤保险和侵权行为的双重性质，对保护受害职工的合法权益有重大意义。首先，工伤保险与侵权行为是两种不同责任，两者功能不同。工伤保险是一种社会保障责任，目的在于补偿受害人的损失，而侵权行为责任是一种个人责任，目的在于赔偿受害人的损失，工伤保险责任未必能完全填补受害人的损失。其次，工伤保险一般不包括精神损害赔偿，而侵权行为责任在符合法定条件时受害人可以要求精神损害赔偿。再次，工伤保险责任是工伤保险经办机构在认定工伤后，对受害职工所负的提供工伤保险待遇的责任。专业的工伤保险经办机构在认定工伤后，对受害职工所负的提供工伤保险待遇责任，由于是专业的工伤保险经办机构承担，其快捷迅速、程序简单、成本低廉有利于受害人及时获取补偿。而侵权行为责任，虽然赔偿范围更广泛一些，但其程序复杂，成本比工伤保险责任高得多。总之，工伤保险与侵权行为责任各有利弊，无法互相取代，只有将两者结合才能最佳地维护受害职工的合法权益。因此应当将工伤事故认定为具有工伤保险与侵权行为双重性质。

3. 工伤事故损害赔偿责任的构成要件。

（1）职工与企业雇主之间必须存在劳动关系。用人单位与职工之间存在劳动合同，是构成工伤事故责任的必要条件。有劳动关系的劳动者，才能构成工伤事故的可能，没有劳动关系的劳动者，无论受到何伤害，都不属于工伤事故，不构成工伤事故保险责任或者赔偿责任。至于建立劳动法律关系的形式，原则上应以书面形式，必要时，还应当予以公证；但对于一般的私人雇工等，口头约定劳动合同也并非不准许。即使是在企业作为用人单位，与职工之间没有签订书面劳动合同而建立了实际的事实劳动关系，也应当确认这种劳动关系，使职工的权利受到保护。应当区分提供劳务的承揽加工合同与劳动合同的界限：劳动合同是以劳动力作为合同的标的，企业或者雇主支付的是劳动报酬或者是劳动力价格；加工承揽合同是以加工行为和加工的成果为标的，雇主支付的是加工费。因此，加工承揽合同的加工人遭受损害，定作人不承担工伤事故责任。

（2）职工必须受到人身损害事实。工伤事故的损害事实，是职工人身遭受损害的事实，不包括财产损害和其他利益的损害。职工的身体权、健康权、生命权，都是劳动保险范围之内，都是工伤保险事故侵害的客体，职工患职业病，也是一种人身损害事实。工伤事故侵权侵害的客体是健康权。在确定工伤事故责任的时候，应当进行工伤认定和劳动能力鉴定。工伤认定的意义在于确定是否构成工伤事故责任，而劳动能力鉴定则是为了确定工伤职工享受何种工伤待遇。因此，只要将职工的人身伤害认定为工伤，即具备工伤事故损害事实的要件。

（3）职工的损害必须在其履行工作职责的过程中发生。工伤事故要求受雇职工的损害是在履行工作职责中发生，但并不要求必须是因其执行职务行为所致，也包括在执行职务过程中因其他原因所致，如机器故障、他人疏忽等。无论何种原因，只要职工在履行工作职责的范围内造成自身损伤，就构成本要件。在在实践中怎样判断工伤事故的履行工作职责，就是工伤事故构成的三要素：工作时间、工作场所和工作原因。工作时间，就是在履行工作职责的时间界限之内，即用人单位规定的上班时间。为了保护职工的合法权益，对工作时间的认定应适当放宽：①从事与工作有关的预备性或收尾性工作的正式工作时间的前后，应认定为工作时间；②因工作外出时间，应认定为工作时间；③上下班途中的时间，应认定为工作时间。工作场所，是指在履行工作职责的环境范围之内，包括工作场所和上班的途中。工作原因是指履行工作职责的事由，包括进行与工作有关的预备性或收尾性工作遭受的伤害。确认履行工作职责的界限，就是要根据工作时间、工作场所和工作原因这三个要素衡量确定。《工伤保险条例》第14条规定认定为工伤的七种情形，都是根据这三个要素确定的。

（4）事故必须是职工受到损害的原因，即事故须与职工受到人身损害的事实之间具有引起与被引起的因果关系。事故并非只指工业事故，还应包括职工履行职责中受到的暴力等意外伤害，因工外出期间由于工作原因受到伤害或者下落不明，上下班途中要受到机动车事故伤害等。事故与损害之间具有相当因果关系的，也应当认定为因果关系。例如，事故致职工身体损伤，没有直接造成死亡的后果，但是职工受到伤害之后感染破伤风病毒致死，事故与伤害之间具有直接因果关系，与死亡之间具有相当因果关系，因而认定事故与死亡之间具有法律上的因果关系。

二、工伤事故责任与雇员人身损害赔偿责任的区别

随着我国市场经济的不断完善，多种经济成份并存，劳动关系和雇佣关系越来越复杂，特别是建筑工程施工领域，大量不具备合法用工主体资格的建筑施工劳务使用人的存在和一些建筑施工企业不注意劳动卫生安全保护，致使工伤与雇员人身损害频繁发生。由于劳动关系、雇佣关系的相似性和建筑工程施工领域的特殊性，使工伤事故与雇员人身损害赔偿处理成为焦点和难点。工伤事故责任与雇员人身损害赔偿责任产生的基础是劳动关系和雇佣关系。劳动关系是指劳动者与用人单位之间在实现劳动过程中所发生的关系；雇佣关系是指当事人约定一方于一定或不定期限内为他方提供劳务，他方给付报酬的关系。

劳动关系、雇佣关系是具有很大相似性的两种不同法律关系，由于我国立法的滞后，对雇佣关系的认定长期无章可循，以致于在司法实践、劳动行政执法中经常产生认识偏差。以往的实践中，区分劳动关系与雇佣关系一般是审查用人单位主体资格，若用人单位具有营业执照或依法履行了登记、备案手续，则属于劳动关系的范畴，反之，则属于雇佣关系。《工伤保险条例》在肯定有营业执照，已履行登记、备案手续的用人单位与劳动者之间发生的关系认定为劳动关系基础上，扩大了劳动关系的外延。第66条规定："无营业执照或者未经依法登记、备案的单位以及被依法吊销营业执照或者撤销登记、备案的单位的职工受到事故伤害或者患职业病的，由该单位向伤残职工或者死亡职工的近亲属给予一次性赔偿，赔偿标准不得低于本条例规定的工伤保险待遇；用人单位不得使用童工，用人单位使用童工造成童工伤残、死亡的，由该单位向童工或者童工的近亲属给予一次性赔偿，赔偿标准不得低于本条例规定的工伤保险待遇。具体办法由国务院社会保险行政部门规定。前款规定的伤残职工或者死亡职工的近亲属就赔偿数额与单位发生争议的，以及前款规定的童工或者童工的近亲属就赔偿数额与单位发生争议的，按照处理劳动争议的有关规定处理。"判别建筑工程施工领域中的劳动关系、雇佣关系的依据并非十分明显，按照《工伤保险条例》的规定，有营业执照的建筑施工企业与劳动者之间按劳动关系处理，没有营业执照的或被吊销营业执照的建筑施工单位与劳动者之间也按劳动关系处理，规定过于宽泛，实践中不易操作。同时，应当注意的是，建筑施工企业是否具有与其承包工程相对应的法定资质，不是区分劳动关系和雇佣关系的依据。

应从以下几点区分劳动关系和雇佣关系，从表面上看，劳动关系和雇佣合同关系均是一方提供劳动，另一方支付劳动报酬，并在此基础上形成一定的权利义务关系。但二者内涵有本质的区别，外延亦不尽相同。从本质上看，劳动关系和雇佣关系属于不同性质的两类法律关系。前者体现的是劳动者与劳动用工方在劳动过程中的权利义务关系，后者体现的是平等主体之间的权利义务关系，应分别由不同的法律规范加以调整。具体区别如下：①从主体范围来看，雇佣关系主体范围相当广泛，凡平等主体的公民之间、公民与法人之间均可形成雇佣关系，而劳动关系主体具有单一性，即一方只能是劳动者个人，另一方面只能是用工单位。②用人单位和劳动者之间是否具有行政隶属关系。在雇佣关系中，尽管劳动者在一定程度上也要接受用人单位的监督，管理和支配，用人单位的各项制度对劳动者通常不具有约束力。但人身的依附程度没有前者强，劳动者在实际工作中有时也具有相对独立的一面。③劳动人员是否连续稳定地从事工作。一般来说，劳动关系中劳动者有长期、持续、稳定在用工单位工作的主观意图；雇佣关系中劳务人员具有临时性。④从权利义务实现途径来看，雇佣关系强调成果之给付，而劳动关系则强调劳动者与生产资料相结合的劳动过程。雇佣关系，虽然也与劳动相联系，但主体间的权利义务只决定于劳动的成果，并不涉及实现劳动过程问题，权利和义务的发生与劳动过程无关。⑤用人单位和劳动者之间的关系是否体现了国家的强制干预性。雇佣关系中，只要雇主与雇员双方意见达成一致，雇佣合同即告成立。而劳动关系中，除了体现双方当事人的意志外，国家对劳动者的工资、保险等方面作了强制性规定，体现了国家意志。可以说劳动关系兼具国家意志与当事人意志的双重属性。

工伤事故责任与雇员人身损害赔偿责任的区别在于以下几方面：

1. 构成条件不同。工伤事故责任的构成前提是存在劳动关系，无论法定的劳动关系还是事实的劳动关系，发生因工伤损害都应当按工伤来处理；而雇员人身损害赔偿责任必须存在雇佣关系。区分工伤事故责任与雇员人身损害赔偿责任的关键是区分劳动关系和雇佣关系。

2. 适用法律不同。工伤事故责任由劳动法强制调整，在发生工伤事故后，应依据劳动法律法规来处理，具体的依据是《劳动法》、《工伤保险条例》和相关司法解释、规章的规定。雇员人身损害赔偿由《民法通则》、《合同法》等法律来调整。最高人民法院《关于审理人身损害赔偿案件适用法律若干问题的解释》对雇员人身损害赔偿的范围和标准作了比较详尽的规定。两者在赔偿的项目和标准上有很大不同。

3. 赔偿主体不同。国家建立工伤保险制度，用人单位依照法律规定参加工伤保险的，由工伤社会保险经办机构从工伤保险基金中支付工伤保险待遇费用；应当参加工伤保险而未参加的，由用人单位按照工伤保险待遇项目和标准自行支付费用。雇员在从事雇佣活动中遭受人身损害，雇主应当承担赔偿责任。

4. 解决纠纷的途径不同。工伤事故赔偿解决的途径，必须依据劳动法律法规来处理，劳动仲裁是处理工伤事故的必经程序，不服仲裁裁决的才可以通过诉讼程序来解决；雇员人身损害赔偿，当事人可直接起诉到人民法院。具体操作中存在着很大的差异，如在确定损害程度的途径方面，有工伤认定资格的是劳动部门，对于工伤认定不服的劳动者可以依法申请行政复议或者提起行政诉讼加以解决；而雇员人身损害赔偿，只要有鉴定资格的机构均可以确定其伤情等级，对鉴定结论不服的，可以到鉴定机构重新鉴定，或通过民事诉讼程序向法院申请重新鉴定。在请求赔偿时效方面，工伤赔偿在认定工伤后，受害人必须在 60 日内申请劳动仲裁部门裁决，雇员人身损害赔偿则遵循《民法通则》人身侵权损害赔偿诉讼时效为 1 年的规定。

◎ 导入案例分析

　　赵某在刘某承包的建筑工地施工时受到事故伤害，符合《工伤保险条例》第 14 条第 1 项规定的应当认定为工伤的情形，即"在工作时间和工作场所内，因工作原因受到事故伤害的"，因此，本案中赵某受到的事故伤害属于工伤。

　　本案中，甲公司将一工程承包给自然人刘某，伤者赵某是刘某的雇员，然而承包人刘某不具备用人单位资格。虽然发包人甲公司具备用人单位资格，但赵某与甲公司之间没有直接的劳动关系。依据《工伤保险条例》相关规定，即"用人单位实行承包经营，使用劳动者的承包人不具备用人单位资格的，由具备用人单位资格的发包人承担工伤保险责任"，本案应当由甲公司承担赵某的工伤保险责任。

三、工伤保险待遇的概念及种类

　　1. 概念。工伤保险待遇是指工伤职工或工亡职工亲属，根据法律法规规定享有的从社会保险机构和（或）用人单位应得的经济补偿。

　　2. 种类。根据《工伤保险条例》的规定，除特殊情况外，工伤保险待遇有 15 大类，具体可分为：工伤医疗费、住院伙食补助费、外地就医的交通食宿费、康复性治疗费、辅助器具配置费、生活护理费、一次性伤残补助金、伤残津贴、一次性工伤医疗补助金、丧葬补助金、供养亲属抚恤金、一次性工亡补助金、劳动能力鉴定费、停工留薪期的工资福利待遇、一次性伤残就业补助金等。

四、工伤保险待遇的支付及标准

　　（一）支付

　　可视用人单位是否为工伤（亡）者参加工伤保险及第三人引发的工伤而分为三种。

　　1. 参加工伤保险的。

　　（1）由社会保险机构从工伤保险基金支付的待遇：工伤医疗费、住院伙食补助费、到统筹地区以外就医的交通食宿费、康复性治疗费、辅助器具配置费、生活护理费、一次性伤残补助金、1～4 级伤残津贴、终止或者解除劳动合同时，一次性工伤医疗补助金、因工死亡的，丧葬补助金、供养亲属抚恤金和一次性工亡补助金、劳动能力鉴定费。

（2）用人单位支付的待遇：停工留薪期的工资福利待遇、停工留薪期需要护理生活护理费、5~6级伤残津贴、终止或者解除劳动合同时，一次性伤残就业补助金。

（3）未按规定申请工伤认定。如用人单位未在职工发生之日或者被诊断、鉴定为职业病之日起30日内，向统筹地区社会保险行政部门提出工伤认定申请、且未申请延长时限的。"在此期间发生符合本条例规定的工伤待遇等有关费用由该用人单位负担"，期间是指从事故伤害发生之日或职业病确诊之日起到劳动保障行政部门受理工伤认定申请之日止。

2. 未参加工伤社会保险的。由该用人单位按照《工伤保险条例》规定的工伤保险待遇项目和标准支付费用。但"用人单位参加工伤保险并补缴应当缴纳的工伤保险费、滞纳金后，由工伤保险基金和用人单位依照本条例的规定支付新发生的费用"。如果用人单位不支付，"从工伤保险基金中先行支付"。

3. 第三人引发的工伤待遇支付。关于第三人引发的工伤赔偿，各地均有不同的规定，但根据《社保法》及云南省的有关规定，在第三人不支付工伤医疗费用或者无法确定第三人或交通事故肇事者逃逸或者其他原因导致工伤职工不能及时得到赔偿的，第三人引发的工伤待遇支付可分为：

（1）已参加工伤保险的，由工伤保险基金先行支付工伤医疗费；用人单位支付除医疗费，残疾辅助器具费，工伤职工在停工留薪期间发生的护理费、交通费、住院伙食补助费之外的工伤保险待遇。

（2）未参加工伤保险的，在工伤职工得到赔偿前，工伤职工停工留薪期工资福利、伤残津贴和工伤医疗费均由用人单位先行支付。职工因工死亡的，其抢救期间的工资福利和工伤医疗费按前款规定处理，并由社会保险经办机构或者用人单位依法一次性支付丧葬补助金、按月支付供养亲属抚恤金；因工死亡职工家属生活有困难的，可以预支一次性工亡补助金的50%。

（二）标准（以昆明市工伤赔偿计算标准为例）

评残前的工伤待遇

1. 工伤医疗费：

医疗费＝诊疗金额＋药品金额＋住院服务金额

康复性治疗费＝医疗费＝诊疗金额＋药品金额＋住院服务金额

（1）职工治疗工伤应当在签订服务协议的医疗机构就医，情况紧急时可以先到就近的医疗机构急救。

（2）治疗工伤所需费用符合工伤保险诊疗项目目录、工伤保险药品目录、工伤保险住院服务标准的，从工伤保险基金支付。

（3）工伤职工治疗非工伤引发的疾病，不享受工伤医疗待遇，按照基本医疗保险办法处理。依据工伤保险诊疗项目目录，工伤保险药品目录，工伤保险住院服务标准。

2. 住院伙食补助费：

住院伙食补助费赔偿金额＝由所在单位按照本单位因公出差伙食补助标准（元/人/天）×天数

（1）职工住院治疗工伤的伙食补助费，由工伤保险基金支付。

（2）经医疗机构出具证明，报经办机构同意，工伤职工到统筹地区以外就医所需的交通、食宿费用从工伤保险基金支付。

3. 辅助器具费：

辅助器具费赔偿金额＝普通适用器具的合理费用×器具数量

参照云南省工伤职工配置辅助器具报销限额及管理规定执行。

4. 停工留薪期待遇：

停工留薪期内的工资福利＝职工原来的工资福利待遇

（1）职工因工作遭受事故伤害或者患职业病需要暂停工作接受工伤医疗的，停工留薪期内，原工资福利待遇不变，由原单位按月支付。

（2）停工留薪期一般不超过 12 个月。伤情严重或者特殊，经昆明市级劳动能力鉴定委员会确认，可以适当延长，但延长不得超过 12 个月。

（3）工伤职工在停工留薪期满后仍需治疗的，继续享受工伤医疗待遇。

5. 护理费：

护理费赔偿金额＝统筹地区上年度职工月平均工资（元/月）×50%（完全不能自理）、40%（大部分不能自理）、30%（部分不能自理）

因工致残，被评残后的待遇

伤残程度	赔偿项目		各项赔偿金额	支付渠道	备　注
一级	保留劳动关系退出工作岗位	一次性伤残补助金	27 个月的本人工资	保险基金（未参保由单位承担）	1. 伤残津贴实际金额低于当地最低工资标准的，由工伤保险基金补足差额；用人单位和职工个人以伤残津贴为基数，缴纳基本医疗保险费。 2. 自领取工伤津贴的当月起不再缴纳养老保险费；达到退休年龄并办理退休手续后，原缴费年限满 15 年以上的，由养老保险经办机构按月计发基本养老金，基本养老金低于工伤津贴的，由工伤基金补足差额；原缴费年限不满 15 年的，由养老保险经办机构一次性支付基本养老金，同时终止养老保险关系。一次性领取的基本养老金÷120 个月的金额低于工伤津贴的，由工伤保险基金按月补足差额。达到退休年龄并办理退休手续后，停发伤残津贴，享受基本养老保险待遇。由用人单位和职工个人以伤残津贴为基数，缴纳基本医疗保险费。 3. 达到法定退休年龄办理退休手续，其按月
		伤残津贴	伤残津贴＝本人月工资×90%	保险基金（未参保由单位承担）	
		易地安置一次性安家补助费	6 个月的本人工资	用人单位	
二级	保留劳动关系退出工作岗位	一次性伤残补助金	25 个月的本人工资	保险基金（未参保由单位承担）	
		一次性伤残津贴	伤残津贴＝本人月工资×85%	保险基金（未参保由单位承担）	
		易地安置一次性安家补助费	6 个月的本人工资	用人单位	
三级	保留劳动关系退出工作岗位	一次性伤残补助金	23 个月的本人工资	保险基金（未参保由单位承担）	
		付伤残津贴	伤残津贴＝本人月工资×80%	保险基金（未参保由单位承担）	
		易地安置一次性安家补助费	6 个月的本人工资	用人单位	

续表

伤残程度	赔偿项目		各项赔偿金额	支付渠道	备注
四级	保留劳动关系退出工作岗位	一次性伤残补助金	21个月的本人工资	保险基金（未参保由单位承担）	领取的生活护理费以及治疗工伤部位旧伤复发的医疗费仍由工伤保险基金负责支付。
		付伤残津贴	伤残津贴=本人月工资×75%	保险基金（未参保由单位承担）	4. 退出工作岗位按月领取伤残津贴后易地安置的，由用人单位发给一次性安家补助费，所需的交通费、住宿费，行李搬运费和伙食费按本单位因公出差标准报销。
		易地安置一次性安家补助费	6个月的本人工资，	用人单位	
五级		一次性伤残补助金	18个月的本人工资	保险基金	1. 由用人单位按照规定为其缴纳应缴纳的各项社会保险费。伤残津贴实际金额低于当地最低工资标准的，由用人单位补足差额。
	留用	能安排工作	用人单位安排适当工作		
		不能安排工作的，每月支付伤残津贴 伤残津贴=本人月工资×本人工资的70%的		用人单位	2. 工伤职工按规定终止或解除劳动关系时，工伤职工距法定退休年龄5年以上（含5年）的，一次性伤残就业补助金全额支付本人；工伤职工距法定退休年龄4年以上（含4年），不足5年的，一次性伤残就业补助金额按全额的80%支付给本人；工伤职工距法定退休年龄3年以上（含3年）不足4年，一次性伤残
	经工伤职工本人提出，与用人单位解除或终止劳动关系	一次性工伤医疗补助金	12个月的统筹地上年度职工月平均工资	工伤保险基金	
		一次性伤残就业补助金	30个月的统筹地上年度职工月平均工资	用人单位	

续表

伤残程度	赔偿项目		各项赔偿金额	支付渠道	备　注
六级	一次性伤残补助金		16个月的本人工资	保险基金	就业补助金按全额的60%支付给本人；工伤职工距法定退休年龄2年以上（含2年），不足3年的，一次性伤残就业补助金按全额的40%支付给本人；工伤职工距法定退休年龄1年以上（含1年），不足2年的，一次性伤残就业补助金按全额的20%支付给本人；工伤职工距法定退休年龄不足1年的，一次性伤残就业补助金按全额的10%支付给本人。领取一次性工伤医疗补助和伤残就业补助金的工伤职工应将《云南省职工因工伤残证》交给用人单位，由用人单位到经办机构办理工伤保险关系终止手续。
	留用	能安排工作	用人单位安排适当工作	用人单位	
		不能安排工作的，每月支付伤残津贴 伤残津贴 =本人月工资×本人工资的60%的伤残津贴			
	经工伤职工本人提出，与用人单位解除或终止劳动关系	一次性工伤医疗补助金	10个月的统筹地上年度职工月平均工资	工伤保险基金	
		伤残就业补助金	26个月的本人工资	用人单位	
七级	一次性伤残补助金		13个月的本人工资	工伤保险基金	
	劳动合同期满或职工本人提出解除劳动关系	一次性工伤医疗补助金	6个月的统筹地上年度职工月平均工资	工伤保险基金	
		伤残就业补助金	20个月的统筹地上年度职工月平均工资	用人单位	
	不解除劳动合同		按照正常用工对待，也可另行安排工作		

伤残程度	赔偿项目		各项赔偿金额	支付渠道	备 注
八级	一次性伤残补助金		11 个月的本人工资	工伤保险基金	
	劳动合同期满或职工本人提出解除劳动关系	一次性工伤医疗补助金	4 个月的统筹地上年度职工月平均工资	工伤保险基金	
		伤残就业补助金	16 个月的统筹地上年度职工月平均工资	用人单位	
	不解除劳动合同		按照正常用工对待，也可另行安排工作		
九级	一次性伤残补助金		9 个月的本人工资	工伤保险基金	
	劳动合同期满或职工本人提出解除劳动关系	一次性工伤医疗补助金	2 个月的统筹地上年度职工月平均工资	工伤保险基金	
		伤残就业补助金	12 个月的统筹地上年度职工月平均工资	用人单位	
	不解除劳动合同		按照正常用工对待，也可另行安排工作		
十级	一次性伤残补助金		7 个月的本人工资	工伤保险基金	
	劳动合同期满或职工本人提出解除劳动关系	一次性工伤医疗补助金	1 个月的统筹地上年度职工月平均工资	工伤保险基金	
		伤残就业补助金	6 个月的统筹地上年度职工月平均工资	用人单位	
	不解除劳动合同		按照正常用工对待，也可另行安排工作		

续表

伤残程度	赔偿项目	各项赔偿金额	支付渠道	备　注
备注	1. 工伤职工因日常生活或者就业需要，经劳动能力鉴定委员会确认，可以安装假肢、矫形器、假眼、假牙和配置轮椅等辅助器具，所需费用按照国家规定的标准从工伤保险基金支付。 2. 工伤职工经确认需要生活护理的，从工伤保险基金按月支付生活护理费。生活护理费按照生活完全不能自理、生活大部分不能自理或者生活部分不能自理 3 个不同等级支付，其标准分别为统筹地区上年度职工月平均工资的 50%、40% 或者 30%。 3. 工伤职工工伤复发，确认需要治疗的，享受评残前各项工伤待遇。			

死亡职工的工伤赔偿费计算表

赔偿项目	赔偿金额	受益人	支付渠道	备　注
丧葬补助金	丧葬补助金＝统筹地区上年度职工月平均工资 × 6 个月	供养亲属	工伤保险基金	昆明市上年度职工 6 个月的平均工资。
供养亲属抚恤金	配偶每月抚恤金＝工亡职工本人月工资×40%	配偶	工伤保险基金	孤寡老人或者孤儿每人每月在上述标准的基础上增加 10%。 核定的各供养亲属所得抚恤金之和不应超过工亡职工本人生前的工资。
	其他亲属每月抚恤金＝工亡职工本人月工资×30%	除配偶外的供养亲属		
一次性工亡补助金	一次性工亡补助金＝上一年度全国城镇居民人均可支配收入的 20 倍	供养亲属	工伤保险基金	一次性工亡补助金标准为 48 个月的昆明市上年度职工月平均工资。

　　注：1. 伤残职工在停工留薪期内因工伤导致死亡的，其直系亲属享受丧葬补助金的待遇。

　　2. 一级至四级伤残职工在停工留薪期满后死亡的，其直系亲属可以享受丧葬补助金和供养亲属抚恤金的待遇。

　　3. 供养亲属抚恤金由统筹地区劳动保障行政部门根据职工平均工资和生活费用变化等情况适时调整。

　　4. 职工因公外出期间发生事故或者在抢险救灾中下落不明的，从事发当月起 3 个月内照发工资，从第 4 个月起停发工资，由工伤保险基金向其供养亲属按月支付供养亲属抚恤金。生活有困难的，可以预支一次性工亡补助金的

50%。职工被人民法院宣告死亡的，按职工因工死亡的规定处理。

5. 工伤职工有下列情形之一的，停止享受工伤保险待遇：①丧失享受待遇条件的；②拒不接受劳动能力鉴定的；③拒绝治疗的；④被判刑正在收监执行的。

6. 用人单位分立、合并、转让的，承继单位应当承担原用人单位的工伤保险责任；原用人单位已经参加工伤保险的，承继单位应当到当地经办机构办理工伤保险变更登记。

用人单位实行承包经营的，工伤保险责任由职工劳动关系所在单位承担。

职工被借调期间受到工伤事故伤害的，由原用人单位承担工伤保险责任，但原用人单位与借调单位可以约定补偿办法。

企业破产的，在破产清算时优先拨付依法应由单位支付的工伤保险待遇费用。

7. 职工被派遣出境工作，依据前往国家或者地区的法律应当参加当地工伤保险的，参加当地工伤保险，其国内工伤保险关系中止；不能参加当地工伤保险的，其国内工伤保险关系不中止。

8. 职工再次发生工伤，根据规定应当享受伤残津贴的，按照新认定的伤残等级享受伤残津贴待遇。

五、工伤事故处理的程序途径

根据国务院《工伤保险条例》以及我国现行法律特点，工伤事故处理可以分为三大步骤，或称为三个程序，即申请工伤认定、提请劳动能力鉴定和司法赔偿。

（一）工伤认定程序

工伤认定是行政法律确认，指劳动和社会保障行政部门，根据《工伤保险条例》、《工伤认定办法》，确认劳动者受伤是否属于因工负伤的行政行为。掌握工伤认定程序，要把握三个方面：

1. 弄清认定主体。即申请工伤认定的双方是否构成劳动关系。根据目前法律法规，构成工伤的法律主体为：进行了工商登记注册的用人单位，有独立的法人资格；劳动者在法定的工作年限，即男 16～60 周岁，女 16～55 周岁（国有和集体企业除外）。建筑行业一般为间接的劳动关系，国家有其他规定，见劳社部［2005］12 号《关于确立劳动关系有关事项的通知》，其他有内部承包的单位参照执行。

2. 把握时效。目前申请工伤认定的时间为 1 年，即在事故发生或职业病鉴定之日起 1 年内，单位和劳动者双方都可以申请。《工伤保险条例》第 17 条规定了用人单位申请时间为 30 日，很多人理解为超过 30 日单位就不能申请，那是不对的。根据权利对等的法理原则，用工双方的权益肯定是对等的，之所以规定单位申报为 30 日的期限，是对参加了工伤保险单位的要求。因为很多工伤费用由工伤保险基金支付，在申报上规定了较短的时间，便于劳动和社会保障部门及时掌握、了解治疗情况，防止做假，也便于介入，对于费用垫付确有困难的单位根据相关规定可以提前支付。辅助的还有事故报告制度，一般事故要求 24 小时内报告，重大、特大事故立即报告。《工伤保险条例》第 20 条规定，社会保险行政部门应当自受理工伤认定申请之日起60日内作出工伤认定的决定，并书面通知申请工伤认定的职工或者其近亲属和该职工所在单位。

3. 掌握认定范围。①生产性事故。可归纳为：在生产岗位或生产区域、工作时间内，自我履职或从事与生产有关的其他工作，因为不安全因素发生的事故，这里说的工作包括进行预备性或收尾性的工作。②意外事故。包括在履行工作职责、上下班途中或因工外出期间，受到机动车或暴力和意外事故受伤，或下落不明的。③视同类。包括工作岗位、工作时间突发疾病经抢救无效48小时内死亡，抢险救灾等维护国家和公共利益活动中受到伤害，以及伤残转业军人安置后旧伤复发的。

当然，以上概括的工伤认定情形，要排除因犯罪或者违法治安管理、醉酒、自杀或自残等导致的伤亡。对于涉及刑事或治安管理处罚、机动车事故等发生的伤害，须经司法机关的界定。

（二）劳动能力鉴定程序

劳动能力鉴定是指设区的劳动能力鉴定委员会，根据用人单位、工伤职工或者其直系亲属（含监护人）的申请，组织医学专家，依照《职工工伤与职业病致残程度鉴定》规定，对工伤职工劳动功能障碍程度和生活自理程度的等级鉴定。需要弄清楚的有四个方面：①必须已被认定为工伤，并需提供相应的《工伤认定决定书》；②提请时间在伤情相对稳定或医疗终结之后；③鉴定委员会办公室与工伤认定部门一般是合署办公，负责办理鉴定手续和邀请专家；④鉴定结果作出时间为60日，延长不超过30日。《工伤保险条例》规定："设区的市级劳动能力鉴定委员会应当自收到劳动能力鉴定申请之日起60日内作出劳动能力鉴定结论，必要时，作出劳动能力鉴定结论的期限可以延长30日。劳动能力鉴定结论应当及时送达申请鉴定的单位和个人。"

伤残等级分为三档10级，第一档为1~4级，为全部丧失劳动能力；第二档为5~6级，为大部分丧失劳动能力；第三档为7~10级，为部分丧失劳动能力。生活自理程度分为3个等级：完全不能自理、大部分不能自理、部分不能自理。

（三）司法赔偿程序（"一调一裁两审，仲裁前置"的原则）

目前，工伤赔偿采取一裁两审终局制。根据《劳动争议调解仲裁法》、《民法通则》等规定，工伤赔偿首先应提请劳动争议仲裁。裁决作出时间为45日，延长不超过15日。对于裁决不服的，可在收到裁决书之日起15日内向当地人民法院提起民事诉讼。对于基层人民法院判决不服的，可以上诉至中级人民法院。提请仲裁的时间为认定工伤之日起1年内，需要进行劳动能力鉴定的，在劳动能力鉴定作出之日1年内提出。

　实务训练

【实训项目一】

　　于某是吉林人，2005 年 6 月来连云港找工作。2005 年 7 月 2 日，于某在准备过高速公路时，为抄近路由路基防护网的破损处进入公路，被卞某驾驶的高速行驶中的白色桑塔纳卧车猛烈撞击，身体在空中旋转数圈，呈水平面落下，当场死亡。事故发生后，经公安机关现场勘察认定：车辆的行驶速度为每小时 114 公里，超过该路段的最高限制时速每小时 110 公里。

　　超速行驶撞死横穿高速公路的行人，应当承担何种责任？

【实训项目二】

　　1990 年 5 月的一天，某中学化学教师徐 × 正组织学生上实验课，其父突然从外地赶来探望儿子并找到课堂上，徐 × 随即向学习委员交待了几句便领其父回宿舍休息。等他安顿下父亲匆忙赶到实验室时，发现学生正乱做一团。原来徐 × 离开实验室后，一实验小组的同学因争着动手做实验碰翻了盛有硫酸的玻璃杯，造成 3 位同学被硫酸烧伤，其中一位用硫酸溅在眼皮上，造成轻度毁容。事发后，学生家长找到学校要求赔偿损失并追究徐 × 的责任，而学校则以学生烧伤纯属自己违犯实验规则所致，教师对此没有责任为由，拒绝了家长的要求。

　　在这起学生烧伤事故中，教师有无过错？

【实训项目三】

　　女青年柯某在某县灯泡厂闪光车间从事灯泡试验工作。为实施劳动保护，厂方给柯某配发了防护眼镜。但因眼镜过大，很不方便，某日上午，柯某未佩戴眼镜上岗工作，因一支不合格的灯泡发生炸裂，被玻璃碎片伤及左眼，经鉴定构成伤残 7 级，致使左眼球摘除。

　　柯某入院治疗 4 个月，共花去各种医疗费用 15 000 元。灯泡厂为其垫付了 4000 元医疗费，柯某要求灯泡厂为其支付全部医疗费并支付伤残补助金。灯泡厂认为柯某受伤是其违章所致，工厂并无过错，承担 4000 元医疗费已足够，拒绝再支付任何费用。

　　本案如何处理？假如柯某的损伤认定为工伤，柯某能享有哪些工伤待遇？

　思考与练习

　　1. 夫妻离婚时孩子的抚养权如何确定？数额如何确定？

2. 什么是探望权？法律关于探望权是如何规定的？

3. 哪些财产属于夫妻共同财产？如何分割？

4. 道路交通事故的赔偿规则有哪些？

5. 道路交通事故人身损害赔偿的项目有哪些？如何计算？

6. 什么是医疗损害责任？有哪些种类？医疗损害责任的归责原则有哪些？

7. 怎样理解学生伤害事故赔偿责任的归责原则？

8. 工伤事故损害赔偿责任的构成要件有哪些？

9. 工伤保险待遇的标准有哪些？

附录一

律师办理民事诉讼案件规范

（2003 年 3 月 26 日经全国律协四届六次常务理事会通过）

第一章 总 则

第一条 为了保障律师依法履行职责，规范律师办理民事、经济诉讼业务的执业行为，根据《中华人民共和国民事诉讼法》、《中华人民共和国律师法》的规定，制定本规范。

第二条 律师在中华人民共和国境内参与民事、经济诉讼，遵循本规范。

第三条 律师参与民事、经济诉讼，应当坚持以事实为根据，以法律为准绳的原则，勤勉尽责，恪守律师职业道德和执业纪律，维护法律的正确实施。

第四条 律师参与民事、经济诉讼，依据当事人的委托，在委托的权限内依法履行代理职责，不得损害委托人的合法权益。

第五条 律师参与民事、经济诉讼，应当保守国家秘密和当事人的商业秘密、个人隐私。

第二章 收案与结案

第一节 收 案

第六条 收案是指律师事务所接受公民、个人和其他组织的委托，指派律师担任代理人；收案时应以律师事务所名义接受委托。律师事务所应指派 1~2 名律师作为诉讼代理人，律师事务所应向委托人介绍指派律师，并取得委托人的同意。律师不得私自接受委托。

律师事务所应当尽可能满足委托人的指名委托要求。

第七条 收案应当符合以下条件：

（一）接受原告的委托，应当在原告拟向人民法院起诉之后，但已代理该案的非诉讼法律事务并与委托人已有约定的除外；

（二）接受被告或第三人的委托，应当在被告或第三人知道或者人民法院送达起诉状副本后办理委托手续；

（三）接受上诉人或被上诉人的委托担任二审代理人的，应当在一审判决、裁定送达后办理委托手续，但已代理一审并与委托人另有约定的除外；

（四）律师代理案件执行的，应当另行办理委托手续，明确代理权限范围；或者在诉讼代理合同中特别约定授权执行代理事项；

（五）接受再审案件当事人或其法定代理人的委托，应当在人民法院的判决、裁定发生法律效力后办理委托手续，但已代理原审并与委托人另有约定的除外；

（六）接受集团诉讼案件的，应当与其代表人办理委托手续；

（七）无民事行为能力、限制民事行为能力的当事人要求委托律师的，应当与其法定代理人办理委托手续；

（八）接受侨居国外的中国公民委托的，应当符合《民事诉讼法》第59条第3款的规定；

（九）接受外国当事人委托的，应当符合《民事诉讼法》第242条的规定；

（十）接受港、澳、台当事人委托的，应当遵循我国的有关规定。

第八条 有下外情形之一的，律师事务所不得接受委托：

（一）已经接受同一案件中对方当事人或第三人委托的；

（二）已经在一审程序或二审程序中为对方当事人担任代理人的，二审程序或再审程序又接受对方当事人委托的；

（三）具有违反《律师执业避免利益冲突规则》的规定，不能接受委托的其他情形。

第九条 律师事务所接受委托时，应审查证明当事人主体资料的有关材料。发现当事人不具备相应的诉讼主体资格时，应向其说明情况进行更换。

第十条 符合收案条件的，经过律师事务所主任或主任授权的负责人员同意后，办理委托手续。

委托手续包括以下内容：

（一）律师事务所与委托人签署《委托代理合同》一式两份，一份交委托人，一份交承办律师附卷存档；

（二）委托人签署授权委托书，一式三份，一份交受理案件的法院，一份交承办律师附卷存档，一份交委托人；

（三）律师事务所与委托人签订委托代理合同及委托人签署授权委托书时，应当记明具体的委托事项和权限，委托权限应注明是一般授权还是特别授权。变更、放弃、承认诉讼请求和进行和解，提起反诉和上诉，转委托，签收法律文书，应当有委托人的特别授权；

（四）开具律师事务所函，呈送受理案件的法院。

第十一条 承办律师在律师事务所接受委托后，应当办理如下事项：

（一）要求委托人提供诉讼证据复印件、复制件，同时核对原件，并将原件及时交还委托人妥善保管；收取原件的，要制作证物清单，由委托人、律师签字附卷。

（二）应当向委托人解释和讨论本案如下事项：

1. 案件是否属于人民法院管辖；

2. 起诉是否符合《民事诉讼法》第108条 及其相关规定；

3. 诉讼请求是否超过诉讼时效；

4. 与案件有关的法律规定；

5. 委托人已向人民法院提交起诉状的，其诉讼请求是否有相关证据或证据线索支持；

6. 诉讼当事人的各项诉讼权利和诉讼义务；

7. 被告是否反诉，如反诉或有反诉可能，反诉的事实与理由；

8. 是否有申请回避的事实、理由和必要性。

第十二条　律师事务所接受委托后，应当办理收案登记，编号建立卷宗。

第十三条　收案后，如发现委托人已经委托了一名其他代理人时，应当与该代理人交换意见。如果意见基本一致，可以共同代理；如果意见不一致，应当向委托人讲明情况，由委托人选任1名代理人，或者两个代理人就不同的事项接受委托，分别接受不同的代理权限。

第十四条　对于需要提供法律援助，符合获得法律援助条件的当事人，律师事务所可以指派律师承办，但必须按照上述规定办理委托手续。

第十五条　律师事务所有权依正当理由决定是否接受委托。

第十六条　律师事务所接受委托后，无正当理由，不得再拒绝代理。

律师事务所接受委托后，承办律师不履行或者因发生特殊情况，不可能履行代理义务的，律师事务所应当商得委托人同意后，及时调整承办律师。

第二节　结　案

第十七条　律师在承办民事、经济诉讼业务过程中，应当注意材料的收集、整理和妥善保管。在审判程序结束时，应当写出结案报告或其他结案文书，依照司法部《律师业务档案立卷归档办法》整理案卷归档。

第十八条　委托人利用律师提供的服务从事违法活动或者隐瞒事实的，律师可以拒绝代理，经律师事务所收集证据，查明事实后，告知委托人，解除委托关系，记录在卷，并整理案卷归档。

第十九条　律师事务所接受当事人指名要求的，如果受指名的律师在代理期间因客观原因不能继续代理的，当事人有权选择是否在该所范围内继续委托，律师事务所应当满足当事人的要求；如果委托人不愿意继续委托的，应当记录在案，办理有关手续并整理归档。

第二十条　承办民事、经济诉讼业务过程中，提前解除委托关系的，应当写出办案总结，说明提前解除委托关系的原因，并附上相关解除委托关系的手续，整理案卷归档。

<h2 style="text-align:center">第三章 调查和收集证据</h2>

<h3 style="text-align:center">第一节 一般规定</h3>

第二十一条 律师调查收集证据应当合法、客观、全面、及时。

第二十二条 律师不得伪造、变造证据，不得威胁、利诱他人提供虚假证据，不得妨碍对方当事人合法取得证据，不得协助或诱导当事人伪造证据。

第二十三条 律师调查、收集与本案有关的材料，应由律师事务所出具介绍信，并出示律师执业证。法律另有规定的，依照规定执行。律师向证人调查取证时，以两人以上共同进行为宜。

第二十四条 律师收集书证、物证应收集原件、原物。收集原件、原物有困难的，可以复制、照相，或者收集副本、节录本，但对复制件、照片、副本、节录本应附证词或说明。视听材料的收集，应明确其来源。

第二十五条 律师对涉及国家秘密、商业秘密和个人隐私的证据应当保密，需要在法庭出示的，应事先告知法庭，以不公开方式举证，不得在公开开庭时出示。

第二十六条 律师认为需要进行鉴定的证据，应及时告知委托人或代理其向有关鉴定部门提出书面申请，并在质证中提出意见，请求法院委托或依法鉴定。

第二十七条 律师不能及时调查、收集证据的，应向人民法院说明情况并申请延期提交该证据。

<h3 style="text-align:center">第二节 向委托人调查和收集证据</h3>

第二十八条 律师接受委托，应当要求委托人提供其所知道的一切案件事实，并提供证据或证据线索。

第二十九条 对委托人陈述的案件事实，律师可以记录并制作谈话笔录。

第三十条 委托人能够提供证据或证据线索而不提供的，在告知其不提供证据或证据线索将会产生的法律后果后，委托人仍不提供的，视为委托人隐瞒事实真相，律师可以拒绝代理，也可在向委托人讲明其后果后，以已有的证据、事实完成代理。

<h3 style="text-align:center">第三节 向证人调查和收集证据</h3>

第三十一条 律师经有关单位或个人同意，可以向其调查、收集证据，但法律另有规定的除外。

第三十二条 律师在向证人调查、收集证据时，应首先告知律师身份，出示律师执业证；告知证人应当如实反映与本案有关的情况，并向其讲明作伪证应负的法律责任。

第三十三条　律师向证人调查、收集证据，可以由证人自己书写证言内容。证人不能自己书写的，可由他人代为书写，证人签名、盖章或按指纹确认。

有关单位书写的证言材料，应由单位负责人签名或盖章，并加盖单位印章。

第三十四条　律师调查、收集与本案有关的材料，可以制作调查笔录。

调查笔录应当载明调查人、被调查人、被调查人与本案当事人的关系、调查时间、调查地点、调查内容、调查笔录制作人等基本情况；还应当记明律师身份介绍，律师要求被调查人实事求是作证等内容，以及调查事项发生的时间、地点、人物、经过、结果。

第三十五条　律师制作调查笔录，应全面、准确地记录谈话内容，并交由被调查人阅读或向其宣读。如有修改补充，应由被调查人在修改、补充处加盖印章或按指纹确认。经确认无误后，由调查人、被调查人、记录人签名、盖章或按指纹确认。

被调查人在律师调查笔录上，还应签署或由他人代书下述文字："以上笔录阅读过（或向我宣读过）与我本人的陈述一致"。

第三十六条　律师在向证人调查、收集证据时，如需录音、录像，应取得证人的同意。

第四节　向对方当事人调查和收集证据

第三十七条　律师经对方当事人同意，可以向其调查、收集证据，制作调查笔录。

第三十八条　律师经对方当事人明确同意，在调查、收集证据时，可以录音、录像。

第五节　向国家机关调查和收集证据

第三十九条　律师从国家机关抄录、复制与本案有关的材料时，应尊重事实和忠实于原件，并经该国家机关确认。

第六节　委托其他律师事务所调查和收集证据

第四十条　案件确有需要，并经委托人同意，律师可以异地委托被调查对象所在地的律师事务所调查和收集证据。

第四十一条　委托调查、收集证据时，应制作律师事务所书面委托书，并简要说明案件的基本情况，提出调查的内容、目的、对象和要求。

第四十二条　律师事务所接受异地委托后，应立即指派律师开展调查、取证工作，并及时将调查的结果告知委托的律师事务所。

第七节　申请人民法院调查和收集证据

第四十三条　律师因客观原因不能自行收集的证据，应当及时申请人民法院调查、收集证据。

第四十四条 律师申请人民法院调查、收集证据，应向人民法院递交书面申请。人民法院要求律师协助调查收集证据的，律师应当参加。

第四十五条 需要勘验物证或者现场的，律师应当依授权代理委托人向人民法院提出勘验申请。

第八节 证据保全

第四十六条 在证据可能灭失或以后难以取得的情形下，律师应征得委托人同意后，代理其向公证机关或人民法院申请保全证据。

第四十七条 律师申请保全证据，应提交书面申请并说明理由。

第九节 证据的审查和整理

第四十八条 律师对调查、收集的证据应从以下几个方面进行审查：

（一）证据的来源；

（二）证据的形成和制作；

（三）证据形成的时间、地点和周围环境；

（四）证据的种类；

（五）证据的内容和形式；

（六）证据要证明的事实及其与本案的关联性；

（七）证据间的关系；

（八）证据提供者的基本情况；

（九）证据提供者与本案或本案当事人的关系；

（十）证据的合法性和客观性；

（十一）证据的证明力。

第四十九条 律师应编制证人名单，并说明拟证明的事实。如需证人出庭作证的，在法律规定的时间内将证人名单递交人民法院。每一证人应附上相关材料，包括证人的姓名、年龄、性别、文化程度、职业、工作单位、详细地址、证明事项、证明目的等。

第五十条 律师对收集的证据应当进行编号，编制证据目录并说明要证明的事实。

第四章 一审普通程序中的律师代理

第一节 审查管辖及诉讼时效

第五十一条 律师接受当事人委托，代为提起诉讼的，应分析利弊，确定案件管辖法院。主要从以下五方面进行分析和审查：

（一）本案是否属于人民法院受理范围；

（二）有无仲裁条款、书面仲裁协议及其效力；

（三）有无协议管辖条款及其效力；

（四）是否属于专属管辖；

（五）是否属子特殊地域管辖。

第五十二条　审查诉讼时效时，应重点审查如下内容：

（一）是否超过诉讼时效期间；

（二）有无诉讼时效中断、中止或延长的事由。

对已超过诉讼时效的案件，如有采取补救措施的可能，律师在向其讲明可能不利的诉讼结果后，可继续代理。

在采取补救措施后，仍不能排除超过诉讼时效期间这一法律障碍时，律师可向当事人说明情况，终止委托。当事人仍坚持诉讼的，律师在向其讲明预测的诉讼结果后，可继续代理。

被告代理律师对于管辖不合法和对方诉讼请求超出诉讼时效期间的，可以提出管辖异议和提出抗辩。

第二节　代理起诉和应诉

第五十三条　代理原告起诉。

律师依据当事人的请求，可为其代写诉状。

诉状应提出明确的诉讼请求，并简要阐明起诉的事实和理由。

律师向法院提交诉状应同时提交支持诉讼请求的基本证据及证明原告主体资格的有关材料以及授权委托书和律师事务所函。提交法院的证据包括证明双方存在法律关系的证据和原告权利受到侵犯的证据。

律师向法院提交诉状后，如法院初步审查认为立案尚需补交有关证据材料，律师应及时补交。

在接到法院的立案（受理）通知书后，律师应通知当事人及时交纳诉讼费。

在接到法院不予受理的裁定书后，律师应及时告知当事人，并可依据当事人的委托，提起上诉。

第五十四条　代理被告应诉和反诉。

接受被告委托后，律师应到人民法院查阅案卷材料，并重点查阅以下事项：

1、原告的起诉是否符合《民事诉讼法》规定的受理条件；

2、原告起诉的证据是否充分、确凿，相互之间有无矛盾；

3、诉讼请求是否超过诉讼时效期间。

律师根据被告请求，可代写答辩状。答辩状应针对原告的诉讼请求、事实与理由，陈述答辩事实，提出明确的主张并阐明相应的理由。提交答辩状同时，若有必要，律师可提交支持答辩理由的相关证据。

律师经初步审查，若发现案件不属受诉人民法院管辖，应及时告知被告，并可根据被告的请求在答辩期间内代其提出管辖异议。一旦提出管辖异议，就不应再进行答辩。

　　如果被告有反诉请求和理由，律师可代其书写反诉状。反诉必须符合《民事诉讼法》关于反诉的有关规定。提交反诉状时，应同时提出支持反诉请求的基本证据。

　　第五十五条　律师担任有独立请求权的第三人的代理人，应代其撰写具有民事诉状性质的书面文书，提出独立的诉讼请求，阐明理由，并提交相应的证据。

　　第五十六条　律师担任无独立请求权第三人的代理人，应独立行使诉讼权利，提出明确的诉讼主张和理由，并与利益相关的一方当事人密切配合，反驳对方当事人的诉讼主张和理由。

　　律师经审查，发现当事人不应被追加为无独立请求权的第三人，可依据有关事实与理由，向法院提出书面意见。

第三节　财产保全和先予执行中的律师代理

　　第五十七条　律师作为原告或有独立请求权的第三人或反诉原告的代理人，可以根据当事人的要求及《民事诉讼法》规定的有关条件，代其提出财产保全及先予执行的申请。

　　第五十八条　律师代为提出财产保全、先予执行申请，应让申请人提供被申请人银行帐号、有价证券、房地产、机器设备、车辆、产成品、原材料等财产线索。

　　第五十九条　律师代为提出财产保全申请，需告知申请人提供担保，并告知申请不当的法律后果。

　　第六十条　财产保全金额限于诉讼请求的范围或与本案有关的财产。

　　第六十一条　如采取诉前保全，律师应当告知当事人在法院采取保全措施后15日内提起诉讼。

　　第六十二条　财产保全被申请人的律师应审查以下事项：

　　（一）申请人的申请是否错误；

　　（二）财产保全是否限于请求的范围；

　　（三）申请人是否提供了担保，担保人是否具有担保能力；

　　（四）保全裁定是应申请人申请做出，还是人民法院依职权做出；

　　（五）被申请人是否愿意提供担保并申请法院解除保全；

　　（六）是否申请复议。

　　若被申请人愿意提供担保，律师可代其书写解除财产保全申请书。

　　在被申请人提供了足够和有效担保后，法院仍不解除保全措施时，律师可依据当事人要求向法院领导或上级法院提出异议。

第四节　出庭准备

第六十三条　整理和提交证据

（一）律师应将当事人提供和自己调查、收集的证据进行归类整理；

（二）对当事人提供的证据，律师可以留存复印件，原件交由当事人自己保管，律师保存原件的应妥为保管；有条件的应由律师事务所专人保管，或者存放于保险箱、保管箱内；

（三）律师向法院提交证据，应编制证据目录；

（四）律师向法院提交证据，可以一次性提交，也可以根据诉讼过程分期分批提交。除起诉或答辩时提交的基本证据外，其他证据一般应在开庭前提交，至迟在开庭时提交。少数证据在开庭后才取得的，可申请法院给予一定的提交证据宽限期；

（五）律师在开庭前向法院提交证据，一般可提交复印件，但开庭时应当出示原件。不能出示原件的，应说明理由。法院收取证据原件时，律师可要求法院或承办法官或书记员出具收据；

（六）律师需告知当事人，所有要提交法院的证据必须经律师审查，要求当事人不得自行决定，除非在委托律师前已经提交。

第六十四条　律师可在开庭前到法院阅卷，并依据法院规定，复制有关案卷材料。

第六十五条　在开庭前，律师应将需要通知当庭作证的证人的姓名、身份情况、工作单位或住址、联系电话等告知法院。

第六十六条　律师应通知自己一方联系的拟出庭作证的证人携带身份证明准时到庭，并告知其出庭作证应注意事项。律师可以与证人合作，演练庭审作证、质证的情形。

第六十七条　开庭前，律师可根据情况，告知被代理人或其法定代表人是否出庭。如果出庭，律师需告知其出庭及回答法庭和对方代理人提问应注意的事项。

第六十八条　律师可根据被代理人提供的有关材料及阅卷情况，准备法庭调查提纲。

调查提纲包括陈述提纲、举证提纲、质证提纲和发问提纲。陈述提纲包括本案案情、陈述要点。举证提纲包括有关主体的举证、双方法律关系的举证、权利侵害行为的举证和损失事实的举证等。陈述中涉及的事实均应有相应的证据证实。质证提纲包括对其他当事人证据的质证意见，对其他当事人（或其代理人）对自己一方证据可能提出的质证意见和反驳意见。发问提纲包括对其他当事人进行发问的内容和对出庭作证的证人、鉴定人的提问内容。

第六十九条　律师应认真撰写代理词或代理词提纲。

第七十条　开庭前，律师应征求当事人意见，对合议庭组成人员是否提出回避申请及有无相应证据。

第七十一条 律师接到开庭通知书后应按时出庭，如因故不能出庭，应及时与法院联系，申请延期开庭。

有下列情形之一的，律师可以要求法院推迟开庭时间：

（一）因不可抗力，律师无法出庭履行职务的；

（二）律师收到两份以上同时开庭的通知书，无法参加后接到通知书的开庭审理活动的；

（三）由于客观原因律师无法按时到达开庭地点的。

律师接到法院书面通知时距开庭时间不足 3 日的，有权提出异议，要求法院更改开庭时间。

第五节 参与法庭调查

第七十二条 律师出庭应遵守法庭规则和法庭秩序，听从法庭指挥。

第七十三条 审判长在核对当事人身份时，律师有权对对方当事人及其代理人的身份提出异议。

第七十四条 审判长询问委托人是否申请回避时，律师可依据委托人的授权对审判人员、书记员提出回避申请，并说明理由。

第七十五条 法庭调查开始后，律师应当完成下列工作：

（一）代理原告的，可代为口头陈述事实或者宣读起诉状，讲明具体诉讼请求和理由；

（二）代理被告的，可代其陈述事实进行反驳或者宣读答辩状，提起反诉的，讲明具体请求和理由；

（三）代理第三人的，可代其陈述或者答辩，针对原、被告的陈述提出承认或者否认的答辩意见，或提出独立的诉讼主张。

第七十六条 审判长归纳争议焦点或法庭调查重点后，律师有权提出修改和补充意见。

第七十七条 在法庭调查过程中，律师应认真记录，做好向其他当事人、证人、鉴定人发问的准备，完善庭前准备的各项调查提纲。

第七十八条 律师出示证据，应当简要说明该证据事实的种类、证据来源、取证时间、地点、提交人及可以证明的事实等。

第七十九条 对物证，律师可以但不限于从以下方面质证：

（一）物证的真伪；

（二）物证与本案的联系；

（三）物证与其他证据的联系；

（四）取得该物证的程序是否合法。

第八十条 对书证，律师可以但不限于从以下方面质证：

（一）书证是否为原件；

（二）书证的真伪；

（三）书证的合法性；

（四）书证所要证明的事实；

（五）书证与其他证据的矛盾；

（六）书证的来源。

第八十一条　对证人证言，律师可以但不限于从以下方面质证：

（一）证人与双方当事人的关系，特别是与对方当事人有无关系，与本案有无利害关系；

（二）证人证言的来源及合法性；

（三）证人证言的内容及要证明的事实；

（四）证人年龄、智力状况、行为能力等自然情况；

（五）证人的证言前后是否矛盾；

（六）证人证言与其他证据的矛盾。

律师应结合有关背景材料进行综合分析，发表该证人证言能否采信的看法，并阐明具体理由。

如证人无正当理由不出庭接受质证，律师可建议法庭对该证人证言不予采信。

第八十二条　对视听资料，律师可以但不限于从以下方面质证：

（一）取得和形成的时间、地点和周围的环境；

（二）有无剪补；

（三）收集的过程及其合法性；

（四）所要证明的事实与案件的联系。

第八十三条　对鉴定人和鉴定结论，律师可以但不限于从以下方面质证：

（一）鉴定人的资格；

（二）鉴定人与双方当事人的关系；

（三）鉴定的依据和材料；

（四）鉴定的设备和方法；

（五）鉴定结论是否具有科学性。

律师应对该鉴定结论发表看法，认为鉴定结论不能成立或者不完整的，可以申请重新鉴定或者补充鉴定。

第八十四条　经审判长许可，律师可以向证人、鉴定人及其他当事人发问。律师应就与本案有关的问题发问，发问受到审判长制止时，律师应尊重法庭的决定，改变问题或者发问方式，或表明发问的主要性和关联性。

第八十五条　针对其他当事人、诉讼代理人威逼性、诱导性发问、带前提的发问和与本案无关的发问，律师有权提出反对意见。反对意见被法庭驳回后，可提请法庭将律师的反对意见记录在案。

第八十六条 在法庭调查过程中，律师有权申请重新鉴定、勘验，要求补充证据，必要时可以申请延期审理。

第八十七条 每一案件事实的全部证据出示完毕后，代理律师可以发表综合性意见。对于有矛盾的证据、程序违法的证据及其它不具备证据证明力的证据，可建议法庭不予采信。

第六节 参与法庭辩论

第八十八条 律师的辩论发言，应紧紧围绕争议焦点或者法庭调查的重点进行。从事实、证据、法律等不同方面进行分析，阐明观点，陈述理由。

第八十九条 律师发表代理意见应当重事实，讲道理。应有良好的文化修养和风度，尊重对方的人格。不得讽刺、挖苦、谩骂、嘲笑对方，不得攻击合议庭成员。

第九十条 在法庭辩论过程中，律师发现案件某些事实未查清的，可以申请恢复法庭调查。

第九十一条 在庭审过程中，发现审判程序违法，律师应当指出，并要求立即纠正，以维护当事人和代理人的诉讼权利。

第七节 参与调解、和解

第九十二条 律师应当在代理权限内参与调解、和解。未经特别授权，不能对委托人实体权利进行处分。

第九十三条 律师代为签收调解书，应有委托人的书面授权，否则，不能签收。

第八节 休庭后的工作

第九十四条 休庭后，律师应认真阅读法庭笔录，如有遗漏或者差错，应当申请补正。

第九十五条 休庭后，律师应按法庭要求及时提交代理词。对于在法庭上出示的证据，休庭后应与本案承办人员办理交接手续。需要补充证据的，律师应在法庭指定的期限内提交。

第五章 简易程序中的律师代理

第九十六条 律师可以在简易程序中担任代理人，具体委托手续参见本（规范）第二章第一节。

第九十七条 律师担任适用简易程序审理的案件当事人的代理人，应向委托人阐明关于简易程序的法律规定。

第九十八条 律师应在开庭前做好随时开庭的准备，在开庭审理过程中，律师可以主动灵活，适时提出证据，向双方发问，对证据进行质证。

第九十九条　适用简易程序审理的案件，发现下列情形时，律师应当向人民法院提出异议，并建议转为普通程序：

（一）不符合《民事诉讼法》第一百四十二条规定的；

（二）起诉时被告下落不明的案件；

（三）已按照普通程序审理的案件，改用简易程序审理的；

（四）发回重审和按照审判监督程序再审的案件；

（五）超过简易程序审限的；

（六）法律规定的其他情形。

第六章　二审程序中的律师代理

第一百条　律师事务所接受二审当事人委托的手续与一审相同。

第一百零一条　律师可以根据二审当事人的请求，代其书写上诉状或上诉答辩状。

第一百零二条　没有参加一审诉讼的律师担任二审代理人，应及时到法院查阅案卷，并复制有关案卷资料，必要时应与一审律师取得联系，尽可能地全面了解一审情况。

第一百零三条　律师在查阅一审案卷时，可对以下几方面作重点审查：

（一）一审认定事实是否清楚、完整，有无前后矛盾；

（二）一审证据是否充分、确凿，有无未经质证的证据作为判决裁定的依据；有无不该采信的证据采信了，该采信的却没有采信；证据相互之间有无矛盾；

（三）一审认定的事实与判决、裁定的结果是否具备必然的逻辑联系；

（四）一审适用法律是否得当，适用的法律条文与案件性质、主要事实是否一致，有无适用已经废止的行政法规、地方性法规及司法解释；

（五）一审程序有无影响案件正确判决的违法情况。

第一百零四条　对当事人在一审中已提出的诉讼请求或反诉请求，原审法院未作审理判决的，或判决结果超出诉讼请求范围的，律师应代当事人请求二审法院调解或发回重审。

第一百零五条　在二审时，原审原告或有独立请求权的第三人增加诉讼请求，或原审被告提出或增加反诉请求，律师应建议二审法院调解或发回重审。

第一百零六条　律师应根据一审情况，及时做好证据补救工作，尽量收集支持本方主张，反驳对方主张的新证据。

第一百零七条　二审案件开庭审理的，律师参加庭审的规则与一审相同。

第一百零八条　二审案件不开庭审理的，律师应及时提交书面代理词。

第一百零九条　二审期间发现新的重要证据，或者有理由说明作为一审判决依据的主要证据不能成立，或者出现其他可能直接影响案件结果的情况，律师可建议二审法院开庭审理。

第一百一十条　二审案件可以调解、和解，律师可以根据当事人的特别授权，签署调解及和解协议，法律另有规定的除外。

第七章　特别程序中律师代理

第一节　选民资格案件

第一百一十一条　律师可以接受选民资格案件中起诉人、选民委员会、有关公民的委托，担任其诉讼代理人。

第一百一十二条　律师在接受选民资格案件委托之前，应询问起诉人是否已向选区的选举委员会申诉。若未向选区选举委员会申诉，应告知其先申诉。申诉后，起诉人对选举委员会申诉处理不服的，律师方可接受委托代理其诉讼。

第一百一十三条　律师担任起诉人的代理人，应当代书起诉状，起诉状主要包括以下内容：

（一）起诉人、选举委员会、有关公民的基本情况；

（二）具体的诉讼情况，即确认起诉人具备选民资格或确认其他公民不具备选民资格；

（三）诉讼请求的事实和理由；

（四）致送人民法院的名称和具状时间。

第一百一十四条　律师代理公民提起诉讼，应当在选举日的五日以前向选区所在地基层人民法院提交起诉状及下列文件：

（一）起诉人身份证件和户籍证明；

（二）相关证据材料；

（三）选举委员会的处理决定。

第一百一十五条　律师应当收集、整理有关证据，必要时应申请有关部门进行鉴定。

第一百一十六条　律师有权与委托人一起参与选民资格案件的审理活动。在审理过程中，律师作为起诉人的代理人的，应结合法律规定通过相关证据证明起诉人符合选民条件或有关公民不符合选民条件，应确认起诉人的选民资格或确认有关公民不具备选民资格；律师作为选举委员会或有关公民的诉讼代理人的，应通过相关证据证明起诉人不符合选民条件或有关公民符合选民条件，应确认起诉人不具备选民资格或确认有关公民具备选民资格。

第二节　宣告失踪、宣告死亡案件

第一百一十七条　律师可以接受利害关系人的委托，担任其在宣告失踪、宣

告死亡案件中的诉讼代理人。

第一百一十八条　律师应当帮助委托人代书宣告失踪、宣告死亡申请书，申请书主要包括以下内容：

（一）申请人、被申请人基本情况；

（二）申请人与被申请人的关系；

（三）申请请求（即宣告下落不明人失踪或死亡）；

（四）下落不明人失踪的事实、时间；

（五）致送的人民法院名称和申请时间。

第一百一十九条　律师代理委托人向下落不明人住所地基层人民法院申请宣告下落不明人失踪或死亡，应当提交下列文件：

（一）申请人身份证件或营业执照；

（二）宣告失踪、宣告死亡申请书一式二份；

（三）公安机关或其他机关关于该公民下落不明的书面证明。

第一百二十条　宣告失踪或宣告死亡案件审理期间，律师可以请求人民法院清理下落不明人的财产，指定诉讼期间的财产代管人。

第一百二十一条　被宣告失踪或宣告死亡的公民重新出现，律师可以接受本人或利害关系人的委托，担任其代理人向人民法院申请撤销失踪宣告或死亡宣告。

第三节　认定公民无民事行为能力限制民事行为能力案件

第一百二十二条　律师可以接受精神病患者的利害关系人的委托，担任认定公民无民事行为能力、限制民事行为能力案件申请人的代理人。

第一百二十三条　接受委托后，律师可以请求有关部门对被请求认定无民事行为能力或限制民事行为能力的公民进行鉴定，代书申请书，向有管辖权的人民法院提出申请，申请书主要包括以下内容：

（一）申请人和被申请人的基本情况；

（二）申请人与被申请人的关系；

（三）请求事项；

（四）请求认定公民无民事行为能力或限制民事行为能力的事实、根据和理由；

（五）致送人民法院的名称和申请时间。

第一百二十四条　律师应当运用相关证据证明公民无民事行为能力或限制民事行为能力。

第一百二十五条　公民无民事行为能力、限制民事行为能力的原因已消失的，律师可以接受原被认定为无民事行为能力人、限制民事行为能力人或其监护人的委托，向人民法院提出撤销原判决，作出新的判决的申请。

第四节 认定财产无主案件

第一百二十六条 律师可以接受公民、法人或其他组织的委托，担任认定财产无主案件申请人的诉讼代理人。

第一百二十七条 律师接受申请人委托后，应当代书认定财产无主申请书，申请书主要包括以下内容：

（一）申请人的基本情况；

（二）财产的种类、数量、所在地；

（三）要求认定财产无主的根据；

（四）致送人民法院的名称及申请时间。

第一百二十八条 向基层人民法院提出认定财产无主的申请，应当提交下列文件：

（一）申请书；

（二）申请人身份证件或营业执照；

（三）相关证据材料

第一百二十九条 律师授任申请人的代理人，应当运用相关证据，结合法律规定证明涉案财产为无主财产。

第一百三十条 律师可以接受财产所有人或继承人的委托，担任其代理人，在财产认领公告期间向人民法院提出认领该财产的请求。

第一百三十一条 在判决认定财产无主后，律师可以接受原财产所有人或继承人的委托，担任其代理人向人民法院提出撤销原判的请求。

第八章 审判监督程序和再审程序中的律师代理

第一百三十二条 律师事务所可以接受当事人的委托，指派律师代其撰写并向有关法院或人民检察院递交申诉状。

第一百三十三条 律师可以接受当事人的委托，代理当事人提出再审申请，申请再审应在判决书、裁定书、调解书发生法律效力后 2 年内进行。

第一百三十四条 申诉和申请再审的范围包括已经生效的判决书、调解书和不予受理、驳回起诉的裁定书。

第一百三十五条 下列案件律师不得代理申请再审：

（一）判决解除婚姻关系的案件；

（二）按照督促程序、公示催告程序、企业法人破产还债程序审理的案件；

（三）依照审判监督程序审理后维持原判的案件。

第一百三十六条 律师代当事人提出申诉和再审申请，应让当事人提供尽可能详细的一、二审诉讼情况，提交尽可能完整的证据材料和诉讼文书，必要时可

与一、二审代理人取得联系，以便全面掌握案情。

第一百三十七条　律师查阅有关材料，可着重审查是否具备以下几方面申诉理由：

（一）发现了新的重要证据，使原判决、裁定的基础丧失；

（二）原判决、裁定认定事实的重要证据不足或是伪造的，或者有充足理由说明主要证据不能成立；

（三）原判决、裁定适用法律确有错误，或适用的法律与认定的事实之间缺乏必然的逻辑联系；

（四）原审违反法定程序，或者审判人员有贪污受贿、徇私舞弊、枉法裁判等行为，已经影响或可能影响案件公正审理的；

（五）有足够的证据证明调解违反自愿原则和调解协议内容违法。

第一百三十八条　申诉书不能使用攻击、侮辱原审法院或法官的用语。

第一百三十九条　律师代当事人递交申诉状和再审申请的同时，可向法院提出中止执行的申请。

第一百四十条　申诉既可以向人民法院，也可以向人民检察院提出，申请再审向案件原审法院或者上一级人民法院提出。

第一百四十一条　人民检察院认为申诉理由成立，向人民法院提出抗诉的，在人民检察院派员出席法庭的情况下，律师仍可担任再审案件当事人的诉讼代理人出庭代理。

第一百四十二条　人民法院审理再审案件，如果是按一审程序进行的，律师从事诉讼代理的规则与一审规则相同，如果是按二审程序进行的，则与二审规则相同。

第九章　公示催告程序中的律师代理

第一百四十三条　律师可以接受公示催告程序案件可以背书转让的票据持有人的委托，担任其代理人，向票据支付地的基层人民法院申请公示催告。

第一百四十四条　接受委托后，律师应当向票据持有人了解其取得票据、票据被盗、遗失或者灭失等情况，代书公示催告申请书，申请书主要包括以下内容：

（一）申请人的基本情况；

（二）票据的种类、票面金额、发票人、持票人、背书人等票据主要内容；

（三）申请公示催告的理由、事实；

（四）致送人民法院的名称和申请时间。

第一百四十五条　公示催告期间没有利害关系人申报或申报被人民法院驳回的，律师应当代理票据持有人在公示催告期满后的次日起1个月内申请人民法院作出判决，宣告票据无效。

第一百四十六条 在公示催告期间或申报期满但人民法院尚未判决时，律师可以接受利害关系人的委托，担任其代理人帮助利害关系人向人民法院申报权利。

第一百四十七条 在人民法院收到利害关系人申报并裁定终结公示催告程序后，律师可以接受申请人或者申报人（利害关系人）的委托，向人民法院起诉。

第一百四十八条 律师可以依照民事诉讼法第 198 条之规定，接受利害关系人的委托，向人民法院起诉。

第十章 企业法人破产还债程序中的律师代理

第一节 破产申请

第一百四十九条 在企业法人破产还债程序中，律师可以接受债权人、债务人、国有企业产权主管部门或破产企业清算组的委托，提供法律服务，代理进行有关事务。

第一百五十条 律师代理债权人提出破产申请的，应当向法院提交破产申请书以及证明债权、债务的性质、数额和债务人不能清偿到期债务的相关证据。

破产申请书的主要内容包括：

（一）破产申请人、被申请人的基本情况；

（二）申请宣告债务人破产还债的请求；

（三）债权发生的事实；

（四）债权的性质、数额及相关证据；

（五）债权有无财产担保及相关证据；

（六）债务人不能清偿到期债务的事实。

第一百五十一条 律师代理债务人提出破产申请的，除向法院提交破产申请书外，还应提交下列书面材料：

（一）破产企业亏损情况的说明；

（二）破产企业的会计报表；

（三）破产企业的财产状况明细表（账面值）和有形财产的处所；

（四）破产企业的债权清册和债务清册；

（五）破产企业的职工（包括离退休）名册及其自然状况；

（六）人民法院认为依法应当提供的其他材料。

第一百五十二条 人民法院审查破产申请后，责令申请人限期更正，补充材料的，律师应当协助委托人按期更正、补充材料。

第一百五十三条 人民法院裁定驳回破产申请的，律师应当就是否上诉向委托人提供法律意见；申请人决定上诉的，律师应当代理委托人上诉。

第二节 申报债权

第一百五十四条 债权人的律师应当根据法律的规定和当事人的委托，及时申报登记债权。申报债权应当提交申报书和相关证据。

申报书的主要内容包括：

（一）债权发生的事实；

（二）债权的性质、数额、期限；

（三）债权有无财产担保。

第一百五十五条　发现债务人在人民法院受理破产申请后对部分债权人清偿债务或有《企业破产法》第35条第1款所列行为的，律师应当及时请求人民法院裁定债务人的行为无效。

第一百五十六条　发现债务人的开户银行在收到人民法院通知后扣划债务人款项还贷的，律师应当及时请求人民法院裁定银行退回。

第三节　出席债权人会议

第一百五十七条　律师可以接受债权人的委托，出席债权人会议。律师出席债权人会议时应当向人民法院或债权人会议主席提交委托人签名盖章的授权委托书。

律师代理出席债权人会议享有发表意见、进行表决以及请求召开债权人会议等权利。

第一百五十八条　债务人的律师应当回答债权人的询问，审核债权人所拥有的债权数额和债权性质，根据需要提出并使债权人会议议决和解协议。

第一百五十九条　清算组的律师应当协助提出破产财产的变价和分配方案，并提出修改、补充的意见和建议。

第一百六十条　债权人认为债权人会议的决议违反法律规定的，律师可以帮助有表决权的债权人向人民法院提出书面异议。异议应在债权人会议的决议通过之后的7天之内提出。

第四节　代理申请和解与整顿

第一百六十一条　律师代理债务人申请和解，应当向人民法院提交和解申请书、债务人的财产情况说明书、债权债务清册及和解协议草案等材料。

和解协议草案应当包括下列内容：

（一）债权人名单和债务人名称；

（二）总清偿债权数额和各债权人债权的性质、数额；

（三）清偿债务的财产来源；

（四）清偿债务的办法；

（五）清偿债务的期限；

（六）担保人的名称、住所和担保内容；

（七）其他应当规定的内容。

第一百六十二条　债权人会议在对债务人和解协议草案讨论和议决中，债务人的代理律师先应就债务人的财产状况向债权人会议作详尽的说明，并回答债权人的提问，然后请出席会议的债权人就和解协议草案的内容逐项进行讨论，并可以对和解协议草案的内容提出修改意见。

第一百六十三条 债务人或其上级主管部门的代理律师代理申请破产整顿，应当向人民法院提供破产整顿申请书、债务人的财产情况说明书、债权债务对册和破产整顿方案。

第一百六十四条 债权人的代理律师，应当审核债务人提供的各项材料，确定债务人进行和解整顿的可行性的现实性，决定是否同意和解协议草案。有第三人为债务人提供担保的，应当审核担保是否具备合法有效的条件。

第一百六十五条 和解协议经债权人会议通过并由人民法院裁定公告后，律师应当协助委托人按和解协议的规定进行。

第一百六十六条 债权人会议可以委托律师对整顿企业的负责人或其上级主管单位指定的整顿领导小组进行质询和查验。

第一百六十七条 债权人的律师发现企业有下列情形之一的，应当提请人民法院裁定终结整顿，宣告该企业破产：

（一）企业不执行和解协议的；

（二）企业财务状况继续恶化，债权人会议要求终结整顿或者解除和解协议的；

（三）债务人在整顿或执行和解协议期间有严重损害债权人利益行为的。

第五节 参与破产清算

第一百六十八条 清算组的律师，可以经授权代表清算组全面接管破产企业，签订破产企业交接书（或称破产企业移交接管书），交接书后应附交接清单。上述工作完成后，应当协助清算组起草并向法院提供破产企业移交接管情况报告。

第一百六十九条 清算组的律师，可以根据实际情况，对于破产企业未到期合同是否继续履行，提出法律意见，经清算组同意后提请法院裁定准许。

第一百七十条 债权人或其他利害关系人可以委托律师行使取回权。代理行使取回权的律师应当提交申请书并附相关证据。

第一百七十一条 清算组行使撤销权，可以由律师向人民法院提交申请书。

第一百七十二条 清算组的律师，可以协助清理破产企业的财产账册，主要是清理债权、债务情况，应当依法追收破产企业在外债权及财产，包括收取或转让投资利益，并分别根据不同情况，及时提请法院裁定处理。

第一百七十三条 清算组的律师应当协助审核申报登记的破产债权是否成立。审核分形式审核与实质审核。形式审核主要是对申报的破产债权资料是否齐全、完备的审核。实质审核主要是对申报债权真实性、合法性的审核，主要包括：

（一）对债权发生事实及有关证据的审核；

（二）对债权性质即债权有无财产担保的证据的审核；

（三）对债权数额的审核。

第一百七十四条 清算组的律师初步审核债权后，应确定申报的债权人名单和债权的性质、数额。在债权申报 3 个月期满时，及时与法院联系，填写债权申报确认明细表，以备债权人会议审核确认。

第一百七十五条 破产债权经人民法院确认后，清算组律师应与会计师等有关人员共同编制破产债权清册。

第一百七十六条 清算组的律师可以协助委托有关机构对破产财产进行审计和评估，并将审计、评估结果一并报告法院。

第一百七十七条 清算组的律师，可以协助制定对破产财产进行变现处理和对破产企业职工分流、安置的具体方案，并将上述方案连同所需费用报告法院。

第一百七十八条 清算组的律师，可以协助制作破产清算工作报告，制定破产清偿分配方案，经债权人会议讨论通过后报法院裁定执行。

第一百七十九条 清算组的律师，在破产财产分配完毕后，或发现破产财产不足支付清算费用时，可以代理或协助清算组及时提请法院裁定终结破产程序。

第一百八十条 申请裁定破产程序终结，清算组律师应当起草提请人民法院裁定终结破产程序的报告。报告的内容主要包括：

（一）清算工作的基本情况；

（二）破产程序终结的法定原因和法律根据。

第一百八十一条 人民法院破产程序终结裁定作出后，清算组律师应当根据参与清算工作的会计师就审计查账中的问题提出的情况说明，拟定企业的破产原因分析报告。

破产原因分析报告的主要内容包括：

（一）案情的基本情况；

（二）企业债务构成及原因分析；

（三）企业破产原因的归纳总结。

第一百八十二条 人民法院作出破产程序终结裁定后，清算组律师可以负责办理或协助办理破产企业的工商注销登记手续。办理破产企业的注销登记应向工商管理部门提交以下证明文件：

（一）清算组组长签署的注销登记申请书；

（二）企业法人营业执照；

（三）人民法院关于企业的破产裁定书、终结破产程序裁定书；

（四）破产财产分配方案及人民法院对其核准生效的裁定书；

（五）税务机关出具的完税证明。

第一百八十三条 清算组的律师在注册登记办理完毕，工商部门发布公告后，应以清算组的名义就注销登记的办理情况及时告知人民法院。

第一百八十四条 清算组的律师，应当在法院发布通知，宣布撤销清算组后，将清算组在破产清算程序中所形成的全部材料连同清算组的印章一并移交法院。

第十一章 执行程序中的律师代理

第一节 接受委托

第一百八十五条 律师可以接受下列当事人的委托，在执行程序中担任其代理人：

（一）民事判决书、经济判决书、调整书、支付令及我国仲裁机构作出的仲裁裁决和民事、经济调解书的申请执行人、被执行人及提出执行异议的案外人、被强制执行财产的第三人；

（二）公证机关依法赋予强制执行效力的关于追偿债务、物品的债权文书的申请执行人、被执行人及提出执行异议的案外人、被强制执行财产的第三人；

（三）经人民法院裁定承认其效力的外国法院作出的判决、裁定，以及国外仲裁机构作出裁决的 申请执行人、被执行人及提出执行异议的案外人、被强制执行财产的第三人；

（四）法律规定由人民法院按照《民事诉讼法》执行的其他涉及民事方面的生效的法律文书。

第一百八十六条 接受委托的律师应对当事人的委托事项进行审查。

律师应审查申请执行的案件是否符合下列条件：

（一）申请执行的法律文书已经生效；

（二）申请执行的法律文书有给付内容，且执行标的和被执行人明确；

（三）申请执行人的是生效法律文书的权利人或其继承人、权利承受人；

（四）义务人在生效法律文书确定的期限内未履行义务；

（五）申请执行人的申请未超过法定期限。

律师应审查被执行人是否符合下列条件：

（一）有生效的法律文书确定被执行人有履行义务；

（二）被执行人在规定的期限内未履行义务。

律师应审查提出执行异议的案外人是否符合下列条件：

（一）是案件当事人以外的与执行标的有利害关系的人；

（二）对执行标的有主张的权利。

律师应审查被强制执行财产的第三人是否符合下列条件：

（一）该第三人对被执行人负有到期债务；

（二）被执行人不能清偿到期债务；

（三）该第三人是否在规定期限内提出异议。

对符合上述条件的，律师可以接受各当事人的委托，担任其执行代理人。

第一百八十七条　律师接受委托担任执行代理人的，应由所在地律师事务所与委托人订立委托协议。

第一百八十八条　委托律师代为放弃、变更民事权利，代为进行和解，或代为领取标的物的，应当有委托人的特别授权。

第二节　执行代理

第一百八十九条　律师接受执行申请人的委托后，应为其代书申请执行书，其内容包括：

（一）申请执行人、被申请人的基本情况；

（二）申请请求；

（三）申请执行的理由、事项、标的及申请执行人所了解的被执行人的财产状况。

必要时律师可以了解被执行人的基本情况、财产状况以及案件的审理情况。

第一百九十条　申请执行书由委托人签名或盖章后，由律师或委托人在法定期限内向有管辖权的人民法院提出申请。

第一百九十一条　提出执行申请时，律师应向人民法院提供下列文件和证件：

（一）申请执行书；

（二）生效的法律文书；

（三）继承人或权利承受人申请的，应提交继承或承受权利的证明文件；

（四）申请执行仲裁机构的仲裁裁决，应当向人民法院提交订有仲裁条款的合同或协议。申请执行国外仲裁机构的仲裁裁决的，应当提交我国驻外使馆认证或我国公证机构公证的仲裁裁决书中文本；

（五）委托人的委托书及所在律师事务所的函；

（六）申请执行人的身份证明。公民个人申请执行的，应当出示居民身份证；法人申请执行的，应当提交企业法人营业执照或其他法人证明文件的副本，以及法定代表人身份证明；其他组织申请执行的，应当提交营业执照副本或其他证明文件，以及主要负责人身份证明；

（七）其他应当提交的文件或证件。

第一百九十二条　人民法院受理执行申请后，被执行人未按人民法院执行通知书指定的期间履行生效法律文书确定的义务，律师可以申请人民法院强制执行。

第一百九十三条　被执行人转移、隐匿、变卖、损毁财产的，律师可以申请执行人员查封、扣押或立即强制执行被执行人的财产。

第一百九十四条　出现可变更和追加执行主体时，律师在征得委托人同意后，可代其向人民法院提出变更和追加被执行主体的申请。

第一百九十五条 执行程序中，案外人提出异议的，申请执行人的律师应审查其异议是否成立。律师认为异议不能成立的，应向人民法院提供异议不能成立的意见和理由。

第一百九十六条 被执行人不能清偿到期债务，但对本案以外的第三人享有到期债权的，律师应在征得申请执行人的同意后，可代其向人民法院提申请，请求人民法院向第三人发出履行到期债务的通知。

第一百九十七条 律师接受被执行人、提出执行异议的案外人及被强制执行财产的第三人的委托后，如果认为执行无误的，应根据委托人的客观情况和利益履行代理职责；如果确有法定事由可以提出执行异议的，可向执行法院提出执行异议，律师应为其代书执行异议书。

第一百九十八条 被执行人为企业法人，其财产不足以清偿全部债务的，律师应征询委托人是否提出破产申请。

第一百九十九条 被执行人为公民或其他组织，其全部财产或主要财产已被一个法院因执行确定金钱给付义务的生效法律文书而查封、扣押或冻结，无其他财产可供执行或其他财产不足以清偿全部债务的，在被执行人的财产被执行完毕前，申请执行人对该被执行人已经取得金钱债权执行依据，律师应代理委托人提出对该被执行人的财产参与分配的申请。

申请执行人申请参与分配的，律师应当向原申请执行的人民法院提交参与分配申请书，写明参与分配的理由，并附有执行依据。由原申请执行的人民法院转交主持分配的人民法院。

第二百条 参与分配的申请执行人对人民法院查封、扣押或冻结的财产有优先权、担保物权的，律师应代其主张优先受偿权。

第二百零一条 被执行人或其担保人以财产向人民法院提供执行担保的，如果其担保不符合担保法有关规定的，律师应当向人民法院提出异议，申请人民法院责令被执行人提供合法有效的担保。

第二百零二条 在人民法院审理案件期间，保证人为被执行人提供担保，人民法院据此未对被执行人的财产采取保全措施或解除保全措施的，案件审结后，如果被执行人无财产可供执行或其财产不足清偿债务时，律师应代申请执行人申请人民法院裁定执行被执行人的保证人在保证责任范围内的财产。

第二百零三条 在执行中，律师可以根据委托人的授权，与对方当事人自愿达成和解协议，变更生效法律文书确定的履行义务主体、标的物及其数额、履行方式及期限等。

第二百零四条 被执行人不履行或者不完全履行在执行中双方达成的和解协议的，律师应当在规定的期限内代申请执行人提出恢复执行原生效法律文书的申请。

第二百零五条　执行中需办理产权证照、股权等转移手续的，律师应代委托人审查其合法性。

第二百零六条　受托代为收取执行款项的律师，在收取执行款项后，应尽快将款项转交申请执行人，不得私自动用。

第二百零七条　出现下列情形之一的执行结案，律师的义务终止：

（一）生效法律文书确定的内容全部履行完毕；

（二）人民法院裁定执行终结；

（三）人民法院裁定不予执行；

（四）当事人之间达成和解协议并已履行完毕。

第十二章　附　则

第二百零八条　律师代理涉外民事诉讼案件，按照《民事诉讼法》第四编的规定和相关司法解释办理。

第二百零九条　本规范自发布之日起施行

附录二

全国部分省、直辖市、自治区 2013 年人身损害赔偿计算参考数据

根据相关法律和司法解释的规定，在人身损害赔偿案件中，残疾赔偿金、死亡赔偿金等费用的赔偿计算经常要使用到受诉法院所在地上一年度城镇居民人均可支配收入或者农村居民人均纯收入等数据，现将部分省市自治区的相关数据总结如下：

云南

根据云南省统计局、国家统计局云南调查总队发布的《云南省 2012 年国民经济和社会发展统计公报》的数据，凡在云南省行政区域内发生的道路交通事故，2013 年 5 月 1 日至 2014 年 4 月 30 日期间进行损害赔偿调解和审理工作的均按此标准计算执行。

1. 2012 年城镇居民家庭人均全年可支配收入 21 075 元；

2. 2012 年城镇居民家庭人均全年消费性支出 13 884 元；

3. 2012 年农民人均纯收入 5417 元；

4. 2012 年农村居民人均全年生活消费支出 4561 元；

5. 2012 年在岗职工平均工资 38 908 元。

广西

根据广西自治区 2012 年度《国民经济和社会发展统计公报》公布的数据，广西 2013 年人身损害赔偿标准如下：

1. 2012 年广西城镇居民人均可支配收入：21 243 元；

2. 2012 年广西城镇居民人均消费性支出：14 244 元；

3. 2012 年广西农村居民人均纯收入：6008 元；

4. 2012 年广西农村居民人均生活消费支出：4878 元。

贵州

根据贵州省 2012 年度《国民经济和社会发展统计公报》公布的数据，现将贵州省 2013 年交通事故人身损害赔偿标准整理如下：

1. 2012 年贵州省城镇居民人均可支配收入 18 700.51 元；

2. 2012 年贵州省城镇居民人均消费性支出 12 585.70 元；

3. 2012 年贵州省全年农民人均纯收入 4753 元；

4. 2012 年贵州省农民人均生活消费支出 3901.71 元。

陕西

根据陕西省统计局于 2013 年 3 月 1 日公布的 2012 年陕西省《国民经济和社会发展统计公报》将 2012 年度陕西省城镇居民人均可支配收入、城镇居民人均消费性支出、农村居民人均纯收入、农民人均年生活消费性支出总结如下：

1. 2012 年陕西省城镇居民人均可支配收入为 20 734 元；

2. 2012 年陕西省城镇居民人均消费性支出 15 333 元；

3. 2012 年陕西省农村居民人均纯收入为 5763 元；

4. 2012 年陕西省农村居民人均年生活消费性支出 5115 元。

甘肃

根据甘肃省高级人民法院和甘肃省公安厅已于 2013 年 4 月 23 日印发的甘公（交）发［2013］7 号文件，《关于道路交通事故及人身损害赔偿有关费用的计算标准》总结如下：

1. 2012 年甘肃省城镇居民人均可支配收入：17156.9 元；

2. 2012 年甘肃省农村居民人均纯收入：4506.7 元；

3. 2012 年甘肃省城镇居民人均消费性支出：12 847.1 元；

4. 2012 年甘肃省农村居民人均年生活消费性支出：4146.2；

5. 2012 年在岗职工职工平均工资：39 132 元。

新疆

根据 2013 年新疆统计局发布的《2012 年新疆国民经济和社会发展统计公报》，"城镇居民人均可支配收入、农村居民人均纯收入、城镇居民人均消费性支出、农村居民人均年生活消费支出"分别为：

1. 2012 年新疆城镇居民人均可支配收入 17 921 元；

2. 2012 年新疆省农村居民人均纯收入 6394 元元；

3. 2012 年新疆城镇居民人均年消费支出 13 892 元；

4. 2012 年新疆农村居民人均年生活消费支出 5245 元。

吉林

根据 2013 年 3 月 9 日吉林省统计局发布的《2012 年吉林省国民经济和社会发展统计公报》，吉林省 2012 年度"城镇居民人均可支配收入、农村居民人均纯收入、城镇居民人均消费性支出、农村居民人均年生活消费支出"分别归纳如下为：

1. 2012 年吉林省城镇居民人均可支配收入 20 208.04 元；

2. 2012 年吉林省农村居民人均纯收入 8598 元；

3. 2012 年吉林省城镇居民人均年消费支出 14 613.53 元；

4. 2012 年吉林省农村居民人均年生活消费支出 6186 元。

黑龙江

根据2013年2月27日黑龙江省统计局、国家统计局发布的《2012年黑龙江省国民经济和社会发展统计公报》，黑龙江省2012年度"城镇居民人均可支配收入、农村居民人均纯收入、城镇居民人均消费性支出、农村居民人均年生活消费支出"如下：

1. 2012年黑龙江省城镇居民家庭人均年可支配收入17 760元；

2. 2012年黑龙江省农村居民人均纯收入8603.8元；

3. 2012年黑龙江省城镇居民人均年消费支出12 984元；

4. 2012年黑龙江省农村居民人均年生活消费支出5718元；

5. 2012年在岗职工平均工资33 503元。

重庆

根据重庆调查总队2013年3月18日公布的《2012年重庆市国民经济和社会发展统计公报》。重庆市2012年度"城镇居民人均可支配收入、农村居民人均纯收入、城镇居民人均消费性支出、农村居民人均年生活消费支出"如下：

1. 2012年城镇居民人均可支配收入：22 968元。

2. 2012年农村居民人均纯收入：7383.27元。

3. 2012年城镇居民人均消费性支出：16 573元。

4. 2012年农村居民消费性支出：5018.64元。

5. 全市城镇经济单位职工年平均40 042元。

6. 全市城镇经济私营单位职工年平均工资26 251元。

天津

根据2013年天津市统计局发布的《2012年天津市国民经济和社会发展统计公报》，天津市2012年度"城镇居民人均可支配收入、农村居民人均纯收入、城镇居民人均消费性支出、农村居民人均年生活消费支出"如下：

1. 城市居民人均可支配收入（每年）29 626元；

2. 城市居民人均消费支出（每年）20 024元；

3. 农存居民人均可支配收入13 571元；

4. 农村居民人均生活消费支出8337元；

5. 在岗职工平均工资（每年）65 399元。

上海

根据2013年2月27日上海市统计局、国家统计局上海调查总队发布的《2012年上海市国民经济和社会发展统计公报》，上海市2012年度"城镇居民人均可支配收入、农村居民人均纯收入、城镇居民人均消费性支出、农村居民人均年生活消费支出"如下：

1. 2013年上海市城市居民家庭人均年可支配收入40 188元；

2. 2013 年上海市农村居民家庭人均年可支配收入 17 401 元；

3. 2013 年上海市城市居民人均年消费支出 26 253 元；

4. 2013 年上海市农村居民人均年生活消费支出 12 096 元。

北京

根据 2013 年 2 月 7 日北京市统计局发布的《2012 年北京市国民经济和社会发展统计公报》，北京市 2012 年度"城镇居民人均可支配收入、农村居民人均纯收入、城镇居民人均消费性支出、农村居民人均年生活消费支出"如下：

1. 2012 年北京市农村居民人均纯收入 16 476 元/年；

2. 2012 年北京市城镇居民人均可支配收入 36 469 元/年。

浙江

根据 2013 年 2 月 8 日浙江省统计局发布的《2012 年浙江省国民经济和社会发展统计公报》，浙江省 2012 年度"城镇居民人均可支配收入、农村居民人均纯收入、城镇居民人均消费性支出、农村居民人均年生活消费支出"如下：

1. 2012 年浙江省农村居民人均纯收入 14 552 元/年；

2. 2012 年浙江省农村居民人均生活消费支出 10 208 元/年；

3. 2012 年浙江省城镇居民人均可支配收入 34 550 元/年；

4. 2012 年浙江省城镇居民人均消费支出 21 545 元/年。

山东

根据 2013 年山东省统计局发布的《2012 年山东省国民经济和社会发展统计公报》，山东省 2012 年度"城镇居民人均可支配收入、农村居民人均纯收入、城镇居民人均消费性支出、农村居民人均年生活消费支出"如下：

1. 城镇非私营单位在岗职工年平均工资 42 837 元；

2. 城镇居民人均可支配收入 25 755 元；

3. 城镇居民人均消费性支出 15 778 元；

4. 农村居民人均纯收入 9446 元；

5. 农村居民人均生活消费支出 6776 元。

四川

根据四川省 2012 年度《国民经济和社会发展统计公报》公布的数据，四川省 2013 年人身损害赔偿标准如下：

1. 城镇居民人均可支配收入 20 307 元；

2. 城镇居民人均消费性支出 15 050 元；

3. 农民人均纯收入 7001. 4 元；

4. 农村居民人均生活消费支出 5366. 7 元。

附录三

全国各省、自治区、直辖市高级人民法院和中级人民法院管辖第一审民商事案件标准

北京市

一、高级人民法院管辖诉讼标的额在 2 亿元以上的第一审民商事案件，以及诉讼标的额在 1 亿元以上且当事人一方住所地不在本辖区或者涉外、涉港澳台的第一审民商事案件。

二、中级人民法院、北京铁路运输中级法院管辖诉讼标的额在 5000 万元以上的第一审民商事案件，以及诉讼标的额在 2000 万元以上且当事人一方住所地不在本辖区或者涉外、涉港澳台的第一审民商事案件。

上海市

一、高级人民法院管辖诉讼标的额在 2 亿元以上的第一审民商事案件，以及诉讼标的额在 1 亿元以上且当事人一方住所地不在本辖区的第一审民商事案件或者涉外、涉港澳台的第一审民事案件。

二、中级人民法院管辖诉讼标的额在 5000 万元以上的第一审民商事案件，以及诉讼标的额在 2000 万元以上且当事人一方住所地不在本辖区的第一审民商事案件或者涉外、涉港澳台的第一审民事案件。

广东省

一、高级人民法院管辖下列第一审民商事案件：

1. 诉讼标的额在 3 亿元以上的案件，以及诉讼标的额在 2 亿元以上且当事人一方住所地不在本辖区或者涉外、涉港澳台的案件；

2. 在全省有重大影响的案件；

3. 认为应由本院受理的案件。

二、中级人民法院管辖下列第一审民商事案件：

1. 广州、深圳、佛山、东莞市中级人民法院管辖诉讼标的额在 3 亿元以下 5000 万元以上的第一审民商事案件，以及诉讼标的额在 2 亿元以下 4000 万元以上且当事人一方住所地不在本辖区或者涉外、涉港澳台的第一审民商事案件；

2. 珠海、中山、江门、惠州市中级人民法院管辖诉讼标的额在 3 亿元以下 3000 万元以上的第一审民商事案件，以及诉讼标的额在 2 亿元以下 2000 万元以上

且当事人一方住所地不在本辖区或者涉外、涉港澳台的第一审民商事案件;

3. 汕头、潮州、揭阳、汕尾、梅州、河源、韶关、清远、肇庆、云浮、阳江、茂名、湛江市中级人民法院管辖诉讼标的额在 3 亿元以下 2000 万元以上的第一审民商事案件,以及诉讼标的额在 2 亿元以下 1000 万元以上且当事人一方住所地不在本辖区或者涉外、涉港澳台的第一审民商事案件。

江苏省

一、高级人民法院管辖诉讼标的额在 2 亿元以上的第一审民商事案件,以及诉讼标的额在 1 亿元以上且当事人一方住所地不在本辖区或者涉外、涉港澳台的第一审民商事案件。

二、中级人民法院管辖下列第一审民商事案件:

1. 南京、苏州、无锡市中级人民法院管辖诉讼标的额在 3000 万元以上,以及诉讼标的额在 1000 万元以上且当事人一方住所地不在本辖区或者涉外、涉港澳台的第一审民商事案件;

2. 扬州、南通、泰州、镇江、常州市中级人民法院管辖诉讼标的额在 800 万元以上,以及诉讼标的额在 300 万元以上且当事人一方住所地不在本辖区或者涉外、涉港澳台的第一审民商事案件;

3. 连云港、盐城、徐州、淮安市中级人民法院管辖诉讼标的额在 500 万元以上,以及诉讼标的额在 200 万元以上且当事人一方住所地不在本辖区或者涉外、涉港澳台的第一审民商事案件;

4. 宿迁市中级人民法院管辖诉讼标的额在 300 万元以上,以及诉讼标的额在 200 万元以上且当事人一方住所地不在本辖区或者涉外、涉港澳台的第一审民商事案件。

浙江省

一、高级人民法院管辖诉讼标的额在 2 亿元以上的第一审民商事案件,以及诉讼标的额在 1 亿元以上且当事人一方住所地不在本辖区或者涉外、涉港澳台的第一审民商事案件。

二、中级人民法院管辖下列第一审民商事案件:

1. 杭州市、宁波市中级人民法院管辖诉讼标的额在 3000 万元以上的第一审民商事案件,以及诉讼标的额在 1000 万元以上且当事人一方住所地不在本辖区或者涉外、涉港澳台的第一审民商事案件;

2. 温州市、嘉兴市、绍兴市、台州市、金华市中级人民法院管辖诉讼标的额在 1000 万元以上的第一审民商事案件,以及诉讼标的额在 500 万元以上且当事人一方住所地不在本辖区或者涉外、涉港澳台的第一审民商事案件;

3. 其他中级人民法院管辖诉讼标的额在 500 万元以上的第一审民商事案件,以及诉讼标的额在 200 万元以上且当事人一方住所地不在本辖区或者涉港澳台的第一审民商事案件。

天津市

一、高级人民法院管辖诉讼标的额在 1 亿元以上的第一审民商事案件，以及诉讼标的额在 5000 万元以上且当事人一方住所地不在本辖区或者涉外、涉港澳台的第一审民商事案件。

二、中级人民法院管辖诉讼标的额在 800 万元以上的第一审民商事案件，以及诉讼标的额在 500 万元以上且当事人一方住所地不在本辖区或者涉外、涉港澳台的第一审民商事案件。

重庆市

一、高级人民法院管辖诉讼标的额在 1 亿元以上的第一审民商事案件，以及诉讼标的额在 5000 万元以上且当事人一方住所地不在本辖区或者涉外、涉港澳台的第一审民商事案件。

二、第一、第五中级人民法院管辖诉讼标的额在 800 万元以上的第一审民商事案件，以及诉讼标的额在 300 万元以上且当事人一方住所地不在本辖区或者涉外以上、涉港澳台的第一审民商事案件。

三、第二、三、四中级人民法院管辖诉讼标的额在 500 万元以上的第一审民商事案件，以及诉讼标的额在 200 万元以上且当事人一方住所地不在本辖区或者涉外、涉港澳台的第一审民商事案件。

山东省

一、高级人民法院管辖诉讼标的额在 1 亿元以上的民商事案件，以及诉讼标的额在 5000 万元以上且当事人一方住所地不在本辖区或者涉外、涉港澳台的第一审民商事案件。

二、中级人民法院管辖下列第一审民商事案件：

1. 济南、青岛市中级人民法院管辖诉讼标的额在 1000 万元以上的第一审民商事案件，以及诉讼标的额在 500 万元以上且当事人一方住所地不在本辖区或者涉外、涉港澳台的第一审民商事案件；

2. 烟台、临沂、淄博、潍坊市中级人民法院管辖诉讼标的额在 500 万元以上的第一审民商事案件，以及诉讼标的额在 200 万元以上且当事人一方住所地不在本辖区或者涉外、涉港澳台的第一审民商事案件；

3. 济宁、威海、泰安、滨州、日照、东营市中级人民法院管辖诉讼标的额在 300 万元以上的第一审民商事案件，以及诉讼标的额在 200 万元以上且当事人一方住所地不在本辖区或者涉外、涉港澳台的第一审民商事案件；

德州、聊城、枣庄、菏泽、莱芜市中级人民法院管辖诉讼标的额在 300 万元以上的第一审民商事案件，以及诉讼标的额在 200 万元以上且当事人一方住所地不在本辖区的第一审国内民商事案件；

4. 济南铁路运输中级法院依照专门管辖规定，管辖诉讼标的额在 300 万元以上的第一审民商事案件；青岛海事法院管辖第一审海事纠纷和海商纠纷案件，不受争议金额限制。

福建省

一、高级人民法院管辖下列第一审民商事案件：

诉讼标的额在 1 亿元以上的第一审民商事案件，以及诉讼标的额在 5000 万元以上且当事人一方住所地不在本辖区或者涉外、涉港澳台的第一审民商事案件。

二、中级人民法院管辖下列第一审民商事案件：

1. 福州、厦门、泉州市中级人民法院管辖除省高级人民法院管辖以外的、诉讼标的额在 800 万元以上的第一审民商事案件，以及诉讼标的额在 300 万元以上且当事人一方住所地不在本辖区或者涉外、涉港澳台的第一审民商事案件；

2. 漳州、莆田、三明、南平、龙岩、宁德市中级人民法院管辖除省高级人民法院管辖以外的、诉讼标的额在 500 万元以上的第一审民商事案件，以及诉讼标的额在 200 万元以上且当事人一方住所地不在本辖区的第一审民商事案件或者涉外、涉港澳台的第一审民商事案件。

湖北省

一、高级人民法院管辖下列案件：

1. 诉讼标的额在 1 亿元以上，以及诉讼标的额在 5000 万元以上且当事人一方住所地不在本辖区的第一审民商事案件；

2. 上级人民法院指定管辖的案件。

二、中级人民法院管辖下列第一审民商事案件：

1. 武汉、汉江中级人民法院管辖诉讼标的额在 800 万元以上的第一审民商事案件，以及诉讼标的额在 300 万元以上且当事人一方住所地不在本辖区的民商事案件；

2. 其他中级人民法院管辖诉讼标的额在 500 万元以上的第一审民商事案件，以及诉讼标的额在 200 万元以上且当事人一方住所地不在本辖区的第一审民商事案件；

3. 在本辖区有重大影响的案件；

4. 一方当事人为县（市、市辖区）人民政府的案件；

5. 上级人民法院指定本院管辖的案件。

湖南省

一、高级人民法院管辖下列第一审民商事案件：

1. 诉讼标的额在 1 亿元以上的案件；

2. 当事人一方住所地不在本辖区，诉讼标的额在 5000 万元以上的案件；

3. 在本辖区内有重大影响的案件；

4. 根据法律规定提审的案件；

5. 最高人民法院指定管辖、根据民事诉讼法第 39 条指令管辖（交办）的案件或其他人民法院依法移送的民商事案件。

二、中级人民法院管辖下列第一审民商事案件：

1. 长沙市中级人民法院管辖诉讼标的额在 800 万元以上 1 亿元以下的第一审民商事案件，以及诉讼标的额在 300 万元以上 5000 万元以下且当事人一方住所地不在本辖区或者涉外、涉港澳台的第一审民商事案件；

2. 岳阳市、湘潭市、株洲市、衡阳市、郴州市、常德市中级人民法院管辖诉讼标的额在 400 万元以上 1 亿元以下的第一审民商事案件，以及诉讼标的额在 200 万元以上 5000 万元以下且当事人一方住所地不在本辖区或者涉外、涉港澳台的第一审民商事案件；

3. 益阳市、邵阳市、永州市、娄底市、怀化市、张家界市中级人民法院管辖诉讼标的额在 300 万元以上 1 亿元以下的第一审民商事案件，以及诉讼标的额在 200 万元以上 5000 万元以下且当事人一方住所地不在本辖区或者涉外、涉港澳台的第一审民商事案件；

4. 湘西土家族苗族自治州中级人民法院管辖诉讼标的额在 200 万元以上 1 亿元以下的第一审民商事案件，以及诉讼标的额在 150 万元以上 5000 万元以下且当事人一方住所地不在本辖区或者涉外、涉港澳台的第一审民商事案件；

5. 根据法律规定提审的案件；

6. 上级人民法院指定管辖、根据民事诉讼法第 39 条指令管辖（交办）或其他人民法院依法移送的民商事案件。

河南省

一、高级人民法院管辖诉讼标的额在 1 亿元以上的第一审民商事案件，以及诉讼标的额在 5000 万元以上且当事人一方住所地不在本辖区的案件。

二、中级人民法院管辖下列第一审民商事案件：

1. 郑州市中级人民法院管辖诉讼标的额在 800 万元以上 1 亿元以下的第一审民商事案件，以及诉讼标的额在 500 万元以上且当事人一方住所地不在本辖区的第一审民商事案件；

2. 洛阳市、新乡市、安阳市、焦作市、平顶山市、南阳市中级人民法院管辖诉讼标的额在 500 万元以上 1 亿元以下的第一审民商事案件，以及诉讼标的额在 300 万元以上且当事人一方住所地不在本辖区的第一审民商事案件；

3. 其他中级人民法院管辖诉讼标的额在 300 万元以上 1 亿元以下的第一审民商事案件，以及诉讼标的额在 200 万元以上且当事人一方住所地不在本辖区的第一审民商事案件。

辽宁省

一、高级人民法院管辖诉讼标的额在 1 亿元以上的第一审民商事案件，以及诉讼标的额在 5000 万元以上且当事人一方住所地不在本辖区或者涉外、涉港澳台的第一审民商事案件。

二、中级人民法院管辖下列第一审民商事案件：

1. 沈阳、大连中级人民法院管辖诉讼标的额在 800 万元以上的第一审民商事案件，以及诉讼标的额在 300 万元以上且当事人一方住所地不在本辖区或者涉外、涉港澳台的第一审民商事案件；

2. 鞍山、抚顺、本溪、丹东、锦州、营口、辽阳、葫芦岛中级人民法院管辖诉讼标的额在 500 万元以上的第一审民商事案件，以及诉讼标的额在 200 万元以上且当事人一方住所地不在本辖区或者涉外、涉港澳台的第一审民商事案件；

3. 其他中级人民法院管辖诉讼标的额在 300 万元以上的第一审民商事案件，以及诉讼标的额在 100 万元以上且当事人一方住所地不在本辖区或者涉外、涉港澳台的第一审民商事案件。

吉林省

一、高级人民法院管辖诉讼标的额在 1 亿元以上的第一审民商事案件，以及诉讼标的额在 5000 万元以上且当事人一方住所地不在本辖区或者涉外、涉港澳台的第一审民商事案件。

二、中级人民法院管辖下列第一审民商事案件：

1. 长春市中级人民法院管辖诉讼标的额在 800 万元以上的第一审民商事案件，以及诉讼标的额在 300 万元以上且当事人一方住所地不在本辖区的第一审民商事案件；

2. 吉林市中级人民法院管辖诉讼标的额在 500 万元以上的第一审民商事案件，以及诉讼标的额在 200 万元以上且当事人一方住所地不在本辖区的第一审民商事案件；

3. 延边州中级人民法院、四平市、通化市、松原市、白山市、白城市、辽源市中级人民法院以及吉林市中级人民法院分院、延边州中级人民法院分院管辖诉讼标的额在 300 万元以上的第一审民商事案件，以及诉讼标的额在 100 万元以上且当事人一方住所地不在本辖区的第一审民商事案件。

黑龙江省

一、高级人民法院管辖诉讼标的额在 1 亿元以上的第一审民商事案件，以及诉讼标的额在 5000 万元以上且当事人一方住所地不在本辖区或者涉外、涉港澳台的第一审民商事案件。

二、中级人民法院管辖下列第一审民商事案件：

1. 哈尔滨市中级人民法院管辖诉讼标的额在 800 万元以上的第一审民商事案

件，以及诉讼标的额在 300 万元以上且当事人一方住所地不在本辖区或者涉外、涉港澳台的第一审民商事案件；

2. 齐齐哈尔市、牡丹江市、佳木斯市、大庆市中级人民法院管辖诉讼标的额在 500 万元以上的第一审民商事案件，以及诉讼标的额在 200 万元以上且当事人一方住所地不在本辖区或者涉外、涉港澳台的第一审民商事案件；

3. 绥化、鸡西、伊春、鹤岗、七台河、双鸭山、黑河、大兴安岭、黑龙江省农垦、哈尔滨铁路、黑龙江省林区中级人民法院管辖诉讼标的额在 300 万元以上的第一审民商事案件，以及诉讼标的额在 100 万元以上且当事人一方住所地不在本辖区或者涉外、涉港澳台的第一审民商事案件。

广西壮族自治区

一、高级人民法院管辖下列第一审民商事案件：高级法院管辖诉讼标的额在 1 亿元以上的第一审民商事案件，以及诉讼标的额在 5000 万元以上且当事人一方住所地不在本辖区或者涉外、涉港澳台的第一审民商事案件。

二、中级人民法院管辖下列第一审民商事案件：

1. 南宁市中级人民法院管辖诉讼标的额在 800 万元以上的第一审民商事案件，以及诉讼标的额在 300 万元以上且当事人一方住所地不在本辖区或者涉外、涉港澳台的第一审民商事案件；

2. 柳州、桂林、北海、梧州市中级人民法院管辖诉讼标的额在 500 万元以上的第一审民商事案件，以及诉讼标的额在 200 万元以上且当事人一方住所地不在本辖区或者涉外、涉港澳台的第一审民商事案件；

3. 玉林、贵港、钦州、防城港市中级人民法院管辖诉讼标的额在 300 万元以上的第一审民商事案件，以及诉讼标的额在 200 万元以上且当事人一方住所地不在本辖区或者涉外、涉港澳台的第一审民商事案件；

4. 百色、河池、崇左、来宾、贺州市中级人民法院和南宁铁路运输中级法院管辖诉讼标的额在 150 万元以上的第一审民商事案件，以及诉讼标的额在 100 万元以上且当事人一方住所地不在本辖区或者涉外、涉港澳台的第一审民商事案件。

安徽省

一、高级人民法院管辖诉讼标的额在 1 亿元以上的第一审民商事案件，以及诉讼标的额在 5000 万元以上且当事人一方住所地不在本辖区或者涉外、涉港澳台的第一审民商事案件。

二、中级人民法院管辖下列第一审民商事案件：

1. 合肥市中级人民法院管辖诉讼标的额在 800 万元以上 1 亿元以下的第一审民商事案件，以及诉讼标的额在 300 万元以上 5000 万元以下且当事人一方住所地不在本辖区或者涉外、涉港澳台的第一审民商事案件；

2. 芜湖市、马鞍山市、铜陵市中级人民法院管辖诉讼标的额在 300 万元以上

1 亿元以下的第一审民商事案件，以及诉讼标的额在 200 万元以上 5000 万元以下且当事人一方住所地不在本辖区或者涉外、涉港澳台的第一审民商事案件；

3. 其他中级人民法院管辖诉讼标的额在 150 万元以上 1 亿元以下的第一审民商事案件，以及诉讼标的额在 80 万元以上 5000 万元以下且当事人一方住所地不在本辖区或者涉外、涉港澳台的第一审民商事案件。

江西省

一、高级人民法院管辖诉讼标的额在 1 亿元以上的第一审民商事案件，以及诉讼标的额在 5000 万元以上且当事人一方住所地不在本辖区或者涉外、涉港澳台的第一审民商事案件。

二、南昌市中级人民法院管辖诉讼标的额在 500 万元以上的第一审民商事案件，以及诉讼标的额在 200 万元以上且当事人一方住所地不在本辖区或者涉外、涉港澳台的第一审民商事案件。

其他中级人民法院管辖诉讼标的额在 300 万元以上的第一审民商事案件，以及诉讼标的额在 200 万元以上且当事人一方住所地不在本辖区或者涉外、涉港澳台的第一审民商事案件。

四川省

一、高级人民法院管辖下列第一审民事案件：

1. 诉讼标的额在 1 亿元以上的第一审民商事案件，以及诉讼标的额在 5000 万元以上且当事人一方住所地不在本辖区或者涉外、涉港澳台的第一审民事案件；

2. 最高人民法院指定高级人民法院审理或者高级人民法院认为应当由自己审理的属于中级人民法院管辖的其他第一审民事案件。

二、中级人民法院管辖下列第一审民事案件：

1. 成都市中级人民法院管辖诉讼标的额在 800 万元以上 1 亿元以下的第一审民事案件，以及诉讼标的额在 300 万元以上 5000 万元以下且当事人一方住所地不在本辖区的第一审民事案件；

2. 甘孜、阿坝、凉山州中级人民法院管辖诉讼标的额在 100 万元以上 1 亿元以下的第一审民事案件，以及诉讼标的额在 50 万元以上 5000 万元以下且当事人一方住所地不在本辖区的第一审民事案件；

3. 其他中级人民法院管辖诉讼标的额在 500 万元以上 1 亿元以下的第一审民商事案件，以及诉讼标的额在 200 万元以上 5000 万元以下且当事人一方住所地不在本辖区的第一审民事案件；

4. 根据最高人民法院的规定和指定，管辖涉外、涉港澳台第一审民事案件；

5. 在本辖区内有重大影响的其他第一审民事案件；

6. 高级人民法院指定中级人民法院审理的第一审民事案件或者中级法院认为应当由自己审理的属于基层法院管辖的第一审民事案件；

7. 法律、司法解释明确规定由中级法院管辖的第一审民事案件。

陕西省

一、高级人民法院管辖诉讼标的额在 1 亿元以上的第一审民商事案件，以及诉讼标的额在 5000 万元以上且当事人一方住所地不在本辖区或者涉外、涉港澳台的第一审民商事案件。

二、中级人民法院管辖下列第一审民商事案件：

1. 西安市中级人民法院管辖诉讼标的额在 800 万元以上的第一审民商事案件，以及诉讼标的额在 300 万元以上且当事人一方住所地不在本辖区或者涉外、涉港澳台的第一审民商事案件；

2. 宝鸡、咸阳、铜川、延安、榆林、渭南、汉中市中级人民法院、西安铁路运输中级法院管辖诉讼标的额在 500 万元以上的第一审民商事案件，以及诉讼标的额在 200 万元以上且当事人一方住所地不在本辖区或者涉外、涉港澳台的第一审民商事案件；

3. 安康、商洛中级人民法院管辖诉讼标的额在 300 万元以上的第一审民商事案件，以及诉讼标的额在 100 万元以上且当事人一方住所地不在本辖区或者涉外、涉港澳台的第一审民商事案件。

河北省

一、高级人民法院管辖诉讼标的额在 1 亿元以上的第一审民商事案件，以及诉讼标的额在 5000 万元以上且当事人一方住所地不在本辖区或者涉外、涉港澳台的第一审民商事案件。

二、中级人民法院管辖下列第一审民商事案件：

1. 石家庄、唐山市中级人民法院管辖诉讼标的额在 800 万元以上的第一审民商事案件，以及诉讼标的额在 300 万元以上且当事人一方住所地不在本辖区或者涉外、涉港澳台的第一审民商事案件；

2. 保定、秦皇岛、廊坊、邢台、邯郸、沧州、衡水市中级人民法院管辖诉讼标的额在 500 万元以上的第一审民商事案件，以及诉讼标的额在 200 万元以上且当事人一方住所地不在本辖区或者涉外、涉港澳台的第一审民商事案件；

3. 张家口、承德市中级人民法院管辖诉讼标的额在 300 万元以上的第一审民商事案件，以及诉讼标的额在 100 万元以上且当事人一方住所地不在本辖区或者涉外、涉港澳台的第一审民商事案件。

山西省

一、高级人民法院管辖诉讼标的额在 1 亿元以上的第一审民商事案件，以及诉讼标的额在 5000 万元以上且当事人一方住所地不在本辖区或者涉外、涉港澳台的第一审民商事案件。

二、中级人民法院管辖下列第一审民商事案件：太原市中级人民法院管辖诉讼标的额在 800 万元以上 1 亿元以下的第一审民商事案件，以及诉讼标的额在 300 万元以上且当事人一方住所地不在本辖区或者涉外、涉港澳台的第一审民商事案件；其他中级人民法院管辖诉讼标的额在 500 万元以上 1 亿元以下的第一审民商事案件，以及诉讼标的额在 200 万元以上且当事人一方住所地不在本辖区或者涉外、涉港澳台的第一审民商事案件。

海南省

一、高级人民法院管辖下列第一审民商事案件：

1. 诉讼标的额在 1 亿元以上的第一审民商事案件；

2. 诉讼标的额在 5000 万元以上且当事人一方住所地不在本辖区或者涉港澳台的第一审民商事案件。

二、中级人民法院管辖下列第一审民商事案件：

1. 诉讼标的额在 800 万元以上 1 亿元以下的第一审民商事案件；

2. 诉讼标的额在 500 万元以上 5000 万元以下且当事人一方住所地不在本辖区或者涉外、涉港澳台的第一审民商事案件。

甘肃省

一、高级人民法院管辖诉讼标的额在 5000 万元以上的第一审民事案件，以及诉讼标的额在 2000 万元以上且当事人一方住所地不在本辖区或者涉外、涉港澳台的第一审民事案件。

二、中级人民法院管辖下列第一审民事案件：

1. 兰州市中级人民法院管辖诉讼标的额在 300 万元以上的第一审民事案件，以及诉讼标的额在 200 万元以上且当事人一方住所地不在本辖区或者涉外、涉港澳台的第一审民事案件；

2. 白银、金昌、庆阳、平凉、天水、酒泉、张掖、武威中级人民法院管辖诉讼标的额在 200 万元以上的第一审民事案件，以及诉讼标的额在 100 万元以上且当事人一方住所地不在本辖区或者涉外、涉港澳台的第一审民事案件；

3. 陇南、定西、甘南、临夏中级人民法院管辖诉讼标的额在 100 万元以上的第一审民事案件，以及诉讼标的额在 50 万元以上且当事人一方住所地不在本辖区或者涉外、涉港澳台的第一审民事案件；

4. 嘉峪关市人民法院、甘肃矿区人民法院管辖诉讼标的额在 5000 万元以下的第一审民事案件，以及诉讼标的额在 2000 万元以下且当事人一方住所地不在本辖区或者涉外、涉港澳台的第一审民事案件；

5. 兰州铁路运输中级法院、陇南市中级人民法院分院管辖诉讼标的额在 200 万元以上的第一审民事案件，以及诉讼标的额在 100 万元以上且当事人一方住所地不在本辖区的第一审民事案件。

贵州省

一、高级人民法院管辖标的额在 5000 万元以上的第一审民事案件，以及诉讼标的额在 2000 万元以上且当事人一方住所地不在本辖区或者涉外、涉港澳台的第一审民事案件。

二、中级人民法院管辖下列第一审民事案件：

1. 贵阳市中级人民法院管辖诉讼标的额在 300 万元以上的第一审民事案件，以及诉讼标的额在 200 万元以上且当事人一方住所地不在本辖区或者涉外、涉港澳台的第一审民事案件；

2. 遵义市、六盘水市中级人民法院管辖诉讼标的额在 200 万元以上的第一审民事案件，以及诉讼标的额在 100 万元以上且当事人一方住所地不在本辖区或者涉外、涉港澳台的第一审民事案件；

3. 其他中级人民法院管辖诉讼标的额在 100 万元以上的第一审民事案件。

新疆维吾尔自治区

一、高级人民法院管辖下列第一审民商事案件：

1. 诉讼标的额在 5000 万元以上的第一审民商事案件；

2. 诉讼标的额在 2000 万元以上且当事人一方住所地不在本辖区或者涉外、涉港澳台的第一审民商事案件。

二、中级人民法院管辖下列第一审民商事案件：

1. 乌鲁木齐市中级人民法院管辖诉讼标的额在 300 万元以上 5000 万元以下的第一审民商事案件，以及诉讼标的额在 200 万元以上 2000 万元以下且当事人一方住所地不在本辖区的第一审民商事案件；

2. 和田地区、克孜勒苏柯尔克孜自治州、博尔塔拉蒙古自治州中级人民法院管辖诉讼标的额在 150 万元以上 5000 万元以下的第一审民商事案件，以及诉讼标的额在 100 万元以上 2000 万元以下且当事人一方住所地不在本辖区的第一审民商事案件；

3. 其他中级人民法院和乌鲁木齐铁路运输中级法院管辖诉讼标的额在 200 万元以上 5000 万元以下的第一审民商事案件，以及诉讼标的额在 100 万元以上 2000 万元以下且当事人一方住所地不在本辖区的第一审民商事案件；

4. 诉讼标的额在 200 万元以上 2000 万元以下的涉外、涉港澳台民商事案件；

5. 乌鲁木齐市中级人民法院管辖诉讼标的额在 2000 万元以下的涉外、涉港澳台实行集中管辖的五类民商事案件。

三、伊犁哈萨克自治州法院管辖下列第一审民商事案件：

（一）高级人民法院伊犁哈萨克自治州分院管辖下列第一审民商事案件：

1. 高级人民法院伊犁哈萨克自治州分院在其辖区内管辖与高级人民法院同等标的的民商事案件及当事人一方住所地不在本辖区或者涉外、涉港澳台的第一审

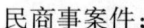

民商事案件；

2. 管辖诉讼标的额在 2000 万元以下的涉外、涉港澳台实行集中管辖的五类民商事案件。

（二）中级人民法院管辖下列第一审民商事案件：

1. 塔城、阿勒泰地区中级人民法院管辖诉讼标的额在 200 万元以上 5000 万元以下的第一审民商事案件，以及诉讼标的额在 100 万元以上 2000 万元以下且当事人一方住所地不在本辖区或者涉外、涉港澳台的民商事案件；

2. 高级人民法院伊犁哈萨克自治州分院管辖发生于奎屯市、伊宁市等 2 市 8 县辖区内，依本规定应由中级人民法院管辖的诉讼标的额在 200 万元以上 5000 万元以下以及诉讼标的额在 100 万元以上 2000 万元以下的当事人一方住所地不在本辖区或者涉外、涉港澳台的第一审民商事案件。

内蒙古自治区

一、高级人民法院管辖下列第一审民商事案件：

1. 诉讼标的额在 5000 万元以上的第一审民商事案件，以及诉讼标的额在 2000 万元以上且当事人一方住所地不在本辖区或者涉外、涉港澳台的第一审民商事案件；

2. 在全区范围内有重大影响的民商事案件。

二、中级人民法院管辖下列第一审民商事案件：

1. 呼和浩特市、包头市中级人民法院管辖诉讼标的额在 300 万元以上 5000 万元以下的第一审民商事案件，以及诉讼标的额在 200 万元以上 2000 万元以下且当事人一方住所地不在本辖区或者涉外、涉港澳台的第一审民商事案件；

2. 呼伦贝尔市、兴安盟、通辽市、赤峰市、锡林郭勒盟、乌兰察布市、鄂尔多斯市、巴彦淖尔市、乌海市、阿拉善盟中级人民法院和呼和浩特铁路运输中级法院管辖诉讼标的额在 200 万元以上 5000 万元以下的第一审民商事案件，以及诉讼标的额在 100 万元以上 2000 万元以下且当事人一方住所地不在本辖区或者涉外、涉港澳台的第一审民商事案件。

云南省

一、高级人民法院管辖下列第一审民商事案件：

1. 诉讼标的额在 1 亿元以上的第一审民商事案件；

2. 诉讼标的额在 5000 万元以上且涉外、涉港澳台第一审民商事案件；

3. 诉讼标的额在 5000 万元以上的当事人一方住所地不在本辖区的第一审民商事案件；

4. 继续执行管辖在全省范围内有重大影响的民商事案件的规定。

二、中级人民法院管辖下列第一审民商事案件：

1. 昆明市中级人民法院管辖诉讼标的额在 400 万元以上的第一审民商事案件，

以及诉讼标的额在 200 万元以上且当事人一方住所地不在本辖区的第一审民商事案件；

2. 红河州、文山州、西双版纳州、德宏州、大理州、楚雄州、曲靖市、昭通市、玉溪市、普洱市、临沧市、保山市中级人民法院管辖诉讼标的额在 200 万元以上的第一审民商事案件，以及诉讼标的额在 100 万元以上且当事人一方住所地不在本辖区的第一审民商事案件；

3. 丽江市、迪庆州、怒江州中级人民法院管辖诉讼标的额在 100 万元以上的第一审民商事案件，以及诉讼标的额在 100 万元以上且当事人一方住所地不在本辖区的第一审民商事案件；

4. 昆明市、红河州、文山州、西双版纳州、德宏州、怒江州、普洱市、临沧市、保山市中级人民法院管辖诉讼标的额在 5000 万元以下的涉外、涉港澳台第一审民商事案件；

5. 继续执行各州、市中级人民法院管辖在法律适用上具有普遍意义的新类型民、商事案件和在辖区内有重大影响的民、商事案件的规定。

新疆维吾尔自治区高级人民法院生产建设兵团分院

一、高级人民法院生产建设兵团分院管辖诉讼标的额在 5000 万元以上的第一审民商事案件，以及诉讼标的额在 2000 万元以上且当事人一方住所地不在本辖区或者涉外、涉港澳台的第一审民商事案件。

二、农一师、农二师、农四师、农六师、农七师、农八师中级人民法院管辖诉讼标的额在 200 万元以上的第一审民商事案件，以及诉讼标的额在 100 万元以上且当事人一方住所地不在本辖区或者涉外、涉港澳台的第一审民商事案件。

其他农业师中级人民法院管辖诉讼标的额在 150 万元以上的第一审民商事案件，以及诉讼标的额在 100 万元以上且当事人一方住所地不在本辖区或者涉外、涉港澳台的第一审民商事案件。

青海省

一、高级人民法院管辖下列第一审民商事案件：

1. 诉讼标的额在 2000 万元以上的第一审民商事案件，以及诉讼标的额在 1000 万元以上且当事人一方住所地不在本辖区或者涉外、涉港澳台的第一审民商事案件；

2. 最高人民法院指定由高级人民法院管辖的案件；

3. 在全省范围内有重大影响的案件。

二、中级人民法院管辖下列第一审民商事案件：

1. 西宁市中级人民法院管辖全市、海西州中级人民法院管辖格尔木市诉讼标的额在 100 万元以上 2000 万元以下的第一审民商事案件，以及诉讼标的额在 50 万元以上且当事人一方住所地不在本辖区的第一审民商事案件；

2. 海东地区、海南、海北、黄南、海西州中级人民法院管辖（除格尔木市）诉讼标的额在 60 万元以上 2000 万元以下的第一审民商事案件，以及诉讼标的额在 50 万元以上且当事人一方住所地不在本辖区的第一审民商事案件；

3. 果洛、玉树州中级人民法院管辖诉讼标的额在 50 万元以上 2000 万元以下的第一审民商事案件，以及诉讼标的额在 30 万元以上且当事人一方住所地不在本辖区的第一审民商事案件；

4. 上级人民法院指定管辖的案件。

宁夏回族自治区

一、高级人民法院管辖诉讼标的额在 2000 万元以上的第一审民商事案件，以及诉讼标的额在 1000 万元以上且当事人一方住所地不在本辖区或者涉外、涉港澳台的第一审民商事案件。

二、中级人民法院管辖下列第一审民商事案件：

1. 银川市中级人民法院管辖诉讼标的额在 200 万元以上的第一审民商事案件，以及诉讼标的额在 100 万元以上且当事人一方住所地不在本辖区的第一审民商事案件；

2. 依照法释（2002）5 号司法解释第 1 条、第 3 条、第 5 条的规定，银川市中级人民法院集中管辖本省区争议金额在 1000 万元以下的第一审涉外、涉港澳台民商事案件；

3. 石嘴山、吴忠、中卫、固原市中级人民法院管辖诉讼标的额在 100 万元以上的第一审民商事案件，以及诉讼标的额在 80 万元以上且当事人一方住所地不在本辖区的民商事案件。

西藏自治区

一、高级人民法院管辖诉讼标的额在 2000 万元以上的第一审民商事案件，以及诉讼标的额在 500 万元以上且当事人一方住所地不在本辖区或者涉外、涉港澳台的第一审民商事案件。

二、中级人民法院管辖下列第一审民商事案件：

1. 拉萨市中级人民法院管辖拉萨城区诉讼标的额在 200 万元以上、所辖各县诉讼标的额在 100 万元以上的第一审民商事案件；

2. 其他各地区中级人民法院管辖地区行署所在地诉讼标的额在 150 万元以上、所辖各县范围内诉讼标的额在 100 万元以上的第一审民商事案件；

3. 诉讼标的额在 500 万元以下的涉外、涉港澳台的第一审民商事案件，均由各地方中级人民法院管辖。

图书在版编目（ＣＩＰ）数据

民事诉讼代理实务/杨荣智，姜家雄主编. —北京：中国政法大学出版社,2013.11
（2023.1重印）
ISBN 978-7-5620-5034-6

Ⅰ.①民… Ⅱ.①杨…②姜… Ⅲ.①民事诉讼－代理（法律）－中国 Ⅳ.①D925.1

中国版本图书馆CIP数据核字(2013)第250204号

出　版　者　中国政法大学出版社

地　　　址　北京市海淀区西土城路 25 号

邮寄地址　北京 100088 信箱 8034 分箱　邮编 100088

网　　　址　http://www.cuplpress.com (网络实名：中国政法大学出版社)

电　　　话　010-58908435(第一编辑部) 58908334(邮购部)

承　　　印　固安华明印业有限公司

开　　　本　720mm×960mm　　1/16

印　　　张　18.5

字　　　数　342 千字

版　　　次　2013 年 11 月第 1 版

印　　　次　2023 年 1 月第 2 次印刷

定　　　价　36.00 元